내란종결자
이재명

빛의 혁명으로 다시 만날 세계

내란종결자 이재명

빛의 혁명으로 다시 만날 세계

김상우 · 백승대 지음

Magic House 마법의 책공장

내란의 진압과 이재명 리더십

2024년 12월 3일 윤석열 일당이 일으킨 군사쿠데타 내란이 시작되고 내란을 진압하는 과정에는 모두 이재명이라는 정치인이 있었다.

이재명은 저들이 은밀하게 비상계엄을 준비하고 있던 때부터 비상계엄을 공개적으로 경고했다. 그의 공개적인 경고로 인해 윤석열은 군대를 더 큰 규모로 동원하지 못했다. 또한 민주당 차원에서 실제로 계엄이 선포되면 국회에서 뭘 할 수 있는지 충분한 학습을 하였다. 그래서 계엄선포 후 해외에 나가 있는 국회의원 빼놓고는 한 명도 빠짐없이 국회에 출석해서 계엄 해제를 의결할 수 있었다.

계엄 당일에는 유튜브 라이브 방송을 통해 국민께 국회로 모여달라고 호소했다. 80년 5월 광주에서 트럭을 타고 "도청으로 모여 달라"고 호소하던 그 여성의 심정으로 이재명은 유튜브를 통해 "국회에 모여 달라"고 방송을 했다. 내란의 상황에서도 국내의 레거시 미디어에서는 결정적인 이 장면을 외면하고 있다. 하지만 위기의 상황에서 이재명의 유튜브 방송은 탁월한 선택이었다. 그 방송을 듣고 시민들이 국회 앞으로 모여들어 계엄군의 작전을 방해했다. 그날 국회 앞을 지켜준 시민들이 대한민국을 구했다.

이재명은 시청 광장에서 진행되고 있는 촛불집회를 여의도에서 개최할 것을 제안했다. 그래서 촛불집회는 내란 이후 매일 여의도에서 열리게 되었다. 촛불집회의 힘으로 국민의힘 일부 국회의원을 압박해서 윤석열의 국회 탄핵을 성공시킬 수 있었다.

이재명은 국회 앞 여의도 대로에 촛불 대신 응원봉을 들고 온 1230 여성들의 투쟁에 감동하였다. 그래서 이재명은 기존의 촛불혁명 대신 '빛의 혁명'으로 처음 명명했다.

이재명은 빛의 혁명 매 순간마다 그들과 함께했다. 그리고 빛의 혁명을 통한 내란 종식의 사명을 받아안고 있다.

필자는 빛의 혁명의 과정에서 두 장면을 가장 인상 깊게 기억하고 있다.

첫 번째는 2030 여성들이 남태령에서 고립된 전봉준 투쟁단을 지원하기 위해 동짓날 밤을 꼬박 새운 사건이다. 이로 인해 동학농민군이 우금치를 넘지 못하고 좌절한 이후 130년 만에 처음으로 '전봉준 투쟁단'이 한강 다리를 넘을 수 있었다.

두 번째는 윤석열의 즉각적인 체포를 외치며 함박눈이 내리는 추운 겨울밤을 '은박 담요'를 쓰고 견디던 '키세스 군단'이다. 가장 처절하고 아름다웠던 투쟁 장면이다.

이들의 힘으로 윤석열의 내란은 한 단계 한 단계 진압되고 있다. 이들은 자신이 가장 아끼는 물건 응원봉을 들고 와서 대한민국의 민주주의를 응원하고 있다. 제각기 좋아하는 아이돌이 다른 만큼 응원봉의 빛 색깔도 다양하다. 이들이 내란 이후 바라는 세상은 다양한 빛의 응원봉처럼 대한민국이 소외되는 자 없이 다양한 목소리가 보장되는 세상이다.

빛의 혁명이라고 처음 명명한 이재명은 이들의 간절한 소망을 들어줘야 할 의무가 있다. 내란 진압 이후 이들이 만날 '다시 만날 세계'를 응원하고 대한민국이 보다 풍요로워지기를 바란다.

12.3 친위쿠데타 이후 국민의힘은 여전히 내란을 옹호하면서 극우 정당의 길을 가고 있다. 합리적인 중도 보수가 기댈 곳이 없어졌다. 이재명 대표는 민주당은 중도 보수 정당이라면서 국민의힘이 버리고 간 중도 보수의 빈자리까지 민주당의 영역을 확대했다.

2025년 치러지는 조기 대선을 통해 국민의힘을 극우 영역으로 몰아넣고 민주당이 합리적인 중도 보수를 흡수하길 바란다. 그렇게 되면 대한민국의 진보 정당에도 새로운 길이 열릴 것이다.

2025년 조기 대선은 대한민국의 헌법을 부정하는 극우 세력들과 대한민국의 헌법을 수호하고자 하는 민주주의 세력들의 싸움이다.

윤석열은 이재명을 사법적으로 죽이려 했고, 극우세력들은 이재명을 물리적으로 죽이려 했다. 이것도 안 되자 계엄을 통해 막무가내로 잡아들여 죽이려 했다. 그러나 이재명은 살아남았다.

지난 20여 년간 이재명이란 정치인은 계속해서 발전해 왔다. 이재명

개인의 능력도 있었겠지만, 이재명을 지지하는 유권자들이 이재명이
란 정치인을 만들었다. 정치는 정치인이 하는 거 같지만 국민이 한다
는 이재명의 말처럼 이재명이란 정치인을 만든 것도 국민이다.
　이제 국민은 이재명에게 대한민국의 개조를 맡길 준비가 되어 있다.
이재명 역시 대한민국을 경영할 준비가 되어 있다.

　'함께 사는 세상' 이재명의 꿈이 펼쳐질 날이 다가왔다.

2025년 3월 1일

백승대

Contents

Chapter 1

내란의 밤은 가고
희망의 아침이 오다

윤석열 대통령은 국민을 배반했습니다. 윤석열 대통령의 불법적인 비상계엄선포는 무효입니다. 지금, 이 순간부터 윤석열 대통령은 대한민국 대통령이 아닙니다. 장병 여러분 여러분이 들고 있는 총칼 여러분의 이 권력은 모두 국민에게서 온 것입니다. 이 나리의 주인은 국민이고 국군 장병 여러분께서 복종해야 할 주인은 윤석열 대통령이 아니라 바로 국민입니다. 국민은 윤석열 대통령의 비상계엄을 허용하지 않았습니다.

이재명의 내란 경고

> 언론이 유언비어라고 평가절하하든 말든 민주당은 늘 계엄이 선포될 수 있다는 경각심을 갖고 철저한 준비를 했다. 그래서 국회가 계엄을 해제할 수 있었다.

김민석의 내란 김 빼기

21세기 대한민국에서 계엄령이 내려지다니. 전두환과 노태우 일당의 내란 쿠데타를 다룬 영화 〈서울의 봄〉이 2023년 11월 22일 개봉해서 2024년까지 1,300만 명이나 관람했다. 1979년 12월 12일 대한민국 수도에서 벌어진 전두환 일당의 12.12 쿠데타를 영화로만 보았다. 그런데 21세기 2024년 12월 3일 대한민국의 모든 국민은 실시간으로 중계되는 내란 쿠데타를 목격했다.

비록 짧은 시간에 진압이 되긴 했지만, 대한민국이 받은 충격과 피해는 가늠하기 불가능할 정도로 어마어마했다. 하지만 윤석열 일당은 경고성 계엄이라며 대통령의 통치행위일 뿐이라는 궤변을 늘어놓고 있다.

윤석열 일당이 계엄을 통해 국가의 모든 권력을 찬탈할 것이라는 경고는 이미 2024년 8월부터 있었다.

제일 먼저 윤석열의 '계엄령 준비 작전'이 있다는 이야기를 꺼낸 이는 김민석 더불어민주당 수석 최고위원이다.

　김민석 최고위원은 2024년 8월 23일 SBS 라디오 '김태현의 정치쇼'에 출연해서 "계엄에 대해 전반적인 종합적 판단을 하고 있고요. 가장 중요한 것은 그것이 현실이 되지 않도록, 미리미리 적정 단계에서 적정 수준에 맞는 경고를 하고…"라고 발언했다. 김민석 최고위원의 이 발언은 계엄을 예언하겠다는 것보다는 선제적으로 계엄을 얘기함으로써 계엄을 준비하는 윤석열 일당의 김을 빼기 위한 것이었다.

　김민석 최고위원의 이 같은 발언에 대해 윤석열 일당은 있을 수 없는 일이라고 펄쩍 뛰었다. 언론도 말도 안 되는 선동이라며 오히려 김민석 최고위원을 비난했다. 김민석 최고위원의 계엄 경고가 그다지 주목받지 못하는 상황에서 이번에는 이재명 당대표가 직접 참전했다.

이재명의 내란 경고

　2024년 9월 1일 이재명 대표는 국민의힘 한동훈 대표와의 첫 공식 회담 석상에서 계엄령 의혹을 언급했다.

　이재명 대표는 한동훈 대표 면전에서 모두 발언을 통해 "최근 계엄 이야기가 자꾸 나온다"며 "종전에 만들어졌던 계엄안을 보면 계엄 해제를 국회가 요구하는 것을 막기 위해, 국회의원을 계엄선포와 동시에 체포·구금하겠다는 계획을 꾸몄다는 이야기도 있다. 완벽한 독재국가 아닌가. 이런 문제에 대해서도 (정치개혁 차원에서) 심각하게 고민해야 한다"고 말했다.

　김민석 의원의 내란 경고 발언에 비해 이재명 대표의 발언은 파장이 훨씬 컸다. 한동훈 대표는 이튿날 9월 2일 오전 국회에서 열린 국민의힘 최고위원회의에서 이재명 대표의 계엄 발언을 신랄하게 비판했다.

한동훈 대표는 이재명 대표가 언급한 '계엄령 준비' 발언을 두고 "차차 알게 될 것이란 말은 너무 무책임한 얘기"라며 "일종의 내 귀에 도청 장치 얘기와 다를 바 없는 거 아니냐? 계엄령 준비가 사실이면 우리도 막을 것이다. 그런데 그게 사실이 아니라면 국기문란 아니겠나?"라고 했다. 계엄 준비는 사실이 아니다. 그러니 무책임한 선동을 한 이재명 대표는 책임지라는 얘기라고 할 수 있다.

한편, 윤석열의 대통령실은 '괴담'이라며 "나치, 스탈린의 전체주의 선동 정치를 닮아 간다."라고 이재명 대표를 비난하며 강력하게 시치미를 뗐다.

한편, 계엄선포를 건의한 김용현 국방부 장관도 후보자 때인 9월 2일 인사청문회에서 계엄에 대한 질의가 나오자 "우리 군도 계엄을 따르겠습니까? 저는 안 따를 것 같아요, 솔직히. 그래서 이런 계엄 문제는 지금 시대적으로 좀 안 맞습니다, 너무 우려 안 하셔도 될 것 같다…"고 말했다.

복기해 보면 윤석열은 계엄을 하기 위해 김용현을 국방부 장관으로 임명한 것을 본인도 알았을 터인데 계엄은 없을 것이라며 거짓말을 했다.

계엄 경고가 민주당의 위기 탈출용이라는 시각

이재명 대표의 계엄령 경고에 대해 정치권에서만 비판이 있었던 것은 아니다. 모든 언론은 실현 가능성이 없다고 했다. 그중에 비교적 객관적인 비평을 한다는 배종찬 인사이트케이 소장은 9월 10일 데일리안에 기고한 글 〈이재명의 민주당이 '계엄령'을 부각하는 진짜 이유〉라는 글에서 "민주당에서는 2017년 박근혜 대통령 탄핵 국면에서 기무사가 계엄 검토 문건을 작성한 사실이 밝혀졌다면서 전방위적 수사에 들어갔던 내용을 상기시키고 있지만 무혐의 결론이 나왔던 일이었다. 실제 계엄령은 일어날 일이 아니지만 '이재명의 민주당'은 호남 지역을 포함한 정당 지지율 그리고 10월 위기설에 대한 절박한 대응을 위해서라도 정치적인 설명의 '계엄령'이 필요한 것으로 풀이된다."라고 밝혔다.

배종찬 소장은 밝힌 대한민국에서 계엄이 불가능한 이유를 다음과 같이 말했다.

"헌법 제77조에 따르면, 계엄은 헌법상 대통령이 내릴 수 있는 고유 권한으로, 전시·사변 또는 이에 따르는 국가 비상사태가 있을 때 선포할 수 있다. 민주당은 여소야대 정국에서 국정 운영이 더욱 힘들어지거나 김건희 여사에 대한 부정 여론 등으로 정국이 불안해지면 윤 대통령의 충암고 동문인 김용현 국방부 장관 후보자를 주축으로 계엄령이 선포될 수 있고 야당 의원들이 체포 구금되면 계엄령 해제를 못 하게 된다는 주장이다. 내용만 들어보면 소설에 가깝다. 왜냐하면 헌법 제77조 4항은 '계엄을 선포한 때에는 대통령은 지체없이 국회에 통고해야 한다'라고 규정하고 있고 또 5항은 '국회가 재적 의원 과반수 찬성으로 계엄의 해제를 요구한 때에는 대통령은 이를 해제하여야 한다'라고 돼 있기 때문이다."

김민석 최고위원과 이재명 대표의 거듭된 계엄 경고에도 불구하고 언론과 평론가들이 주의를 기울이지 못하고 안이한 생각을 하게 된 배경에는 이재명의 민주당에 대한 선입견 때문이라고 생각된다. 이재명에 대한 선입견 때문에 계엄의 징조를 무시했다.

계엄의 주도 세력 충암고 라인

이번 12.3 쿠데타의 주역 중 많은 자들이 충암고 동문으로 이루어져 있다. 전두환의 12.12 쿠데타의 주역이 하나회였다면, 이번 윤석열의 내란 주역은 충암고 라인이라고 할 수 있다.

12.3 내란 세력 중 충암고 라인			
직책	이름	임관 시기	졸업년도
대통령	윤석열	2022년 5월 10일	1979(8회)
국방장관	김용현	2024년 9월 6일	1978(7회)
행정안전부 장관	이상민	2022년 5월 12일	1983(12회)
방첩사령관	여인형	2023년 11월 6일	1988(17회)
777사령관	박종선	2024년 4월 25일	1990(19회)
101경비단장	황세영	2024년 2월	1989(18회)

계엄은 국방부 장관이나 행정안전부 장관이 국무총리를 통해서 선포를 건의하고 대통령이 선포하게 되어 있다. 계엄을 건의할 수 있는 국방부 장관과 행정안전부 장관을 모두 윤석열의 충암고 라인으로 채운 것이다.

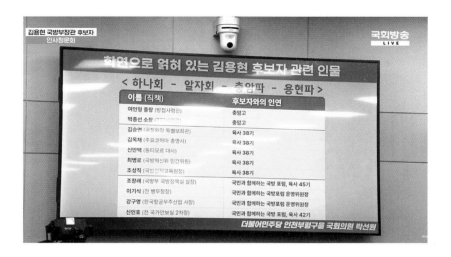

여기에 더해 계엄선포 시 주요 사건을 수사 지휘하고 정보 수사 기관을 통제할 합동수사본부가 꾸려지는 방첩사령관에 여인형, 대북 특수정보 수집 핵심 기관인 777사령관엔 박종선, 대통령실 경호 담당하는 서울경찰청 101경비단장에는 황세영으로 모두 충암고 출신으로 채웠다.

특히 김용현은 이번 비상계엄 상태에서 핵심적인 역할을 수행한 것으로 평가된다. 윤석열에게 직접 비상계엄선포를 건의했을 뿐만 아니라, 비상계엄 계획과 실행까지 준비한 것으로 알려졌다. 육사 8기수 후배인 박안수 육군참모총장(대장)을 계엄사령관으로 추천한 것도 김용현이었다.

박선원 의원의 용현파와 충암고 라인 폭로

이런 수상한 라인에 대해서 2024년 9월 2일 있은 김용현 국방장관

후보자 인사청문회에서 더불어민주당 박선원 의원이 계엄을 준비하고
있다고 다시 한번 폭로했다.

　박선원 의원은 하나회, 알자회, 충암파, 용현파로 일컬어지는 김용현
의 인맥을 소개했다. 특히 학연으로 얽혀 있는 김용현 후보자 관련 인
물을 PPT로 소개했는데 방첩사령관 여인형 중장, 777사령관 박종선
소장은 충암고 인맥이고, 김승연 국정원장 특별보좌관, 김옥채 주 요코
하마 총영사, 신인택 동티모로 대사, 최병로 국방혁신위 민간위원, 조
성직 국방전직교육위원장은 육사 38기 동기들이며, 조창래 국방부 국
방정책실 실장, 이기식 전 병무청장, 강구영 한국항공우주산업 사장,
신인호 전 국가안보실 2차장은 국민과 함께하는 국방포럼 맵버들이라
고 밝혔다.

　한편, 박선원 의원은 만일 계엄을 선포하게 될 경우 충암고 출신인
이상민 행안부 장관이나 김용현 국방부 장관이 건의할 것이라고 밝혔

다. 여인형이 합수본부장을 할 것이라고 내다봤으나, 결과는 방첩사령관 역할을 수행했다.

박선원 의원의 우려대로 이들 중 대부분이 이번 내란 사태에서 중요한 역할을 했다. 9월 2일 김용현 국방부 장관의 인사청문회에서 이미 계엄을 실행할 것이라고 경고했으나 김용현은 적극 부인하였으며, 언론에서도 더 이상 파고들지 않았다. 결과는 불과 3개월 뒤에 이들의 주도로 계엄이 선포되었다.

모든 언론이 계엄이 임박했다는 박선원 의원의 폭로를 그저 이재명이 위기를 탈출하려는 유언비어 정도로 치부했다. 윤석열 정부는 시치미 뗐으며, 언론은 철저하게 외면하면서 비상계엄은 현실이 되었다.

하지만 민주당은 계엄이 현실화할 것을 믿었다. 그 결과 윤석열이 계엄을 선포한 이후 불과 3시간 만에 국회에서 해제될 수 있었다. 언론이 유언비어라고 평가절하하든 말든 민주당은 늘 계엄이 선포될 수 있다는 경각심을 갖고 철저한 준비를 했다. 그래서 국회가 계엄을 해제할수 있었다. 이점 칭찬받아 마땅하다.

이재명 대표, 김민석 최고위원, 박선원 의원, 김병주 의원, 추미애 의원의 계속되는 경고가 계엄군의 규모를 한정하고, 재빠르게 국회를 소집해서 불법적인 계엄을 해제할 수 있었다.

민주당 역사 속에서 민주당 지도부가 이렇게 유능했던 적은 없었다. 이재명의 민주당은 이전과 달리 똑똑하고 강했다.

12월 3일 내란의 밤

> 윤석열의 반헌법적인 비상계엄은 선포 2시간이 조금
> 넘은 시간에 국회에 의해서 합법적으로 해제되었다. 이
> 렇게 역사상 가장 짧았던 친위쿠데타는 실패했다.

뜬금없는 윤석열의 비상계엄선포

2024년 12월 3일 22시 23분 정규방송이 중단되고 윤석열은 긴급 브
리핑을 통해 종북과 반국가 세력을 척결하고 자유대한민국을 수호하
겠다는 명분으로 전국 단위의 비상계엄을 선포했다. 윤석열이 이날 발
표한 비상계엄선포 발표문은 다음과 같다.

존경하는 국민 여러분, 저는 대통령으로서 피를 토하는 심정으
로 국민 여러분께 호소드립니다. 지금까지 국회는 우리 정부 출범
이후 22건의 정부 관료 탄핵 소추를 발의했으며 지난 6월 22대 국
회 출범 뒤 10명째 탄핵을 추진 중에 있습니다. 이것은 세계 어느
나라에도 유례가 없을 뿐 아니라 건국 이후에 전혀 유례가 없던 상
황입니다. 판사를 겁박하고, 다수의 검사를 탄핵하는 등 사법 업무
를 마비시키고 행안부 장관 탄핵, 방통위원장 탄핵, 감사원장 탄

핵, 국방부 장관 탄핵 시도 등으로 행정부마저 마비시키고 있습니다. 국가 예산 처리도 국가 본질 기능과 마약범죄 단속, 민생 치안 유지를 위한 모든 주요 예산을 전액 삭감하여 국가 본질 기능을 훼손하고, 대한민국을 마약 천국, 민생 치안 공황 상태로 만들었습니다. 민주당은 내년도 예산에서 재해 대책 예비비 1조 원, 아이 돌봄 지원 수당 384억, 청년 일자리, 심해 가스전 개발 사업 등 4조 1,000억 원 삭감, 심지어 군 초급 간부 봉급과 수당 인상, 당직 근무비 인상 등 군 간부 처우 개선비조차 제동을 걸었습니다. 이러한 예산 폭거는 한마디로 대한민국 국가 재정을 농락하는 것입니다. 예산까지도 오로지 정쟁의 수단으로 이용하는 이러한 민주당의 입법 독재는 예산안 탄핵까지도 서슴지 않았습니다. 국정은 마비되고 국민의 한숨은 늘어나고 있습니다. 이는 자유대한민국의 헌정 질서를 짓밟고, 헌법과 법에 의해 정당한 국가 기관을 교란시키는 것으로써 내란을 획책하는 명백한 반국가 행위입니다. 국민의 삶은 안중에도 없고, 오로지 탄핵과 특검, 야당대표의 방탄으로 국정이 마비 상태에 있습니다, 지금 우리 국회는 범죄자 집단의 소굴이 되었고, 입법 독재를 통해서 국가의 사법 행정 시스템을 마비시키고 자유민주주의 체제 전복을 기도하고 있습니다. 자유민주주의 기반이 되어야 할 국회가 자유민주주의 체제를 붕괴시키는 괴물이 된 것입니다. 지금 대한민국은 당장 무너져도 이상하지 않을 정도의 풍전등화에 운명에 처해있습니다. 친애하는 국민 여러분, 저는 북한 공산 세력의 위협으로부터 자유 대한민국을 수호하고, 우리 국민의 자유와 행복을 약탈하고 있는 파렴치한 종북 반국가 세력을 일거에 척결하고 자유 헌정 질서를 지키기 위해 비상계엄을 선포합니다. 저는 이 비상계엄을 통해 망국의 나락으로 떨어지고 있는 자유 대한민국을 재건하고 지켜낼 것입니다. 이를 위해 저는 지금까지 패악질을 일삼은 망국의 원흉 반국가 세력을 반드시 척결하겠습니다. 이는 체제전복을 노리는 반국가 세력의 준동으로부터 국민의 자유와 안전, 그리고 국가 지속 가능성을 보장하며 미래 세대에게 제대로 된 나라를 물려주기 위한 불가피한 조치입니다. 저는 가능한 한 빠른 시간 내에 반국가 세력을 척결하고 국가를 정상화시키겠습니다. 계엄선포로 인해 자유대한민국 헌법 가치를 믿고 따라주신 선량한 국민 여러분께 다수의 불편이 있겠지만 이러한 불편을 최소화하는 데 주력할 것입니다. 이러한 조치는 자유 대한민국 영속성을 위해 부득이한 것이며 국제사회에 책임과 기여를 다 한다는 대외 정책 기조에 아무런 변함이 없습니다. 대통령으로서 국민 여러분께 간곡히 호소드립니다. 저는 오로지 국민 여러분만 믿고 신명을 바쳐 자유대한민국을 지켜낼 것입니다. 저를 믿어주십시오. 감사합니다.

윤석열은 지금 대한민국은 종북과 반국가세력에 의해 국정이 마비되어 있다는 것이다. 그 중심에는 민주당이 있다는 것이다.

윤석열은 선포문에서 "지금 우리 국회는 범죄자 집단의 소굴이 되었고, 입법 독재를 통해서 국가의 사법 행정 시스템을 마비시키고 자유민주주의 체제 전복을 기도하고 있습니다. 자유민주주의 기반이 되어야 할 국회가 자유민주주의 체제를 붕괴시키는 괴물이 된 것입니다. 지금 대한민국은 당장 무너져도 이상하지 않을 정도의 풍전등화에 운명에 처해있습니다. 친애하는 국민 여러분, 저는 북한 공산 세력의 위협으로 부터 자유 대한민국을 수호하고, 우리 국민의 자유와 행복을 약탈하고 있는 파렴치한 종북 반국가 세력을 일거에 척결하고 자유 헌정 질서를 지키기 위해 비상계엄을 선포한다."라고 밝혔다. 종북 반국가 세력인 민주당이 장악한 국회가 자유민주주의를 붕괴시키고 있기 때문에 국회를 이대로 내둘 수 없다고 밝힌 것이다. 이를 뒷받침하는 것이 군 관계자의 메모 및 진술을 통해 밝혀졌는데 국회의 입법권을 계엄으로 무력화한 뒤 별도의 '비상입법기구'를 설치하려고 했다는 것이다. 이는 1980년 전두환 신군부의 '국가보위입법회의'와 유사한 방식으로 국회의 입법권을 대체하려던 의도로 보인다.

반헌법적인 포고령

계엄선포 즉시 윤석열은 박인수 육군참모총장을 계엄사령관으로 임명했다. 박인수는 윤석열의 계엄선포 즉시 대한민국 전역에 제1호 포고령을 발표했다.

박인수는 자유대한민국 내부에 암약하고 있는 반국가 세력의 대한민국 체제전복 위협으로부터 자유민주주의를 수호하고, 국민의 안전을 지키기 위해 2024년 12월 3일 23시부로 대한민국 전역에 다음 사항을 포고한다고 했다. 포고령의 내용은 다음과 같다.

1. 국회와 지방의회, 정당의 활동과 정치적 결사, 집회, 시위 등
   일체의 정치활동을 금한다.
2. 자유민주주의 체제를 부정하거나, 전복을 기도하는 일체의 행
   위를 금하고, 가짜뉴스, 여론조작, 허위선동을 금한다.
3. 모든 언론과 출판은 계엄사의 통제를 받는다.
4. 사회혼란을 조장하는 파업, 태업, 집회행위를 금한다.
5. 전공의를 비롯하여 파업 중이거나 의료현장을 이탈한 모든 의
   료인은 48시간 내 본업에 복귀하여 충실히 근무하고 위반시는
   계엄법에 의해 처단한다.
6. 반국가세력 등 체제전복 세력을 제외한 선량한 일반 국민들은
   일상생활에 불편을 최소화할 수 있도록 조치한다.

이상의 포고령 위반자에 대해서는 대한민국 계엄법 제 9조(계엄
사령관 특별조치권)에 의하여 영장없이 체포, 구금, 압수수색을 할
수 있으며, 계엄법 제 14조(벌칙)에 의하여 처단한다.

이 포고령을 두고 윤석열과 김용현은 미묘한 시각차를 두고 갈등하
고 있다. 윤석열은 과거의 계엄 포고령을 김용현이 베끼는 과정에서 자
신의 의도와는 상관없이 1항처럼 국회와 지방의회의 활동을 금지했다
고 변명하고 있다. 반면 김용현은 윤석열이 모두 검토하고 승인 후 발
표했다는 것이다. 애초에는 야간 통행금지도 있었는데 윤석열이 이 항
목을 삭제하기도 했다는 것이다.

상식적으로 윤석열이 겨우 6개 항에 불과한 한 쪽짜리 포고령을 제대로 인지하지 못했다는 것이 말이 안 된다. 계엄선포가 설사 대통령의 고유권한이라 할지라도 포고령 1항은 위헌에 해당한다. 계엄 상황에서도 우리 헌법은 국회의 활동을 제한할 수 없다. 왜냐하면 국회는 대통령의 계엄선포가 합당함으로 추인해 줄 것인지, 합당하지 않으므로 해제할 것인지를 48시간 이내에 판단해야 하는 헌법 기관이기 때문이다.

한편, 헌법 77조 5항은 '국회가 재적 의원 과반수의 찬성으로 계엄의 해제를 요구한 때에는 대통령은 이를 해제해야 한다'고 명시하고 있기 때문이다. 윤석열이 포고령 1항은 자신의 의도와는 상관없이 김용현이 임의로 집어넣은 것이라고 하는 이유가 바로 이 때문이다. 하지만 윤석열의 이 주장은 거짓이며 궤변에 불과하다.

눈길을 끄는 조항은 5항으로 "전공의를 비롯하여 파업 중이거나 의료 현장을 이탈한 모든 의료인은 48시간 내 본업에 복귀하여 충실히 근무하고 위반시는 계엄법에 의해 처단한다."는 내용이다.

윤석열의 느닷없는 의대 정원 2,000명 증원으로 의료계가 붕괴되어 있어서 이 기회에 의사들의 파업을 진압하려는 의도도 있겠으나, 본질적으로는 계엄선포에 따른 반발 과정에서 발생하는 유혈 사태에 대비하려는 의도였을 것으로 보인다.

계엄군의 국회 침입

국회사무처에 따르면, 계엄군의 국회 진입은 3일 오후 11시 48분부터 다음 날 오전 1시 18분까지 이루어졌다. 윤석열은 12월 3일 밤 10

시 23분 비상계엄을 선포해, 경찰은 10시 50분부터 국회 외곽문을 폐쇄하고 국회의원과 직원들의 출입을 막았다. 국회사무처 발표에 따르면 국방부는 11시 48분부터 4일 오전 1시 18분까지 헬기로 24차례에 걸쳐 무장한 계엄군 230여 명을 국회 경내로 진입시켰다. 0시 40분에는 계엄군 50여 명을 추가로 국회 외곽 담장을 넘어 진입시켰다. 국회 경내 숲속에서도 계엄군이 목격되었다. 실제 진입 인원은 더 많았을 것으로 추정된다.

특히 계엄군은 국회의사당 진입 과정에서 2층 사무실 유리를 파손하고 의사당 내부로 들어온 것으로 파악됐다. 김민기 사무총장은 "무장한 계엄군은 국회의사당 정현관과 후면 안내실을 통해 의사당 진입을 시도하였고, 0시 24분 국회의사당 2층 사무실 유리를 깨고 물리력을 행사해 의사당 안으로 난입했다"며 "우원식 국회의장은 계엄 해제 요구 의결로 계엄군의 철수를 강력히 요구했고, 계엄군은 오전 1시 11분 철수를 시작해 2시 3분 국회 경내에서 전원 철수했다"고 했다.

국회의 계엄 해제

윤석열은 국회의원이 본회의장에서 모여서 계엄을 해제하는 것을 막기 위하여 계엄군을 동원하여 국회의원들이 국회에 들어오는 것을 물리적으로 막았다. 민주당을 포함한 야당 의원들은 국회의 담을 넘는 등 필사적으로 국회로 들어갔다. 계엄 소식을 전해 듣고 모여든 시민들은 국회의원들이 국회로 들어갈 수 있도록 계엄군과 맨몸으로 맞섰다. 그래서 과반을 훨씬 넘긴 여야 국회의원 190명이 국회 본회의장에 들어

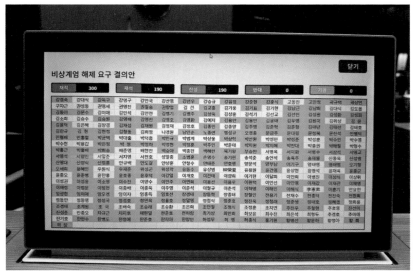

비상계엄 해제 요구 결의안 현황. 강훈식 민주당 의원 페이스북 갈무리

갈 수 있었다.

이 과정에서 서울경찰청 소속인 국회 경비대가 국회의원들의 경내 진입을 통제한 것은 매우 심각한 문제였다. 국회 경비대의 주 임무는 국회를 경비하는 것임에도 불구하고 국회에 출석하려는 의원들은 통제한 것은 계엄군과 한통속이라는 것을 증명하는 것이다.

우원식 국회의장은 계엄선포 즉시 담화를 통해 "헌법적 절차에 따라 계엄에 대응하겠다. 모든 국회의원은 즉시 본회의장으로 모여주시길 바란다."며 군경에게도 자제와 헌법 수호를 당부했다.

이재명 대표는 텔레그램을 통해서는 소속 의원들에게 국회로 들어올 것을 지시했으며, 유튜브 라이브 방송을 통해서는 지지자들에게도 국회로 와 달라고 했다.

이렇게 해서 국회에는 의결에 필요한 과반수 이상의 국회의원이 계엄선포 1시간 반만에 모일 수 있었다.

본회의장 내부는 급박한 분위기 속에서 의결 준비가 이루어졌다. 여야 의원들은 각각의 자리를 잡으며 계엄 해제를 위한 절차를 논의했다. 계엄군이 국회 본회의장 앞까지 장악하고 있었지만, 우원식 의장은 "국회법에 따라 절차적 오류 없이 진행해야 한다"고 말하며 신중을 기하자, 일부 야당 의원들은 "빨리 표결을 진행하자"며 항의했다. 우원식 의장은 혹시 윤석열 일당들에게 표결 무효라는 빌미를 주지 않기 위하여 최선을 다했다. 우원식 의장의 선택은 옳았다.

결국 윤석열이 비상계엄을 선포한 지 2시간 조금 넘은 12월 4일 오전 1시 2분께 재석 의원 전원 190명의 찬성으로 계엄 해제 요구 결의안이 통과되었다.

190명 중 야당 의원은 172명이었으며 국민의힘에는 친한동훈계 소속 의원 18명이었다. 특히 한동훈은 당대표 사무실을 계엄군이 점령한 이후 민주당 박주민 의원의 도움으로 국회 본회의장으로 피신할 수 있었다. 국회의원 신분이 아니면 본회의장에 들어올 수 없었으나 계엄군에게 쫓기고 있는 딱한 처지에 있는 한동훈 대표를 민주당에서 보호해 준 셈이다.

윤석열의 반헌법적인 비상계엄은 선포 2시간이 조금 넘은 시간에 국회에 의해서 합법적으로 해제되었다. 이렇게 역사상 가장 짧았던 친위 쿠데타는 실패했다. 하지만 윤석열의 내란은 여기서 종식된 것이 아니었다.

이재명의 선택 국회로 모여라

> 이재명 대표의 라이브 방송을 보던 수 많은 시민이 국회로 달려왔다. 심지어 계엄군보다 먼저 도착한 시민들이 천여 명이었다. 그리고 시민들은 총을 든 계엄군에 맞서서 맨몸으로 저항했다.

계엄군에 의한 국회 봉쇄

2024년 12월 3일 오후 10시 23분 계엄선포 직후 새벽 서울 여의도 국회의사당 주변은 심각한 혼란과 대립의 현장으로 변했다. 여야 국회의원과 보좌진들은 봉쇄된 국회 담장을 넘거나 틈새를 뚫고 회의장으로 진입하려 했다. 그러나 이들을 저지하려는 계엄군과 경찰 병력의 대치가 격화되며 국회 주변에는 고성과 비명이 끊이지 않았다. 국회 본청 입구의 유리문 너머에서 계엄군이 물리력으로 강제 진입을 시도하자, 국회 직원들은 소화기를 분사하며 저항했다.

헌법 제77조에 따라 계엄 해제를 요구하는 의결권을 행사하려고 국회의원들이 국회로 들어가려 했다. 해당 조항에 따르면 국회는 재적 의원 과반수의 찬성으로 계엄 해제를 요구할 수 있으며, 대통령은 이를 반드시 받아들여야 한다. 더불어민주당과 국민의힘 일부 의원들은 계

계엄군의 총구를 잡고 있는 안귀령. JTBC 방송화면 캡처

엄 해제를 위한 본회의를 열기 위해 국회로 향했으나, 이를 막기 위한 계엄군과 경찰 병력이 국회의사당을 봉쇄하면서 물리적 충돌이 벌어졌다.

이 과정에서 안귀령 더불어민주당 대변인이 계엄군의 총구를 잡으며 "부끄럽지 않냐?"고 외쳤는데 이 장면이 미국 CNN, 영국 BBC에서 조명을 받았다. CNN은 "한국 대통령이 계엄령을 선포한 후 언론인에서 정치인으로 변신한 한 여성이 무장 군인과 몸싸움을 벌이며 저항과 분노를 표출하는 영상이 온라인에서 널리 공유되고 있다."고 보도했다.

안 대변인은 "그냥 '일단 막아야 한다, 이걸 막지 못하면 다음은 없다' 라는 생각밖에 없었다"고 전했다. "뭔가 머리로 따지거나 이성적으로 계산할 생각은 없었다. 순간적으로 그냥 몸을 던져서 계엄군의 본청 출입을 막았던 것 같다. 그 과정에서 계엄군이 제 팔을 잡고 막고 하니까

저도 밀치기도 하고 그랬다"라며 당시 상황을 설명했다.

"계엄군의 총구를 잡고 소리쳤지만, 처음에는 계엄군을 보고 좀 무서웠다. 하지만 계엄군과 대치하는 다른 시민들을 보고 나도 가만히 있어서는 안 되겠다고 생각했다"라고 덧붙였다.

안귀령 대변인의 행동은 매우 위험한 행동이긴 했으나, 윤석열의 불법적인 계엄으로부터 대한민국의 민주주의를 지키려는 시민들의 격렬한 저항을 보여주는 한 장면이다.

계엄사령부는 707특임단에게 전시 상황에서 병사 개인에게 지급되는 탄약인 이른바 '비엘탄(Basic Load 탄약)'의 개봉을 승인했다. 즉 계엄군의 실탄 사용이 허가되었다는 뜻이다. 자칫하면 대형 유혈 사태가 날 수 있는 급박한 상황이었다.

국민의힘 한동훈 대표 계엄 반대

계엄선포 직후 여야 지도부는 신속히 대응하며 비상사태에 대비했다. 한동훈 국민의힘 대표는 계엄령을 위법적이고 위헌적인 조치로 규정했다.

한동훈 대표는 계엄이 선포되자마자 여의도 당사에서 긴급 기자회견을 열고 "오늘 대통령이 비상계엄을 선포했다. 요건에 맞지 않는 위법한 위헌적 비상계엄 선포이다. 대한민국은 자유민주주의 국가이다. 국민과 함께 자유민주주의를 지키겠다. 비상계엄을 반드시 막아내겠다. 국민께서는 안심해 주시길 바란다. 반드시 저희가 위법, 위헌적인 비상계엄을 막아낼 것"이라고 말했다.

이재명 대표 라이브 방송 캡처

이후 한동훈 대표는 국민의힘 소속 의원들과 함께 국회로 향했다. 그러나 한동훈 대표를 따라 국회로 들어간 의원은 친한계로 알려진 18명에 불과했다. 추경호 원내대표는 국회로 모이라 했다가 이를 번복하고 당사로 모이라 하는 등 우왕좌왕했다. 추경호 원내대표의 이 같은 행동은 계엄 해제 의결을 방해하려는 의도였다는 의심을 받기에 충분했다. 그래서 이후 추경호 원내대표는 야당에 의해 고발되었다.

이재명 대표 라방을 통해 "국회로 모이라"

더불어민주당 이재명 대표 역시 오후 10시 53분 구독자 수 110만 유튜브 라이브 방송을 통해 긴급 입장을 발표했다.

라이브 방송은 국회로 향하는 차에서 이루어졌다. 집에서 급하게 나와 국회로 향하는 차에서 라이브 방송을 했는데 운전자는 다름 아닌 김혜경 여사였다. 라이브 방송의 내용은 다음과 같았다.

"국민 여러분 국회로 와 주십시오. 윤석열 대통령이 비상계엄을 선포했습니다. 비상계엄을 해제 의결해야 하는데 군대를 동원해서 국회의원들을 체포할 가능성이 매우 높습니다. 국회로 와 주십시오. 늦은 시간이긴 하지만 국민 여러분께서 이 나라를 지켜주셔야 합니다. 저희도 목숨을 바쳐 이 나라 민주주의 꼭 지켜내겠습니다. 우리 힘만으로 부족합니다. 이 나라의 주인이신 국민 여러분께서 나서주셔야 합니다. 저도 지금 국회로 가는 길입니다. 국회가 비상계엄을 해제 의결을 할 수 있도록 이 나라 민주주의를 강건하게 지켜낼 수 있도록 국민 여러분께서 힘을 보태주십시오. 국회는 이 나라 민주주의의 최후 보루입니다. 존경하고 사랑하는 국민 여러분. 윤석열 대통령이 비상계엄을 선포했습니다. 비상계엄을 선포할 아무런 이유가 없습니다. 군대가 이 나라를 통치하게 내버려둘 수는 없습니다. 검찰에 의한 이 폭력적 지배도 부족해서 총칼을 든 무장 군인들이 이 나라를 지배하려고 합니다. 그리고 국군 장병 여러분. 여러분에게 명령을 내릴 수 있는 것은 오로지 국민뿐입니다. 윤석열 대통령은 국민을 배반했습니다. 윤석열 대통령의 불법적인 비상계엄선포는 무효입니다. 지금 이 순간부터 윤석열 대통령은 대한민국 대통령이 아닙니다. 장병 여러분 여러분이 들고 있는 총칼 여러분의 이 권력은 모두 국민에게서 온 것입니다. 이 나라의 주인은 국민이고 국군 장병 여러분께서 복종해야 될 주인은 윤석열 대통령이 아니라 바로 국민입니다. 국민은 윤석열 대통령의 비상계엄을 허용하지 않았습니다. 국민 여러분 신속하게 국회로 와주십시오. 민주주의 마지막 보루 국회를 지켜 주십시오. 저도 지금 국회를 향해 가고 있습니다. 절박한 시간입니다. 나라의 운명이 풍전등화입니다. 윤석열의 불법적이고 위헌적이고 반국민적인 계엄선포를 이 나라의 진정한 주권자 민주공화국 대한민국의 주체인 국민들께서 지켜주셔야 합니다. 2년 6개월 이 짧은 시간에 이 나라가 얼마나 많이 망가졌습니까? 그것도 모자라 이제 계엄을 선포했습니다. 이제 곧 탱크와 장갑차 총칼을 든 군인들이 이 나라를 지배하게 됩니다. 사법제도도 다 중단되고 군인들이 단심으로 심판하는 비상계엄이 시작되었습니다. 대한민국의 경제가 회복될 수 없도록 무너질 것입니다. 국제 신인도가 떨어질 것입니다. 대한민국에 투자한 외국인이 철수할 것입니다. 대한민국 경제가 망가지고 안 그래도 나빠진 민생이 끝을 모르고 추락할 것입니다. 국민 여러분 국회로 와 주십시오. 무너지는 민주주의 여러분이 함께 나서 지켜 주십시오. 본인은 지금까지 군인 대신 영장을 가진 검사들이 지배하는 줄 알았습니다. 이제 검찰 지배 국가에서 군인 지배 국가로 전환할 모양입니다. 이렇게 방치할 수는 없습니다. 국민 여러분 여의도 국회로 가 주십시오. 저도 국회로 갑니다.

존경하는 국민 여러분. 어떻게 만들어온 대한민국입니까? 어떻게 만들어온 민주주의입니까? 어떻게 만든 세계 10위의 선진국입니까? 저도 믿어지지 않습니다.

집안으로 무장 군인들이 쳐들어오지 않을까 급하게 집을 나섰습니다. 저도 아직 현실감이 없습니다. 꿈만 같습니다. 21세기 선진 강국 대한민국에서 비상계엄이라니. 국민 여러분 상상이 되십니까? 이거는 실제 상황입니다."

이재명 대표의 라이브 방송은 중간 중간 음성이 끊기었다. 아마도 동료 국회의원들의 전화가 들어오는 모양이었다. 가끔 운전하고 있는 김혜경 여사의 흐느끼는 울음소리도 들리었다. 계엄군이 들이닥치고 있는 사지로 남편을 들여보내기 위해 손수 운전하고 있었다. 이날 이재명 대표의 라이브 방송 동시접속자 수는 무려 30만 명에 달했다.

라이브 방송의 특이한 점은 동료 국회의원들에게 국회로 와 모여달라는 말은 한마디도 안 했다. 오직 국민에게만 국회로 와 달라고 호소하고 있다. 아마 민주당 국회의원들은 이미 국회로 모이기로 약속했기 때문일 것이다.

국민에게 국회로 모여달라는 호소는 이재명의 용기

국민에게 계엄군이 쳐들어온 국회로 모여달라고 하는 것은 용기가 필요한 말이었을 것이다. 윤석열 계엄군 세력들은 포고령을 통해 "이상의 포고령 위반자에 대해서는 대한민국 계엄법 제 9조(계엄사령관 특별조치권)에 의하여 영장 없이 체포, 구금, 압수수색을 할 수 있으며, 계엄법 제14조(벌칙)에 의하여 처단한다."고 하지 않았는가? 대한민국의 역사에서도 1980년 5월 광주에서 계엄군이 국민에게 총을 쏴서 수백 명의 목숨이 희생되지 않았는가? 만일 계엄군이 발포해서 이재명 대표의 라이브 방송을 보고 온 시민이 희생된다면 어떻게 되겠는가? 국회로 가는 이재명 대표의 선택은 자신의 목숨만을 건 싸움이다. 하지만 국회로 모여달라는 호소는 나의 목숨과 국민의 목숨이 하나라는 뜻이다. 책임은 이재명 대표가 지겠다는 것이다. 민주당의 국회의원 어느 누구도 그 시간에 국회로 모여달라고 한 사람은 없었다. 오직 이재명 대표만이 간절하게 국민께서 국회를 지켜달라고 호소했다.

실제로 이재명 대표의 라이브 방송을 보던 수 많은 시민이 국회로 달려왔다. 심지어 계엄군보다 먼저 도착한 시민들이 천여 명이었다. 그리고 시민들은 총을 든 계엄군에 맞서서 맨몸으로 저항했다.

김건희 7시간 전화 통화로 유명한 서울의소리 이명수 기자는 누구보다 먼저 국회 앞에 도착했다. 이명수 기자는 한 손에는 핸드폰을 들고 라방을 하고, 국회 담을 넘어서려는 계엄군을 '올라가지 마, 위험해'하며 계엄군을 끌어내렸다. 이명수 기자의 이 행동을 보고 다른 시민들도 담을 넘어 국회로 들어가려는 계엄군을 끌어내렸다. 계엄군은 잠시 뒤로 물러났다. 그 사이 수천 명의 시민이 몰려와서 계엄군의 국회 진입을 막아냈다. 남극 빙하에서 차가운 바다를 향해 뛰어내릴 때, 펭귄의 무리에게 용기를 주며 첫 번째로 뛰어내리는 펭귄을 '첫 번째 펭귄'이라고 하는데 첫 번째 펭귄의 역할을 이명수 기자가 해낸 셈이다.

시민들은 국회의원들이 국회로 들어갈 수 있도록 길을 열기도 했으며 국회의원들이 월담할 수 있도록 도와주기도 했다. 국민의힘 일부 국회의원도 시민들의 도움을 받아 월담했다.

이재명 대표는 라이브 방송을 하며 국회 근처에 도착하자마자 정문으로는 가지도 않고 즉시 담을 넘어서 국회로 들어갔다. 이 장면이 고스란히 라이브 방송을 통해 생중계되었다.

시민들이 계엄군과 대치하고 뒤섞여 실랑이하는 사이 속속 국회의원들은 본회의장으로 모여들고 있었다.

국회의원은 시민에게 시민은 국회의원에게

1979년 12월 12일 전두환이 군사 반란을 일으켰을 때 대한민국 국민들은 속수무책으로 당했다. 전두환의 쿠데타를 저지할 수 있는 당시 국방부 장관은 총소리를 듣고 미8군 사령관에게 피신했다. 이후 신군부 제1공수특전단이 쳐들어오기 전에 몰래 국방부로 돌아왔으나 신군부에 의해서 생포되었다. 이런 치욕이 없다.

1979년 신군부에 의해 반란이 일어났을 때는 책임 있는 자들이 도망가는 비겁한 모습을 보였다. 하지만 2024년 12월 3일 민주당을 포함한 야당 국회의원들은 계엄군이 쳐들어오는 국회로 하나같이 달려갔다. 이들이 국회로 무사히 들어갈 수 있었던 것은 국회 앞에 몰려든 시민들 덕분이었다. 이재명 대표의 라이브 방송을 보다가 차를 몰고 여의도로 달려왔다. 한밤중임에도 불구하고 서강대교의 여의도로 가는 차선은 차로 가득했다. 차가 너무 많아서 주차장처럼 차가 멈춰서자 수많은 시민이 서강대교 위에 차를 세워두고 국회 앞으로 달려갔다. 그 많은 차로 인해 계엄군의 진입이 꽤 늦어졌다. 시민들이 서강대교 위에 세워둔 차들이 바리케이드 역할을 한 것이다. 국회의원들은 이렇게 시민에게 빚을 졌다.

국회의원들은 시민들의 도움을 받아 190명이 모여서 계엄을 해제했다. 비록 윤석열 일당들은 반헌법적인 계엄령으로 국회를 무력화시키려고 했지만, 국회는 헌법이 정하고 있는 그대로 계엄을 해제했다. 그렇게 해서 국회 밖에서 계엄군에 맞서고 있는 시민들의 생명을 지키고 대한민국의 헌정 질서를 지켰다. 그날 자신의 안위를 걱정하면서 도망가지 않고 즉시 모여준 국회의원들에게 우리 시민도 빚을 졌다.

그렇게 우리는 잘 싸웠다. 그리고 승리했다.

하지만 윤석열은 국회에서 계엄 해제를 의결했음에도 불구하고 몇

시간 동안 승복하지 않았다. 하지만 끝내 우리는 이겼다. 그날 밤 국회로 모여든 수천의 시민에게 대한민국은 빚을 졌다. 그날 용기 있게 계엄군의 총칼 앞에 맨몸으로 저항했던 분들에게 경의를 보낸다.

그대들이 대한민국의 민주주의를 구했다.

12월 3일 그날 밤 승리의 주역들

> 계엄령 선포 소식에 자발적으로 서울 여의도 국회 앞
> 으로 모인 시민 5천여 명은 총을 든 계엄군을 맨손으로
> 막아섰고 국회의원들이 국회 경내에 진입할 수 있게 길
> 을 열었다.

국회로 모여든 시민들

1987년 민주화 이후 44년 만에 처음으로 선포된 12·3 비상계엄은 국회의 해제 요구안 가결로 2시간여 만에 힘을 잃었다. 계엄 해제는 비록 국회가 했으나 역사의 현장에 함께 한 시민들이 있었기에 가능했다. 계엄령 선포 소식에 자발적으로 서울 여의도 국회 앞으로 모인 시민 5천여 명은 총을 든 계엄군을 맨손으로 막아섰고 국회의원들이 국회 경내에 진입할 수 있게 길을 열었다. 윤석열이 국무회의를 거쳐 계엄이 해제되는 순간까지 시민들은 국회를 지키며 밤을 지새웠다. 그들은 피한 방울 흘리지 않고 민주적 기본 질서를 수호해 낸 주인공이며 영웅이었다.

2024년 12월 3일 오후 10시 23분 윤석열 대통령이 긴급 브리핑을 통해 비상계엄령을 선포하고 20여 분 지난 오후 10시 50분쯤 경찰은

국회 정문을 걸어 잠그고 출입을 통제했다. 윤석열의 비상계엄에 분노한 시민들이 속속 모여들어 11시 30분쯤 국회 앞 대로에는 1,000여 명이 집결했다. 이후 몇 분 사이에 숫자는 5,000여 명으로 불어 차량이 다닐 수 없을 정도의 인파가 국회대로를 가득 채웠다. 시민들은 "윤석열을 체포하라" "계엄 철폐, 독재 타도" 등의 구호를 외쳤다.

국회사무처 등에 따르면 계엄군은 3일 밤 11시 48분부터 4일 새벽 1시 18분까지 24차례 헬기를 동원해 무장 병력 230여 명을 국회 경내로 진입시켰다. 별도로 계엄군 50여 명이 담장을 넘어 국회에 진입을 시도했다. 시민들은 군용차량을 막아서기도 하고 담장을 넘어 국회 청사로 진입하려는 계엄군을 끌어내리기도 했다.

계엄군이 전원 철수한 것은 다음날 1시 2분 본회의에서 결의안이 가결된 후 약 1시간이 지나서였다. 승리한 시민들은 철수하는 계엄군에게 길을 터주며 박수를 쳤다. 일부 시민들은 "군인들이 무슨 잘못이냐" "자식 같은 아이들이 수고했다"고 하기도 했다. 애국가를 제창하거나 "우리가 이겼다" 등 구호를 외쳤다.

국회 앞에 나온 시민들이 대한민국을 지킨 영웅이었다. 윤석열 일당이 발표한 포고령에 따르면 계엄군은 영장 없이 체포와 구금 압수수색까지 가능하다. 그런데도 시민들은 용감하게 맨손으로 이들에 맞섰다. 이들이야말로 이날의 주인공이었다.

190명의 국회의원

12.3 비상계엄 상황에서 시민들 다음으로 용기를 보인 자들은 다름

아닌 22대 국회의원들이었다. 특히 야당 국회의원들이다. 대한민국 헌정 사상 가장 용감한 국회의원으로 기록될 것이다. 총칼을 앞세운 계엄군은 물론 군사 정권에 당당히 맞서며 투쟁한 국회의원이다.

윤석열 내란 세력에 맞서 국회의원이 계엄을 해제하기 위해 의사당에 모인 것은 매우 당연한 얘기이기도 하지만 우리는 그동안 당연한 것을 자연스럽게 지켜보지 못했다.

지금의 민주주의 헌법은 5.18 광주항쟁과 87년 민주화 투쟁을 통해 만들어진 것이다. 87년 민주주의 헌법이 만들어질 때 박종철 열사, 이한열 열사 등의 희생이 있었다. 그 희생으로 만들어진 대통령 직선제 첫 선거에서 야권은 하나로 뭉치지 못하고 분열하여 전두환의 친구 노태우가 대통령이 되는 비극을 만들었다. 이때 분열을 통해 군사독재를 연장했던 이들은 모두 야당의 국회의원들이었다.

이후 국회의원들은 해마다 각종 비위 청탁 사건을 저지르면서 감옥 가는 경우가 많았다. 국회의원 집단은 대한민국의 평균 범죄율보다 훨씬 높았다. 300명의 국회의원 중에 4년 동안 10여 명이 선거법 등 법률 위반으로 재판에서 유죄 판결을 받아왔다. 범죄율이 3%에 해당하는 것이다. 대한민국의 재소자는 5천만 명 중 6만여 명이다. 대한민국 인구의 0.12%이다. 국회의원의 범죄율은 일반인에 비해서 무려 30배나 높은 수치이다.

어디 그뿐인가? 언론에 비친 국회는 언제나 여야 갈등뿐이었다. 그렇다 보니 민생은 챙기지 않고 자기들 밥그릇 싸움만 하는 집단으로 인식되었다. 물론 억울한 측면도 있을 것이다. 국회는 원래 싸우는 곳이다. 총칼로 싸우는 곳이 아니라 논리와 설득 그리고 말싸움을 통해서 정치적 목적을 달성하는 곳이다. 싸움을 싸움으로만 중계방송하듯 내보내는 언론이 문제이다. 기계적 중립과 양비론이 국회를 그렇게 만들었다. 그러니 국회가 제일 신뢰 가지 않는 국가 기관으로 1, 2위를 차지하는 것은 당연한 결과라고 할 수 있다.

그런데 12.3 내란 사태를 통해 국회는 가장 신뢰 가는 헌법 기관으로 등극했다. 늘 자신의 밥그릇 지키는 것에는 치열하고 민주주의를 지키는 것에는 비겁했던 국회가 계엄 당일 1시간 만에 계엄군이 들이닥치고 있는 국회로 모여들었다. 그날 국민은 처음으로 용감한 국회의원을 보았다. 시민도 용감했지만, 야당 국회의원도 매우 용감했다.

계엄군이 본회의장 앞에서 문을 부수고 들어오려는 그 순간에 국회는 침착하게 계엄 해제 의결을 통해 내란을 무력화시켰다.

국회 앞에서 계엄군과 맞서 싸우던 시민들이 환호했고, 밤새 가슴을 조이며 TV를 지켜보던 국민이 환호했다. 대한민국에서 있었던 쿠데타 중에서, 대한민국의 독재자에 의해서 선포되었던 계엄 중에 가장 빠르게 무력화시켰다. 국회의원의 의결에 의해 계엄이 해제된 유일한 사례가 되었다.

2024년 12월 4일 22대 국회는 칭찬받아 마땅하다. 민주주의를 지킨 국회였다. 탄핵 의결에 참여한 국회의원들에게 박수를 보낸다.

국회의 방패가 된 국회의원 보좌관 및 민주당 당직자들

보통 국회의원들에게는 5명 정도의 보좌관이 있다. 이들은 의원의 입법 및 지역구 활동을 보좌한다. 국회의원실에는 이런 보좌관들이 의원과 함께 상주하게 된다. 국회 본회의장에는 들어갈 수 없으나 본회의장 문 앞까지는 드나들 수 있다.

12월 3일 계엄이 선포되던 당시 국회의원 보좌관들과 민주당 당직자들은 여느 때와 다름없이 일상생활을 하고 있었다. 몇몇 보좌관들은 국회의원회관에서 철야로 업무를 처리하고 있었으며, 어떤 이는 국회 앞에 모여든 시민들이 그랬던 것처럼 집에 있었고, 또 어떤 이는 식당에 있었다.

그리고 어떤 이는 TV로 생중계된 윤석열의 담화를 통해 알게 되었으며, 또 어떤 이는 지인들의 카톡이나 문자 전화를 통해 사실을 알게 되었다. 그리고 이들이 한 일은 모든 일을 중단하고 즉시 국회로 들어가는 것이었다.

국회의원회관에서 업무를 보던 보좌관들은 계엄군들이 국회를 장악할 것이라는 두려운 생각을 하면서도 즉시 정문을 향해 달려갔다. 국회의원들이 국회 안으로 들어오려면 출입문을 지켜야 한다고 생각한 것이다. 하지만 그들이 정문에 도착했을 때는 이미 국회 경비대에 의해 정문이 닫힌 뒤였다.

보좌관들은 "누구의 지시로 출입문을 막느냐?"면서 항의하기도 하고, 국회의원들과 직원들이 들어올 수 있게 해 달라고 애원도 해보고, 몸싸움을 하면서 닫힌 문을 열려고도 했다.

그사이 많은 보좌진이 담을 넘어 국회로 넘어왔고 이들은 다시 힘을 모아 경비대와 실랑이를 벌였다. 하지만 정문은 완전히 봉쇄되었다. 보

더불어민주당 당직자들이 바리케이드를 치고 있다. ⓒ연합뉴스

좌진들은 각자 자신의 의원들에게 전화를 걸어 국회 상황을 알렸다. 계엄군들이 의결 정족수 150명을 채우지 못하게 문을 막고 있는 것 같다고 알렸다. 아울러 정문을 뚫고 들어오든 담을 넘어 들어오든 국회로 들어와야 한다고 알렸다.

정문 안에서는 보좌진들이 정문을 열려고 시도하고 있었으며, 밖에서는 모여든 시민들이 계엄군과 경비대를 밀어내며 통로를 확보하려고 시도했다. 그 사이 정문이 잠깐 열리기도 했다. 국회의원들이 정문을 통해 들어갈 수 있었다. 하지만 곧 정문은 다시 막혔다. 국회의원들은 담을 넘어서 국회로 들어가야만 했다.

의결 정족수가 채워질 때쯤 해서는 헬기를 통해 계엄군이 국회로 진입했다. 보좌진들은 의원회관 정문에서 스크럼을 짜고 계엄군들이 본회의장으로 들어오는 것을 필사적으로 저지했다.

국회사무총장은 김민기였는데 야당 국회의원 보좌진에게 의원회관 정문 유리문 안에서 막지 말고 유리문 밖에서 막으라고 지시했다. 이를 통해 의원회관으로 들어오는 국회의원이 있으면 길을 열어주고 다시 막으면서 의원회관을 효과적으로 방어할 수 있었다.

의원회관 정문으로 진입하는 것이 여의찮다고 판단한 계엄군들은 창문을 깨고 국회로 진입했다. 보좌진들은 이번에는 본회의장 앞에 책상 의자 등 집기를 이용해 바리케이드를 쌓고 대항했다.

이때 윤석열은 투입된 곽종근 육군 특수전사령관에게 도끼로 부수고 들어가서 총을 쏴서라도 의원들을 끄집어내라고 지시했다. 보좌관들은 의원들이 본회의장에서 계엄 해제 결의안을 통과시킬 수 있도록 목숨을 걸고 계엄군과 맞섰다. 이들의 격렬한 저항 앞에 계엄군들은 당황했다. 그러는 사이 본회의장에서는 계엄 해제 결의안이 무사히 통과되었다.

본회의장 앞에서 인간 바리케이드를 치면서 싸운 보좌관들 덕분에 대한민국 민주주의가 지켜질 수 있었다.

국회 직원들

국회의원들과 보좌관만 그날 밤 국회의 담을 넘은 것이 아니다. 국회에서 근무하는 직원들도 목숨을 걸고 담을 넘었다. 특히 표결을 위한 전산 시스템을 담당하는 직원들의 공이 컸다. 이들이 이날 계엄 즉시 본회의장으로 오지 않았다면 전자 투표는 이루어지지 못했을 것이다. 그랬다면 의원 정족수 계산도 수작업으로 해야 했을 것이며 거수 투표를 해야만 했을 것이다. 안건 상정에서부터 난관에 부딪혔을 것이다.

이들이 사명감을 갖고 국회로 와주었기 때문에 윤석열 일당의 내란 시도는 수포로 돌아갈 수 있었다.

국회 상황을 보도하는 언론

12월 3일 계엄을 선포하자 대부분의 언론은 국회 현장에 기자들을 보냈다. 언론사는 계엄의 성공 여부는 국회에서 결판나리라는 것을 알고 있었다.

그 시간 이후 국회에서 벌어지고 있는 상황들이 실시간으로 전국민에게 알려졌다. 국회 정문이 경비대에 의해 통제되고 있는 상황과 뒤이어서 군인들이 국회를 봉쇄하는 장면과 이에 맞서 시민들과 보좌관들이 대치하고 항의하는 장면이 고스란히 중계되었다.

언론인 여러분 덕분에 2024년 대한민국 국민은 실시간으로 계엄을 목격할 수 있었다. 이것은 대한민국 헌정사에서 처음 있는 일이었다.

국회 앞마당에 헬기가 내리고 헬기에서 계엄군이 쏟아져 나오는 장면은 국민을 공포로 몰아넣기에 충분했다. 방송 카메라에는 계엄군이 유리창을 깨고 진입하는 장면도 고스란히 노출되었다. 경내로 집입하는 계엄군에 맞서 소화기를 뿌리며 대항하는 국회의원 보좌관들의 모습도 방송을 통해 송출되었다.

이날의 백미는 국회에서 190명의 국회의원이 만장일치로 윤석열의 불법적인 계엄을 해제하는 순간이었다.

방송사의 실시간 중계로 국민 모두가 계엄의 실체를 확인하게 되었으며, 이후 윤석열의 탄핵 심판 및 내란죄 형사재판에서도 중요한 직접 증거로 활용할 수 있게 되었다.

계엄군으로 투입된 젊은 군인들

12.3 비상계엄 사태를 보면서 왜 2024년에는 윤석열의 부당한 지시를 거부하는 사령관들은 없었는지 실망했다.

2023년 개봉한 서울의 봄 영화에서 본 것처럼 전두환 신군부의 쿠데타에 맞서 당당히 싸우던 사령관들이 있었다.

정병주 특전사령관, 장태완 수도경비사령관, 김오랑 중령, 정선엽 병장, 김진기 헌병감, 윤흥기 9공수 여단장이 있었다.

그런데 2024년 내란 과정에서는 부당한 명령을 거부하는 지휘관들이 한 명도 없었다. 이들은 여전히 군인은 명령에 복종해야 한다는 얘기만 하면서 변명하고 있다. 부당한 지시를 거부할 용기가 없었다는 것을 군인정신으로 미화할 뿐이다.

하지만 실제로 총을 들고 투입되었던 젊은 군인들은 달랐다. 그들은 우선 자신이 왜 국회의사당에 와 있는지 제대로 상황을 파악하고 있지 못한 것 같다. 국회의원을 체포하라는 부당한 지시에 그들은 나름대로 꾀를 내었다. 군인은 명령에 복종해야 하니 따르는 척했지만 매우 소극적이었다. 이른바 태업을 한 것이었다. 그렇다 보니 저항하는 시민들과 보좌진들에게 기세에서 밀렸다. 1980년 5월 광주에서 보여줬던 계엄군의 모습과는 전혀 딴판이었다. 하기 싫은 일을 억지로 하면서 매우 난처한 표정이었다. 부하들이 너무나 소극적이다 보니 현장 지휘관들도 강력하게 부하들을 몰아붙이지 못했다. 총을 쏴서라도, 네 명이서 한 조가 되어 끌고 나오라는 윤석열의 지시도 결국 중간에서 커트 당했다. 그들이 적극적으로 내란 세력의 편에 섰다면 내란 세력의 바람대로 계엄은 성공할 수 있었을 것이다.

20세기 이후 친위쿠데타가 실패한 경우는 전 세계적으로 볼 때도 사례를 찾아볼 수가 없다. 행정 권력과 군통수권을 이미 갖고 있는 권력자가 저지르는 친위쿠데타는 소수의 인력을 통해서도 성공할 수밖에 없다. 그런데 민주화 이후 성공한 쿠데타인 전두환 노태우 일당의 12.12 쿠데타도 시간이 지나서 단죄했던 사실을 알고 있는 젊은 군인들은 12.3 쿠데타 앞에서는 내란 세력의 편들기를 망설였다. 그들은 태업을 하면서 결국 내란 시도를 수포로 만들었다. 윤석열 일당들이 예상하지 못한 반전이었다.

12월 9일 이재명 대표는 페이스북에 〈그대들은 아무 잘못 없습니다〉라는 글을 올렸는데 영문도 모른 채 투입되었다가 죄책감과 징벌의 두려움에 떨고 있을 젊은 군인들을 다독이기 위해서였다.

늦었지만 꼭 이야기하고 싶었습니다. 영화와 같이 현실감 없던 비상계엄이 살아있는 현실로 느껴진 가장 두려운 순간은 중무장한 계엄군의 국회 투입이었습니다. 결사의 각오로 막아선 시민들과 보좌진, 당직자들의 헌신이 역사의 퇴행을 막아섰습니다.

그때, 투입된 계엄군의 눈빛을 잊을 수 없습니다. 양심과 명령이 부딪치는 그 흔들림 속에는 대한민국 전체의 혼란이 고스란히 담거 있었습니다. 죄 없는 국민에게 무력을 행사하지 않으려는 소심한 몸짓이 슬펐습니다.

초급 간부들과 병사 대부분은 내란 수괴 윤석열과 김용현, 일부 지휘관들에 의해 철저히 이용당했습니다. 어떤 작전인지도 모른 채 명령에 따라 움직였을 병사들을 이용해 헌법과 민주주의의 근간을 무너뜨린 자들, 계엄군을 향한 화살은 명령을 내린 자들을 향해야 합니다.

계엄이 해제되고 철수하며 시민들에게 허리 숙여 사과하는 계엄군의 영상을 봤습니다. 그 짧은 현장에서의 기억이 그들에게 마음의 상처로 남지 않기를 바랍니다.

자랑스런 대한민국 군인 여러분, 허리 숙인 그들에게 오히려 허리숙여 말하고 싶습니다.

"그대들은 아무 잘못이 없습니다, 오히려 고맙습니다"

전두환의 사면이 내란 세력에게 용기를 줬다

김영삼 대통령은 임기 말인 1997년 12월 20일 12·12와 5·18을 군사 반란 및 내란으로 규정해 사형선고를 받은 전두환을 사면해 줬다.

전두환은 1995년 12월 3일 구속되고 1996년 8월 26일 사형선고를 받았다. 그러니깐 전두환은 구속 이후 2년하고 17일만에 사면이 된 것이다. 김영삼 대통령이 전두환을 사면하기까지 대통령 당선자 신분이었던 김대중 대통령과의 교감이 있었다고 알려져 있다.

전두환은 사면 이후 2021년 11월 23일까지 무려 14년 동안 국민을 비웃듯이 천수를 누리다가 자연사했다. 전두환에 대한 사형선고는 비록 성공한 쿠데타라 할지라도 반드시 죗값을 치르게 된다는 교훈을 남겼지만, 형을 산 기간이 고작 2년에 불과했다는 것은 이후 12·3 내란 세력들에게 용기를 줬다고 본다. 전두환의 사례에서 본다면 자신들도 쿠데타가 설혹 실패한다고 할지라도 사면이 될 것이라는 믿음이 있었을 것으로 보인다.

군형법상 내란죄에서 우두머리에게는 사형과 무기징역밖에 없다. 군형법상 반란죄를 적용하게 된다면 사형밖에 없다. 이번에 검찰에서 구속 기소할 때는 반란죄가 빠져있다. 차후 공소장 변경을 통해서라도 반란죄와 외환죄를 추가해야 할 것이다.

사면 없는 엄정한 법 집행이 요구된다

국회 앞으로 달려와 준 시민, 담을 넘어 국회 본회의장으로 모여든 190명의 국회의원, 계엄군과 국회에서 맨몸으로 싸웠던 보좌관, 국회 내에서 시스템이 제대로 작동될 수 있도록 자리를 지켰던 국회 직원들, 객관적인 사실 관계를 중계방송했던 언론, 소극적으로 군 명령을 따르며 태업을 한 젊은 군인들, 그리고 실시간으로 계엄 상황을 지켜보며 가슴 졸이며 뜬눈으로 지새운 국민 덕분에 윤석열의 쿠데타는 단 2시간 만에 진압될 수 있었다.

탄핵 심판이 완성되고 형사재판의 결과가 나왔을 때 윤석열 일당에게는 최소 무기징역 형이 선고될 것이다. 이번에는 사면 없이 형기를 모두 채워야만 다시는 군을 동원해서 이런 무모한 시도를 하지 못할 것이다.

  윤석열이 교도소에 수감되어 살아 있는 것만으로도 쿠데타를 꿈꾸는 자들에게 경종이 될 것이다. 사형선고가 내려진다면 사형을 집행하는 것도 찬성한다.

  사실 필자는 사형 집행에 대해서는 늘 반대해 왔다. 하지만 윤석열 일당들은 국회의원뿐만 아니라 시민들의 죽음이 뒤따른다고 하더라도 이번 쿠데타에 진심이었다. 국민을 죽여서라도 내란을 성공시키고 싶었다면, 실패했으니 응당 자신의 목숨을 내놓아야 하는 것이 이치이다.

12월 7일 윤석열 탄핵소추안 부결

빚진 자의 마음으로 역사의 퇴행을 막겠습니다. 그것
이 지금 이 순간 가장 필요한 저 이재명의 쓸모라 생각
합니다. 부족한 저의 손을 잡아주셨습니다. 앞으로도
잡은 손 놓지 말아 주십시오. 함께 이기는 길을 가겠습
니다.

윤석열 탄핵소추안 본회의 보고

12월 4일 새벽 1시 2분 윤석열 일당이 저지른 비상계엄을 여야 국회
의원 190명이 해제했다. 비상계엄을 해제했을 때 한동훈계 여당 의원
도 18명이 함께 했다. 하지만 이날 오후 2시 40분경 국회에 탄핵소추
안이 제출될 때는 여당인 국민의힘 소속 의원들은 참여하지 않고 더불
어민주당, 조국혁신당, 개혁신당, 진보당, 기본소득당, 사회민주당 등
야 6당만이 참여했다. 이때부터 국민의힘은 불법적인 비상계엄에 대해
이해할 수 없는 반응을 보이기 시작한다.

12월 5일 새벽 0시 48분경 본회의가 열리고 탄핵소추안은 보고되었
다. 본회의에 보고 되면 24시간 이후 72시간 이내에 표결 처리가 된다.

이날 국회에 보고된 탄핵소추안에 따르면 "윤석열 대통령의 위와 같

국회로 진입 시도하는 계엄군 ⓒ뉴스타파

은 위헌, 위법행위는 헌법 수호의 관점에서 볼 때, 대한민국 헌법 질서의 본질적 요소인 자유민주적 기본 질서를 위협하고 기본적 인권을 유린하며, 법치주의 원리 및 의회제도와 정당제도 등의 본질을 붕괴시키는 헌법 파괴행위이자 주권자인 국민에 대한 배신행위로써 탄핵에 의한 파면을 정당화한다. 이에 국민의 대표인 국회는 국민의 이름으로 윤석열 대통령을 파면함으로써 헌법을 수호하고 손상된 헌법 질서를 다시 회복하기 위하여 탄핵소추안을 발의한다."고 되어 있다.

윤석열에 대한 탄핵소추안 의결은 12월 7일 오후 5시에 하기로 했다. 윤석열의 비상계엄 선포는 계엄에 필요한 어떤 요건을 충족하지 못했음에도 헌법과 법률을 위반한 채 비상계엄을 발령해 국민주권주의와 권력분립의 원칙 등을 위반했기 때문에 국민의힘도 함께 하리라 예상했지만 그것은 너무나 순진한 생각이었다.

한동훈의 입장이라는 '업무 정지'

계엄 해제에 함께했던 18명의 국민의힘 의원마저 대부분 딴소리를 하기 시작했다. 한동훈 대표의 입장도 애매모호했다. 한동훈은 계엄 이후 자신의 입장은 조속한 '업무 정지'라고 밝혔다. 하지만 업무 정지를 시키는 구체적인 방법에 대해서는 밝히지 않았다.

대통령의 업무 정지 방법으로는 스스로 대통령직을 내려놓는 '하야'와 '탄핵'뿐이다. 그 외에 다른 방법은 존재할 수 없다. 하지만 한동훈이 생각하는 업무 정지 방법은 제3의 방법이었던 것 같다.

한동훈이 엄연히 당대표임에도 불구하고 추경호 원내대표를 비롯한 당 소속 국회의원들은 탄핵 반대였다. 그렇기에 국민의힘 당론은 '탄핵 반대'를 고수했다.

한동훈계로 알려진 18명의 의원마저 대부분 탄핵 반대 입장으로 돌아섰다. 국민의힘에서의 한동훈 입지가 계속해서 흔들리게 되었다. 국민의힘 소속 의원들은 비상계엄은 잘못이지만 탄핵에는 반대한다는 이상한 입장을 고수했다. 심지어 비상계엄이 뭐가 잘못되었느냐까지 주장하는 의원들이 생겼다.

한동훈도 12월 5일 저녁까지 조속한 '업무 정지'라는 입장 속에서도 탄핵에는 반대한다는 입장이었다. 하지만 이날 저녁 새로운 사실들이 언론에 보도되었다.

홍장원 국가정보원 1차장은 이날 국회를 찾아 윤 대통령이 비상계엄 선포 직후 "싹 잡아들여 정리하라"고 본인에게 전화 통화로 직접 지시했다고 밝혔다. 홍 차장은 방첩사령부로부터 구체적인 정치인 체포 대상 명단도 전달받았다고 밝혔다.

홍 차장이 언급한 체포 명단에는 "이재명 민주당대표, 우원식 국회의장, 한동훈 국민의힘 대표, 김민석 민주당 최고위원, 박찬대 민주당 원내대표, 정청래 민주당 의원, 조국 조국혁신당대표, 김어준 방송인, 김명수 전 대법원장, 김민웅 촛불행동 상임대표, 권순일 전 선관위원장, 그리고 한 명의 선관위원 등"이 포함되어 있었다.

한동훈은 자신이 그 명단에 포함되어 있었다는 것에 적잖이 놀랐던 것 같았다. 윤석열과 김건희가 자신을 매우 싫어한다는 것은 알고 있었지만, 이 정도일 것이라고는 생각지 못했던 것 같다. 배신감도 들었을 것이다.

그렇다 보니 밤사이 탄핵 반대라는 입장도 탄핵 찬성으로 입장을 선회했다.

이튿날 12월 6일 오전 한동훈은 기자들 앞에서 탄핵을 찬성한다는 듯한 입장을 밝혔다. 다음은 이날 한동훈이 기자들에게 밝힌 내용이다.

"당대표 한동훈이다. 지난 계엄령 선포 당일에 윤석열 대통령이 주요 정치인들을 반국가 세력이라는 이유로 체포하라고 고교 후배인 여인형 방첩사령관에게 지시했다는 사실. 대통령이 정치인들 체포를 위해 정보기관을 동원하려 했다는 사실을 어젯밤에 확인했다.

또 여인형이 체포한 정치인을 경기 과천 수감 장소에 수감하려 했다는 것도 확인했다. 앞으로 여러 경로로 공개될 것이라 생각한다.

저는 어제 준비 없는 혼란을 막기 위해 이번 탄핵안이 통과되지 않게 노력하겠다고 했다. 그런데 새로 드러나는 사실들을 고려할 때 대한민국 국민을 지키기 위해 윤석열 대통령의 조속한 직무집행 정지가 필요하다고 판단했다.

윤 대통령은 이번 사태에 불법적으로 관여한 여인형 방첩사령관 등 군 인사들을 조치하지 않고 있다. 그렇기에 윤석열 대통령이 대통령직을 계속 수행할 경우 이번 비상계엄과 같은 극단적인 행동이 재현될 우려가 크고, 그로 인해 대한민국과 국민을 큰 위험에 빠트릴 우려가 크다고 판단한다. 지금 오직 대한민국과 국민만을 생각해야 할 때라고 믿는다."

이재명 대표의 윤석열 내란 사태 관련 특별 성명

12월 6일 오전 9시 30분 이재명 대표는 윤석열 내란 사태 관련 특별 성명을 발표했다. 다음은 그 전문이다.

민주주의 선진국 대한민국이 사실상 유고 상태를 맞았습니다. 무엇보다 충격적인 것은 모든 문제가 바로 윤석열 대통령에게서 비롯됐다는 사실입니다.

대통령의 위헌적이고 불법적인 계엄선포로 인해 대한민국은 하루아침에 혼란과 공포에 빠졌습니다. 정치는 물론, 민생경제, 외교통상, 민주주의, 국격 모두 추락했습니다.

경제를 살리기는 어려워도, 무너지는 건 한순간입니다. 30년 전 IMF 위기 극복을 위해, 어떻게 했습니까? 온 국민이 장롱 속 결혼

반지, 돌반지까지 꺼내야 했습니다.

코로나19로 인한 경제 충격의 여파는 여전히 진행 중입니다. 고물가·고금리로 민생경제는 어려운데, 대통령의 느닷없는 계엄선포가 순식간에 국가 경제를 나락으로 몰고 있습니다.

원·달러 환율은 급등했고, 주가는 급락했습니다. 수출로 먹고 살아온 대한민국, 트럼프 대통령 당선이 가져올 높은 통상 파고도 모자라 윤석열 대통령 자신이 우리 경제 한복판에 폭탄을 던진 셈입니다.

굳건하던 한·미 동맹도 치명상을 입었습니다. 사전에 계엄을 통지받지 못한 미국은 냉랭하기만 합니다. 커트 캠벨 미국 국무부 부장관은 대통령의 계엄선포를 '심한 오판(badly misjudged)'이라 평가했고, 제이크 설리번 백악관 국가안보보좌관도 '사전에 상의하지 않았다'며 '깊은 우려'를 나타냈습니다.

이는 북핵 대응을 위한 한미 연합훈련의 차질로 이어졌습니다. 미국 워싱턴에서 열릴 예정이던 한미 핵협의 그룹 회의와 NCG 도상연습(TTX)은 연기되었습니다.

국가적 신뢰도는 물론, 외교는 당장 큰 타격을 받고 있습니다. 스웨덴 총리 방한이 취소되면서 정상회담이 무기한 연기되었습니다. 스가 요시히데 전 일본 총리 방한은 취소됐고, 관련해 이시바 시게루 일본 총리의 내년 1월 방한도 불투명해졌습니다. 한-카자흐스탄 국방장관 회담은 취소됐고, 싱가포르 국회의장의 우원식 국회의장 방문도 무산됐습니다.

대통령이 초래한 정치 불안정이 사실상 국가 외교를 불능상태로 만든 것입니다. 피땀 흘려 이룬 이 땅의 민주주의가 무도한 권력에 의해 훼손되며 우리 국민은 국격과 자존심에 큰 상처를 입었습니다.

비상계엄 선포 후, 미국, 영국, 프랑스, 뉴질랜드뿐 아니라 전쟁 중인 이스라엘마저 한국에 대한 여행 경고를 발령했습니다. 태국을 여행 중인 한 국민은 '태국 환전소에서 한국 돈을 거부당했다'며, 외국인들이 비상계엄을 어떻게 보는지 단적으로 보여주는 예라는 글을 올리기도 했습니다.

한번 입은 국가 이미지의 타격은 쉽사리 회복되기 어렵습니다.

K-컬처와 K-푸드 세계적 유행과 한강 작가의 노벨 문학상 수상으로, 올해는 어느 때보다 큰 자부심을 느낀 한 해였습니다.

하지만 총을 든 계엄군들이 심야에 유리창을 깨고 국회로 들어가는 모습이 전 세계로 생중계되는 순간, 우리 국민의 자부심은 수치와 분노로 바뀌었습니다.

국민에게 총칼 들이댄 비극의 역사를 끝내야 합니다.

12월 3일 계엄령 선포는 대통령이 스스로의 권력 확대를 위해 벌인 '친위쿠데타'입니다. 윤석열 대통령은 군대를 동원해 국민주권을 찬탈하고, 민주주의 헌정 질서를 파괴한 '내란 수괴'입니다.

계엄 포고령에 '처단한다'고 적시한 대상은 적이 아닌 '국민'이었습니다. 위헌, 불법행위로 주권자의 생명을 위협한 대통령에게 국정 운영을 맡길 수 없습니다. 즉각 체포해 법적 처벌을 받아야 합니다.

지금 우리는 너무나 중대한 역사의 분기점에 있습니다.

대통령에 대한 탄핵은 국민의힘 주장처럼 여야의 정쟁 대상이 아닙니다. 오천이백만 국민의 안위와 대한민국의 존속과 미래가 달린 문제입니다. 대통령이 초래한 국난을 한시라도 빨리 끝내야 합니다.

이 위기를 극복할 원동력은 바로 우리 국민입니다.

대통령의 불법적 계엄령과 무력에도 굴하지 않고 맨몸으로 맞선 시민들의 숭고한 저항으로 대한민국이 위대한 민주주의 국가임을 다시 한번 온 세계에 입증했습니다.

불행한 역사 속 유물이라 생각한 계엄선포가 비록 45년 만에 다시 살아날 뻔했지만, 위대한 우리 국민은 현명하게 이를 막아냈습니다.

이제 민주당은 국민과 함께 무너진 민주주의와 국격을 바로 세우고, 대한민국을 정상화하는 데 최선을 다하겠습니다.

12월 7일, 국회에서 상처 입은 국민과 훼손된 대한민국의 민주주의를 살리겠습니다.

오천이백만의 우리 국민을 지키고, 대한민국의 오늘과 내일이 다시는 퇴행하지 않도록 시민사회, 국민 뜻을 따르는 모든 정치 세력과 함께 힘을 모으겠습니다.

윤석열과 한동훈의 한남동 관저 독대

이렇듯 12월 6일 오전까지만 해도 한동훈은 윤석열의 탄핵을 통한 업무 정지 입장이었다. 다급해진 윤석열은 즉시 한동훈에게 독대를 요청했다. 한동훈이 제정신이라면 이날 윤석열의 독대 요청을 거절해야 했다. 윤석열을 만나게 된다면 또 한 번 입장을 번복할 가능성이 매우 컸기 때문이다. 한동훈의 입장이 탄핵으로 변경되면서 표결이 이루어진다면 비록 국민의힘이 당론으로 탄핵 반대를 굽히지 않고 있지만 한동훈계 의원 중에 8명만 이탈한다면 탄핵안이 국회를 통과할 수도 있지 않겠냐는 기대가 있었다.

이날 독대에서 구체적으로 무슨 얘기가 오고 갔는지는 자세히 알려진 것이 없다. 다만 윤석열이 모종의 제안을 했지만 한동훈 입장에서 보면 선뜻 받아들이기 어려운 부분이 있었던 듯하다. 한동훈은 "어려운 결단이지만 대통령으로부터 이 판단을 뒤집을 만한 말은 못 들었다"며 자신의 입장은 '직무집행 정지'라고 밝혔다.

윤석열과의 독대 이후 한동훈의 입장이 탄핵 찬성에서 변화된 것은 없다고 봐야 할 것이다. 날이 밝고 저녁이 되면 탄핵소추안이 의결될 것처럼 보였다.

12월 7일 오전 윤석열 대국민 담화

오후 5시에 윤석열에 대한 탄핵소추안에 대한 의결이 예정되어 있었다. 한동훈은 전날 윤석열과의 독대 후 아무 성과가 없어 대통령의 집무를 즉시 정지시켜야 한다는 입장을 7일 오전에 밝혔다.

이후 윤석열은 갑작스럽게 오전 10시 대국민 담화를 발표했다. 이때까지만 해도 적지 않은 사람들이 계엄에 대한 사과와 자진 하야가 있을 것으로 기대했다. 그 길만이 대통령으로서 일말의 책임을 지는 일이라고 생각했기 때문이다. 다음은 윤석열의 대국민 담화 전문이다.

　　존경하는 국민 여러분.

　　저는 12월 3일 밤 11시를 기해 비상계엄을 선포했습니다.

　　약 두 시간 후 12월 4일 오전 1시경 국회의 계엄 해제 결의에 따라 군의 철수를 지시하고, 심야 국무회의를 거쳐 계엄을 해제하였습니다.

　　이번 비상계엄 선포는 국정 최종 책임자인 대통령으로서의 절박함에서 비롯되었습니다. 하지만 그 과정에서 국민들께 불안과 불편을 끼쳐드렸습니다. 매우 송구스럽게 생각하며, 많이 놀라셨을 국민 여러분께 진심으로 사과드립니다.

　　저는 이번 계엄선포와 관련하여 법적, 정치적 책임 문제를 회피하지 않겠습니다. 국민 여러분 또다시 계엄이 발동될 것이라는 얘기들이 있습니다마는 분명하게 말씀드립니다. 제2의 계엄과 같은 일은 결코 없을 것입니다.

　　국민 여러분 저의 임기를 포함하여 앞으로의 정국 안정 방안은 우리 당에 일임하겠습니다. 향후 국정운영은 우리 당과 정부가 함께 책임지고 해 나가겠습니다.

　　국민 여러분께 심려를 끼쳐드린 점 다시 한번 머리 숙여 사과드립니다.

윤석열은 2분짜리 담화문을 읽고 기자들과의 질의응답 없이 끝냈다.

이 담화는 대국민 담화라기 보다는 국민의힘 국회의원들에게 보내는 탄핵소추안 반대 의결을 주문한 것이다. 제2의 계엄도 없을 것이며, 자신의 임기와 정국 운영 방안을 당에 일임하겠다는 등 실질적으로 업무에서 스스로 배제될 터이니 탄핵은 막아달라는 것이다.

한동훈은 윤석열 담화 직후 기자들에게 "대통령의 정상적인 직무 수행은 불가능한 상황이고, 대통령의 조기 퇴진이 불가피하다. 앞으로 대한민국과 국민에게 최선인 방식을 고민하고 논의할 것이다."라고 말했다.

이재명 민주당 대표는 "매우 실망스럽다. 국민들 눈높이에 전혀 맞지 않는, 국민들의 배신감과 분노를 더 키우는 발언이 아닌가 생각된다. 지금 현재 대한민국의 가장 큰 리스크는 대통령 존재 자체다. 해결하는 방법은 대통령의 즉각 사퇴 아니면 탄핵에 의한 조기 퇴진 외에는 길이 없다. 대통령의 퇴진 또는 탄핵을 위해서 최선을 다하겠다."고 밝혔다.

윤석열의 대국민 담화 이후 국민의힘은 급속도로 탄핵 반대로 돌아섰다. 그 방법도 매우 비민주적이고 저급한 방식으로 이루어졌다.

탄핵소추안 의결 보이콧

이날 국회 본회의에서는 '윤석열 대통령 탄핵소추안'과 '김건희 여사 특검법'이 상정되어 있었다.

윤석열 탄핵소추안은 재적 의원 3분의 2의 동의가 필요하므로 200명의 동의가 필요했다. 하지만 김건희 특검법 재의요구 투표는 재적이 아

닝 재석 의원의 3분의 2 동의가 필요했다. 그래서 민주당은 김건희 특
검법을 먼저 올려서 참석을 유도하고 윤석열 탄핵소추안을 상정하기
로 했다.

일각에서는 국민의힘이 김건희 특검법은 내주고 윤석열 탄핵소추안
은 부결시키지 않을까 전망하기도 했다. 특히 김건희 특검법은 지난 투
표에서 4명이 이탈해 196표를 얻기도 했다. 4명만 더 이탈하면 통과될
수 있기 때문이다. 하지만 김건희 특검법은 지난번에 비해 2명이 더 느
는 데 그쳐 198표로 결국 이번에도 부결되었다.

국민의힘 소속 의원들은 당론으로 보이콧을 한다는 결정에 따라 김
건희 특검법 표결을 마치자마자 대부분 본회의장을 빠져나갔다. 야당
의원들의 투표가 끝나고 자리를 지키던 안철수 의원이 투표했으며 꽤
시간이 흐른 뒤 김예지 의원이 투표장에 나타났다. 마지막으로 김상욱
의원이 투표에 참여했다. 특히 김상욱 의원은 자신의 소신은 탁핵 찬성
이지만 당론에 따라 반대표를 던졌다고 했다. 하지만 국민의힘의 투표
보이콧은 매우 잘못되었다고 소신을 밝혀 화제가 되었다.

우원식 국회의장은 이날 투표 종료를 선언하지 않고 "얼마 전 비상
계엄 사태를 보며 세계가 놀랐다. 이는 정파의 문제가 아니고 대한민
국 역사와 민주주의의 문제"라며 "투표에 참여하지 않는 모습을 국민
이, 세계가 어떻게 보겠나"라며 국민의힘 의원들의 참여를 촉구하기도
했다.

또한 박찬대 더불어민주당 원내대표도 국민의힘 의원들의 이름을 일
일이 연호하며 본회의장으로 돌아와 투표할 것을 호소했으나, 끝내 돌

아오지 않았다.

결국 국민의힘 의원들이 불참하면서 본회의 재석 인원은 200명 미만에 그치면서, 개표도 해보지 못하고 탄핵안은 폐기됐다.

이재명 민주당 대표는 탄핵안 부결 직후 국회 로텐더홀에서 긴급 입장 표명을 통해 "저희들이 부족해서 원하는 결과를 못 만든 점 사과드린다"면서도 "국민의힘은 민주 정당이 아니다. 내란 정당, 군사 반란 정당이다. 주권자를 배신한 배신 정당, 범죄 정당"이라며 "헌법 질서를 수호할 책임이 있는 대한민국 정당이 아니라 헌정질서를 파괴하는 군사 반란 행위 내란 행위에 적극 가담했을 뿐만 아니라, 책임을 묻는 거에 대해서도 가담한 정당이다. 우리는 탄핵안이 통과될 때까지 반복적으로 추진할 것"이라고 밝혔다.

또한 이재명 대표는 그날 밤 페이스북에 〈빚진 자의 마음으로 역사의 퇴행을 막겠습니다〉라는 글을 올렸다.

추운 날 거리에서 그리고 각지에서 탄핵에 힘을 모아주신 국민 여러분께 감사하고 또 송구한 마음입니다. 헌정질서 파괴하는 내란 세력들을 좌초시키기 위해 또 얼마나 많은 국민 여러분들의 눈물과 땀이 필요할지 모르겠습니다.

저는 이 무도한 정권의 탄생에 가장 큰 책임이 있는 사람입니다. 국민 여러분께 너무나 큰 빚을 지고 있습니다. 마땅한 분노만큼이나, 아니 그보다 더 국민 여러분에 대한 송구함이 무겁습니다.

빚진 자의 마음으로 역사의 퇴행을 막겠습니다. 그것이 지금 이 순간 가장 필요한 저 이재명의 쓸모라 생각합니다. 부족한 저의 손을 잡아주셨습니다. 앞으로도 잡은 손 놓지 말아 주십시오. 함께 이기는 길을 가겠습니다.

박찬대 민주당 원내대표는 다음날 내·외신 기자 간담회에서 "민주당을 포함한 국민 뜻을 모아서 즉각 탄핵을 재추진할 것"이라며 "12월 10일 정기국회가 종료되는데 11일 임시국회를 열어서 탄핵을 재추진하겠다."고 밝혔다.

한편, 윤석열에 대한 탄핵소추안이 국회에 보고된 이후 국회 앞에서는 새로운 촛불혁명이 시작되고 있었다.

Chapter 2

내란 진압과 빛의 혁명

이전까지 촛불시위는 주로 50대 60대들로 80년대 운동권과 박근혜 탄핵 집회를 주도했던 민주당, 정의당과 조국혁신당 당원들이 주류였다. 그런데 이날부터 주류가 바뀌었다. 70% 이상이 1230 젊은이들이었으며, 이들 중 80% 이상이 여성들이었다. 운동권의 세대교체가 이루어지는 순간이었다. 자연스럽게 집회에서 흘러나오던 운동권 노래도 사라졌다. 그 자리를 아이돌의 히트곡이 대신했다. 박근혜 탄핵 집회 때 이화여대에서 처음 불리기 시작한 소녀시대의 〈다시 만난 세계〉는 새로운 세대에서는 레전드 투쟁가가 되어 다시 불려졌다. 촛불 들고 투쟁하던 세대들은 이들의 등장에 어리둥절하면서도 격하게 반기었다.

촛불혁명의 세대교체 응원봉을 든 1230 여성들

우리는 진 적이 없고, 질 일도 없습니다. 도망은 저들이
갔지 우리는 등을 보인 적이 없습니다.

촛불행동

아는 사람은 알 것이다. 윤석열 집권 이후 매주 서울시청과 숭례문
사이 도로에서는 윤석열 퇴진을 촉구하는 촛불행동의 집회가 2년 넘게
진행되고 있었다. 이들은 주로 '노무현 대통령 탄핵 반대 집회'와 '박근
혜 탄핵 집회'에 참여했던 세대들이었다. 언제 끝날지 모르는 집회이다
보니 참여 인원도 매주 1만 명 이내로 그야말로 찻잔 속의 태풍에 불과
했다. 어쩌면 서울 시민들에게는 광화문광장에서 벌어지는, 이른바 '태
극기 집회'와 더불어 매우 일상적인 소음 중의 하나였는지도 모른다.
그렇다고 해서 매주 광장을 지켰던 촛불 시민들을 폄훼하고자 하는 말
이 아니다. 필자는 눈이 오나 비가 오나 광장을 지켰던 촛불 시민을 존
경하고 본인 역시 자주 그 집회에 참여했다.

12월 3일 윤석열의 계엄선포 이후 국회 앞에는 수천 명의 시민들이
모여들었다. 그중에 많은 시민은 이재명 대표의 라방을 보고 달려왔다.
어떤 사람은 배달의민족이나 쿠팡이츠 같은 배달을 하다가 생업을 포

2024년 12월 4일 국회의사당 앞 ⓒ 준성마미 KU18968

기하고 달려온 시민도 있었다. 친구들과 호프를 먹다가 달려온 시민도
있었고, 집에서 TV를 보고 달려온 시민도 있었다. 그들이 있었기에 윤
석열의 계획은 틀어지고 말았다.

　국회에서 계엄 해제 결의안이 통과되고, 윤석열이 2차 내란을 기도
하며 여기저기 전화를 돌리다가 몇 시간 뒤에 계엄 해제라는 항복선언
을 한 이후에도 시민들은 불안했다.

　12월 4일 촛불행동은 국회의사당 앞에서 '윤석열 즉각 탄핵! 즉각 체
포! 범국민 농성'에 들어간다고 발표했다. 촛불행동은 오후 6시에 세종
로 동화면세점 앞에서 윤석열 퇴진 집회를 열고 곧바로 오후 7시에는
범국민 농성에 들어간 국회의사당 앞에서 윤석열 퇴진 집회를 열었다.
촛불행동의 집회는 이날부터 국회로 자리를 옮겨 열리기 시작했다. 촛
불행동의 집회가 광화문에서 여의도로 옮기게 된 데에는 이재명 대표

의 역할이 매우 컸다.

촛불행동은 윤석열의 비상계엄 선포를 강하게 비판했다. 발언에 나선 김민웅 촛불행동 상임대표는 "평화로운 대한민국을 누가 파괴하는지 지난밤 우리 모두가 보았다"며 "국민을 적으로 삼은 자가 국민의 적"이라고 지적했다. 구본기 촛불행동 공동대표도 "전날 밤 윤 대통령이 저지른 건 내란 행위 그 이상 그 이하도 아니다. 내란죄를 저지른 윤 대통령을 즉각 탄핵하고 체포해야 한다"고 목소리를 높였다.

12월 5일 민주당 집회 및 촛불문화제

12월 5일 0시 48분 윤석열 탄핵소추안이 국회 본회의에 상정되었다. 민주당은 12월 7일 오후 5시에 윤석열 탄핵소추안 표결하기로 했다. 이날 오후 5시에는 민주당 의원들이 모두 참석하는 민주당 집회가 국회의원회관 앞 계단에서 있었다. 이후 6시부터는 촛불행동 집회가 열렸다.

12월 6일에도 국회의사당역에서 여의도 공원으로 가는 도로에는 시민들로 가득 찼다. 이날부터 예전 촛불집회와 다르게 젊은이들이 많이 보이기 시작했다. 특히 눈길을 끄는 것은 아이돌 가수들을 응원하기 위한 응원봉이 등장했다는 것이다.

응원하는 아이돌 가수마다 각기 응원하는 응원봉이 따로 있었다. 형형색색의 응원봉이 촛불을 대신하기 시작했다.

12월 6일 밤부터 윤석열의 탄핵소추안을 하루 남겨두고 2030 젊은 여성분들이 응원봉을 들고 국회로 통하는 출입문 앞에서 혹시 모를 계엄군의 국회 침탈에 대비해 보초를 섰다. 누가 시킨 것도 아닌데 자발적으로 이루어졌다. 그렇게 그들은 응원봉 하나 들고 밤을 지새웠다. 그리고 날이 밝았다. 윤석열 탄핵소추안이 국회에서 표결되는 바로 그날이 밝았다.

이재명 대표는 국회로 통하는 모든 철문 앞에서 철창을 감싸 쥐고 잠을 자는 어린 소녀들을 위해 추위라도 피하라고 텐트를 쳐 줄 것을 지시했다.

응원봉 이전에 촛불이 있었다

필자는 2024년 12월 7일을 대한민국 민주화운동 역사가 또 다른 한 페이지를 시작한 날이라고 정의하고 싶다. 이날 우리는 민주화운동의 새로운 세대를 맞이했다. 바로 이전 세대를 '촛불혁명의 세대'라고 한다면 이들은 '2030 응원봉 세대'라고 할 수 있다.

1980년대까지 대한민국의 민주화운동 세력은 학생과 노동조합이었으며 이들이 손에 든 무기는 짱돌과 화염병이었다. 김대중 민주정부 수립 이후 화염병을 들며 하던 시위는 차츰 사라졌다. 이와 더불어 공포스럽던 최루탄도 함께 사라졌다. 정확한 명칭이라고 할 수 없지만 이들을 '화염병 세대'라고 할 수 있을 것이다. 이른바 86세대들이 그들이다.

대한민국 시위 문화에서 촛불이 본격적으로 등장한 것은 2002년 6월 13일 경기도 양주군(현 양주시) 광적면 효촌리 56번 지방도로 갓길에서 당시 14살이었던 신효순, 심미선 양이 주한미군이 몰던 장갑차에 치여 사망했다. 그날은 한일 월드컵 조별리그 3차전 포르투갈 전 하루

2002년 미선이 효순이 사건 무죄판결에 항의하는 촛불 원조 시민들.

전날이었다. 당연히 이 사건은 월드컵 열기에 짤막하게 '여중생 2명 미군 장갑차에 치여 사망' 정도로 보도되었다. 더군다나 한국이 조 1위로 본선에 진출하고 이후 4강까지 가면서 대한민국은 온통 축제 분위기였다. 이 사건은 그렇게 잊히는 듯했다.

이 사건이 다시 조명을 받게 된 것은 2002년 11월 20일 주한미군에 대한 무죄판결이 있고 난 이후였다. 이때 한 인터넷 신문 기자가 촛불을 들고 모이자고 제안했고 사람들이 촛불을 들고 모이기 시작했다. 이것이 바로 촛불시위의 원조라고 할 수 있다.

이후 2004년 3월 12일 노무현 대통령에 대한 탄핵소추안이 국회에서 재적 의원 271명 중 193명의 찬성으로 가결되었다. 이때 노무현 대통령에 대한 주된 탄핵 사유는 "대통령이 선거 중립을 지켜야 함에도 특정 정당을 편드는 발언을 했다는 게 주된 '죄목'이었다. 그 발언이란 것은 다음과 같았다.

"국민이 총선에서 열린우리당을 압도적으로 지지해 줄 것으로 기대한다."

"열린우리당이 표를 얻을 수만 있다면 합법적인 모든 것을 다 하고 싶다."

지금 생각하면 말도 안 되는 얘기였는데 당시 민주당과 야당은 대통령을 탄핵했다. 당연히 노무현 대통령을 지지하는 시민들이 들고일어났다.

2016년 12월 3일 박근혜 탄핵 촉구 집회 ⓒ 민중의소리

이후 촛불은 2008년 이른바 '광우병 사태'에서 미국산 소고기 수입 반대 시위에서 다시 등장하고 박근혜 퇴진 집회에서 본격적으로 등장했다.

박근혜 최순실 국정농단이 폭로되자마자 시작된 박근혜 탄핵 요구 집회가 열렸다. 2016년 10월 29일 제1차 민중총궐기 때부터 촛불이 등장했다. 이때 성남시장 이재명이 촛불 시민 앞에서 박근혜를 즉각 탄핵해야 한다고 정치인 중 제일 먼저 주장했다. 이후 박근혜에 대한 탄핵이 인용된 3월 10일 이후 4월 29일까지 23차에 걸쳐 진행되었다.

2016년 겨울에 시작해서 벚꽃 피는 봄까지 진행된 촛불집회에는 연인원 1,600만 명의 시민들이 참가했다. 세계 각국에서도 대한민국의

2024년 12월 7일 국회 앞. ⓒ 백승대

평화로운 촛불시위가 대대적으로 보도 되었다. 촛불로 박근혜 부패 정권을 몰아내고 새로운 민주정부를 출범시키는 대한민국 민주주의 투쟁사에서 새로운 장면을 만들어냈다.

이후 윤석열 정권이 들어서고 윤석열의 기이한 국정운영이 계속되면서 일찌감치 윤석열 탄핵을 촉구하는 촛불행동의 촛불집회가 매주 열리면서 60여 차례를 넘겼다.

그리고 마침내 2024년 12월 7일 집회부터 촛불이 역사 속으로 사라지기 시작했다. 빛의 혁명이 시작되었다.

박근혜 탄핵 집회가 한창이던 때 2016년 11월 17일 새누리당 김진태 의원이 "바람이 불면 촛불은 꺼진다"고 했다. 그 발언에 반발하면서 LED 촛불이 등장하기도 했다. 노란색의 촛불 형태 그대로였으며 밝기도 촛불과 거의 비슷했다.

그런데 2024년 응원봉이 등장한 것이다. 밝기는 촛불이 비할 바가 아니었다. 그야말로 눈부셨다. 처음에 응원봉이 등장했을 때 주위의 촛불을 든 어르신들은 신기해하면서 부러워했다. "이거 어디서 사는 거야?" 하면서 자신도 촛불을 버리고 응원봉을 마련할 기세였다. 2024년 12월 7일 촛불은 22년 만에 자신의 역할을 다하고 응원봉에게 광장을 내주었다.

촛불이 가고 응원봉이 왔다

2024년 12월 7일 윤석열 탄핵소추안에 대한 국회 표결이 예정된 날이었다. 오전부터 국회 앞에는 시민들이 모여들고 있었다. 백만 명에 이르는 시민들이 서강대교로 이어지는 여의대로와 여의도공원으로 이어지는 국회대로를 가득 메웠다.

그런데 시위에 참가하는 사람들의 구성원이 확 바뀌었다. 이전까지 촛불시위는 주로 50대 60대들로 80년대 운동권과 박근혜 탄핵 집회를 주도했던 민주당, 정의당과 조국혁신당 당원들이 주류였다. 그런데 이날부터 주류가 바뀌었다. 70% 이상이 1230 젊은이들이었으며, 이들 중 80% 이상이 여성들이었다. 운동권의 세대교체가 이루어지는 순간이었다. 자연스럽게 집회에서 흘러나오던 운동권 노래도 사라졌다. 그 자리를 아이돌의 히트곡이 대신했다. 박근혜 탄핵 집회 때 이화여대에서 처음 불리기 시작한 소녀시대의 〈다시 만난 세계〉는 새로운 세대에서는 레전드 투쟁가가 되어 다시 불려졌다. 촛불 들고 투쟁하던 세대들은 이들의 등장에 어리둥절하면서도 격하게 반기었다.

12월 7일 오후 6시가 되면서 여의도에 밤이 찾아왔다. 국회에서는 국민의힘 소속 의원들의 투표 보이콧으로 윤석열 탄핵소추안 투표는 개표도 해보지 못하고 자동 폐기되고 말았다. 우원식 국회의장의 부결 선언 직후 긴 한숨이 흘러나왔다. 분노하는 시민들의 외침이 들려왔다. 몇몇은 실망해서 자리를 뜨기 시작했다. 그런데 여의도 밤을 밝히는 응원봉이 빛나기 시작했다. 이들은 노래를 부르면서 다시 투쟁의 의지를 모았다.

이날 집회에 참가한 응원봉을 든 한 여성의 말이 깊은 울림을 주었다. "우리는 진 적이 없고, 질 일도 없습니다. 도망은 저들이 갔지 우리는 등을 보인 적이 없습니다."

그렇다. 내란을 일으킨 윤석열을 지키겠다고 탄핵소추안 투표조차 하지 않은 105명의 부역자들 때문에 나라가 망할 거였으면 이 나라는 진즉에 몇백 번 망했을 것이다. 하지만 우리는 지치지 않고 윤석열을 탄핵시키고 법정에 세울 것이다.

탄핵 부결이라는 결과에 매우 분노가 일어났지만, 그날 우리는 응원봉을 든 새로운 운동권 세대를 맞이했다. 이들의 등장은 우리에게 엄청난 희망을 주었다. 이제 시작일 뿐이다.

윤석열은 반드시 탄핵된다.

응원봉의 힘으로 윤석열 국회에서 탄핵되다

> 1230 여성 응원봉의 힘이 국민의힘 윤석열을 무너뜨렸다. 이들의 승리는 이제 시작일 뿐이었다. 이들은 처음으로 사회변혁의 길에 나와서 위대한 승리를 했다.

여의도로 향하는 거대한 물결

2024년 12월 14일. 서울의 날씨는 그야말로 탄핵하기 딱 좋은 날씨였다. 날씨는 영상 3도 정도였으며 하늘은 맑았다. 윤석열에 대한 탄핵 표결 투표는 오후 3시에 예정되어 있었다. 지난 1차 탄핵안 투표 때보다 2시간을 앞당겼다. 겨울의 추운 날씨에 고생하는 시민들을 위하여 비교적 따스한 시간대를 선택한 듯했다.

오후 3시에 탄핵안 투표가 예정되어 있었지만, 오전 11시경부터 이미 국회의사당 앞 대로는 시민들로 가득했다. 오후 1시가 넘어서자, 지하철이 국회의사당역을 무정차 통과했다. 인근 지하철 역사는 집회에 참가하는 사람들로 북새통을 이루었다.

필자는 지인과 함께 2호선 당산역에서 하차해서 한강시민공원을 통해 집회 장소로 향했다. 한강시민공원에서 국회의사당으로 가는 산책로에도 사람들이 가득했다. 국회의사당으로 연결되는 서강대로 인도에

2024년 12월 14일 신길역. 여의도로 가기 위해 지하철에서 내린 시민들 ©photoglove

도 광흥창역에서 출발한 시민들로 가득했다. 신길역사도 사람들이 가득했다. 모두 다 윤석열을 탄핵하는 데 머리 하나라도 보태겠다고 여의도로 향했다. 역사를 바꿔 가는 시민들의 거대한 물결이었다.

필자가 집회 장소에 도착했을 때 이미 150만 명 이상의 시민들이 자리를 차지하고 있었다. 집회 측에서는 대형 스크린을 지난주보다 많이 설치했음에도 잘 보이는 곳으로 가는 것이 매우 힘들었다. 그야말로 발디딜 틈도 없는 곳에서 물결에 따라 흘러갔다.

선결제 문화

지난 1차 탄핵안이 부결된 이후 응원봉을 든 젊은 여성들은 저녁이면 모여서 집회를 이어왔다. 많은 사람이 감동을 받았다. 제일 먼저 행동에 나선 이들은 미국에 사는 교민들이었다. 미국에 살고 있는 한인

교포들을 위한 커뮤니티 사이트인 MissyUSA가 고국에서 싸우고 있는 응원봉 시위대를 위하여 천여만 원을 후원 오뎅차를 보내왔다. 이 소식이 알려지자, 몇몇 중년들이 청춘들을 위하여 집회장 주위의 카페에 커피 500만 원어치를 선결제했다. 선결제는 몇몇 아이유 같은 아이돌 스타들이 동참하면서 유행처럼 번지었다.

한국에 처음 등장한 집회 장소 선결제 문화는 세계 각국에 신선한 충격을 안겨주었다. 200만 명이나 모이는 집회 장소에서 방화 약탈은커녕 서로 나눔을 하는 한국의 시위 문화는 그 자체로 관광코스가 되었다. 실제로 이날 집회 장소를 찾은 외국인 유튜버나 관광객을 쉽게 만날 수 있었다.

필자가 집회 장소에 도착했을 때 국회의사당 건너편 도로 한쪽에는

MissyUSA에서 보낸 푸드 트럭. 미국에서 피땀 흘려 번 달러($)로 탄핵에 힘을 보탭니다.

푸드 트럭이 즐비했다. MissyUSA에서 보낸 것뿐만 아니라 조국혁신당에서 마련한 푸드 트럭도 있었다. 필자를 포함한 50대 이상 분들은 젊은 친구들을 위해서 양보하는 분위기였다.

그렇게 광장은 한 세대가 가고 또 다른 한 세대가 오고 있었다. 그들이 함께 공존하며 새롭게 유입된 젊은 친구들을 위해 먼저 그 자리를 지켰던 세대는 잔치를 준비했다.

윤석열의 탄핵

지난 12월 7일. 윤석열 탄핵소추안 1차 표결에서 국민의힘은 본회의장을 집단 퇴장하는 방식으로 보이콧을 했다. 찬반을 떠나서 그 비겁함에 대한 비난이 쏟아졌다. 국회의원 선거철에는 심지어 투표는 국민의 의무라면서 한 표 달라고 읍소하더니 정작 자신들은 투표조차 하지 않는 것에 대해 국민은 울분을 토했다. 사실 투표는 국민의 의무가 아니다. 투표는 국민의 권리일 뿐이다. 하지만 국회의원의 투표는 의무이다. 국민은 그들에게 국회에서 국민을 위해 투표를 해 달라고 뽑아준 것이다. 무엇이 국민의 뜻인지에 대해서는 각자 의견이 다를 수 있겠지만 본회의장에서 국민을 대신해서 투표하는 것은 그들의 권리가 아니라 의무이다.

다행히 새로 뽑힌 권성동 국민의힘 원내대표는 12월 14일 윤석열 탄핵소추안 2차 표결에 참여하기로 결정했다. 다만 당론으로 부결표를 던진다는 것은 변함이 없다고 했다.

1차 표결 이후 공개적으로 탄핵에 찬성하겠다는 의원들이 나왔다.

2024년 12월 14일 윤석열 탄핵소추안 가결. MBC 방송화면 캡처

안철수, 김예지, 김상욱, 진종오, 조경태, 김재섭, 한지아 의원이 그들이다. 이제 단 1표만 더 이탈하면 탄핵안은 가결이 된다. 투표는 무기명으로 이루어지기 때문에 탄핵에 찬성하는 국민의힘 의원들이 더 있을 것으로 기대되었다. 필자는 210표 정도 되기를 바랐다. 최소한 계엄 해제에 뜻을 함께한 의원들은 탄핵에 찬성해야 하는 것이 아닐까. 하지만 필자의 기대는 너무 낙관적이었다. 내가 그들을 너무 선하게 봤다.

축제장 같았던 국회의사당 앞은 3시가 다가올수록 긴장감이 돌았다. 집회에 참가한 시민들은 국회의사당을 향해 '윤석열을 탄핵하라'를 목청껏 외쳤다. 분명 그들의 함성이 국회의원들에게 들렸을 것이다.

오후 3시 박찬대 원내대표의 제안 설명과 찬반 토론이 1회 있은 후 표결이 이루어졌다. 이후 검표와 발표까지 꽤 오랜 시간이 흘렀다.

드디어 오후 5시 국회에서 재적 의원 300명 중 204명의 찬성으로 윤석열 탄핵소추안이 가결되었다. 국회의사당 앞에 모인 시민들은 승리의 함성을 질렀다. 공개적으로 탄핵 찬성 의사를 밝힌 7명 외에 5표가 더 이탈했다. 비록 아슬아슬한 차이로 탄핵소추안이 가결되었다 할지라도 대한민국의 민주주의가 제자리를 찾아가는 소중한 전진이었다.

윤석열의 탄핵이 가결된 직후 집회장은 아이돌 콘서트장으로 변했다. 그들의 운동가요가 된 소녀시대의 〈다시 만난 세계〉와 청장년층도 좋아하는 지드래곤의 〈삐딱하게〉와 로제와 윤수일의 〈아파트〉까지 이른바 윤석열 탄핵 플레이리스트 리듬에 맞춰 형형색색의 응원봉이 춤을 추기 시작했다.

이렇게 1230 여성 응원봉의 힘이 국민의힘 윤석열을 무너뜨렸다. 이들의 승리는 이제 시작일 뿐이었다. 이들은 처음으로 사회변혁의 길에 나와서 위대한 승리를 했다.

집회에 나온 다양한 부류의 사람들

집회에 참가한 젊은 친구가 인터넷에 올린 글이 화제가 되었다. 그의 글은 다음과 같았다.

> 아재들이 뒤늦게 응원봉 찾고 있는데.
> 인터넷에 글하나 보고 눈물이 왈칵 났다.
> "응원봉은 그냥 촛불대용이 아니야. 그들이 가장아끼는 것을 들고 나온거다. 평소에도 흠집날까봐 가장 안전한곳에 겹겹이 포장을 해서 모셔 놓고 있던.. 가장 소중한것을 들고 나온거야!"
> ㅜㅜ. 이제 늙은이들은 뒤에서 머릿수 만 채워도 될때가 온거다

이 글은 필자는 트위터(X)에서 봤는데 눈물이 나고 말았다. 젊은 친구들의 합류가 반가웠고 이제 나의 시대가 지고 있다는 것이 약간 서운하기도 했다. 1989년부터 지금까지 나는 아스팔트 위에서 시간이 될 때마다 대한민국이 위기에 빠질 때마다 자리를 지켰다. 때로는 몇천 명 중의 하나로 때론 수백만 중에 하나로 그저 n분의 1의 시민으로 참여했다. 그리고 그 역사적 순간에 늘 함께했다는 것에 자부심을 느꼈다. 그런데 이제 최전선은 양보할 때가 온 것이다.

새로 유입된 다양한 응원봉 시위대의 등장을 환영하면서 집회 사회자가 중간중간에 어떤 아이돌의 응원봉인지 소개하는 코너도 자주 있었다.

이날 응원봉 시위대의 팬클럽은 다음과 같았다. 이 소개 글은 블로그 Happy Coolector 이정원의 게시물을 거의 베끼다시피 해서 만든 것이다.

아이유

앤믹스

인피니트

아무것도 없어서 배드민턴 라켓으로 급조해감

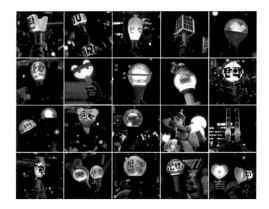

집회 장소에는 다양한 아이돌 팬클럽 응원봉만 온 것이 아니다. 다양한 부류의 사람들도 함께했다. 윤석열 내란 범죄 앞에 대한민국에서 소외당하던 다양한 사람들이 집회 장소로 나왔다. 성소수자부터 만화책만 읽던 이들, 게임만 하던 이들, 우울증에 시달리는 이들이 뛰쳐나왔다. 윤석열의 쿠데타가 가져올 공포의 세상에 맞서기 위해 나온 것이다. 응원봉 못지않게 주목을 받은 것은 이들이 갖고 나온 깃발이었다. 정체불명의 깃발들이 밖으로 나오면서 하루빨리 내란이 종식되고 일상으로 돌아가게 되길 염원했다.

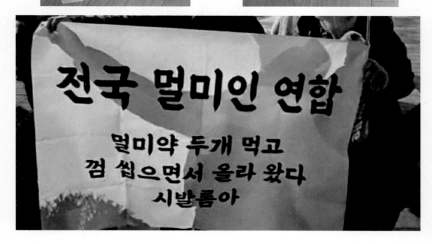

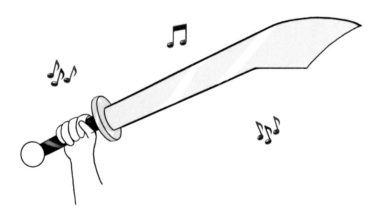

전국 지랄 모리 장단 연합회
(구) 미친년 꽃다발 연합회

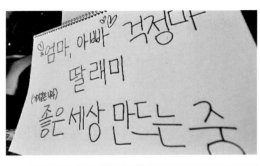

이렇게 다양한 시민들이 광장으로 나와서 윤석열 탄핵 대오에서 하나가 되었다. 그리고 첫 승리를 했다. 이제 이들은 더 큰 연대로 승리를 이어갈 것이다.

응원봉을 들고나온 1230 여성분들을 존경한다. 그분들을 따라 나왔거나 외롭게 혼자 나온 1230 남성분들도 기죽지 않고 민주주의 승리의 대열에 함께 했다. 더 많은 젊은 남성분들이 함께하기를 바란다.

30여 년 전 필자가 화염병을 들고 거리에 나왔을 때 비록 최루탄이 거리를 뿌옇게 메웠어도, 백골단에 쫓기어 종로 피마골로 숨어들 때도 젊은 청춘들은 민주주의를 외쳤고, 그 속에서 연애도 했다.

부디 우리 젊은 세대들이 성별로 나뉘어 싸우지 않고 민주주의를 회복하는 거대한 물결 위에서 싸움도 함께하고 연애도 하기를 소원해 본다. 그래야 내란을 극복한 대한민국에 더 큰 미래가 있지 않겠는가. 1230 깨어 있는 젊은 여성분들에게 기대가 크다.

12월 3일 윤석열의 계엄령을 저들은 '계몽령'이라고 하는데, 우리 젊은 여성분들이 우경화되어 가는 젊은 남성분들을 계몽해서 대한민국을 바로 세우기를 부탁한다.

남태령 대첩 연대의 승리

> 우리가 가장 소중한 응원봉을 들고나오는 것을 막을 수 없는 것처럼 가장 소중한 트랙터를 갖고 나오는 것을 막을 수 없다.

이제 다시 광화문으로

2024년 12월 21일 지난주 여의도 국회의사당 앞에서 진행하던 대규모 집회는 헌법재판소 근처인 광화문 근처에서 진행되었다. 이날 민주당도 광화문에서 집회를 열었다.

이재명 대표도 광화문으로 집결해 줄 것을 부탁하는 글 〈빛의 혁명은 계속 중입니다〉를 올리며 독려했다. 빛의 혁명이라는 말이 이때부터 대중화되었다.

한강 작가의 말처럼,
계엄군 총칼에 쓰러져간 영령이 오늘의 우리를 구했습니다.
5월 광주의 빛은 촛불을 넘어 빛의 혁명으로 나아가고,
금남로의 주먹밥은 여의도 선결제로 부활했습니다.
빛의 혁명은 이제 시작일 뿐,

겨우 작은 산 하나를 넘었습니다.

영원한 지배자가 되려던 그들의 반격을 이겨내고,

국민이 이 나라의 주인임을 우리 손으로 증명합시다.

2024. 12. 21. 오늘, 광화문이 더 많은 빛으로 더 밝게 빛나길…

이제 촛불집회는 촛불 없는 촛불집회가 되었다. 모두 응원봉으로 대체되었다. 더 이상 촛불집회면 나타나는 '떴다방' 촛불을 파는 노점상도 없다. 비록 촛불이 사라진 집회지만 여전히 촛불집회로 불리고 있

ⓒ먹고 노는 블로그. 호롱이

다. 지난 14일 윤석열 탄핵을 이끌어낸 것에 굳이 이름을 붙이자면 예전 같으면 '촛불혁명'이라고 했을 텐데 이젠 '빛의 혁명'이라고 부른다. 비록 빛이 촛불에서 응원봉으로 바뀌었지만 이름을 응원봉 집회라고 하지 않는다. 하지만 촛불집회라는 어느새 어색해진 집회 이름을 바꾸기가 쉽지 않다. 촛불에는 자신을 불태워서 세상을 밝히는 철학적 의미가 있기 때문이다. 촛불의 희생정신이 바로 민주주의를 지키는 시민들의 마음일 것이다. 그러니 부디 응원봉을 든 젊은 친구들이 여전히 촛불집회라고 부르는데 너무 서운하지 않았으면 좋겠다. 곧 그대들의 세상이 올 것이고 촛불집회라는 단어도 역사 속으로 들어갈 것이다. '응원봉 집회'도 나쁘지 않다고 생각한다. 다만 촛불집회와 이별할 시간을 잠시 갖는 것이라고 생각한다. 무려 22년 이상을 함께 해 온 촛불집회가 아니던가.

이날도 수십만 명의 시민이 모여서 '윤석열을 구속하라'고 외쳤다. 윤석열은 비록 국회에서 탄핵당하였지만, 여전히 대통령실에서 대통령 노릇을 하고 있다. 그의 공범들은 이미 내란죄로 교도소에 수감되어 있는데 내란의 우두머리가 대통령실에 멀쩡히 있다는 것은 말이 안 된다.

지난 여의도 집회와 달라진 것은 보다 다양한 깃발들이 참여하고 있다는 거였다. 이제 참신한 아이디어로 깃발을 만들어서 오는 게임과도 같았다.

이날 집회는 짧게 마무리하고 언제나 그랬듯이 안국역을 거쳐 종로2가를 거쳐 명동으로 향하는 행진으로 마무리되었다. 뭐 그리 특별한 거 없는 계획대로 잘 짜진 평범한 집회라고 할 수 있었다.

2024년 12월 21일 명동으로 향하는 응원봉 시위대 ©먹고 노는 블로그. 호롱이

그런데 그런 게 아니었다. SNS에 남태령까지 올라온 농민 시위대가 경찰에게 막혀 있다는 소식이 올라왔다. 집회 사회자도 짤막하게 남태령 소식을 전했다. 그리고 대한민국 농민운동사에 길이 빛나게 될 투쟁의 서막이 올랐다.

농민들의 상경 투쟁

농민들의 상경 투쟁은 해마다 해 온 투쟁이었다. 정국의 이슈마다 내거는 구호는 달랐어도 해마다 반복되는 쌀값 하락과 추곡 수매 이슈는 변함이 없었다. 대한민국의 모든 물가가 올라 공산품 가격이 치솟아도 쌀값만큼은 해마다 떨어졌다. 한우 농가 및 낙농업의 시름도 해마다 깊어졌다.

올해는 내란을 일으키고 국회에서 탄핵을 당해 헌법재판소에서 탄핵

절차가 진행 중인 윤석열의 체포와 구속을 촉구하는 농민 단체들이 이른바 상경 투쟁을 전개하고 있었다.

전국농민총연맹 전북연맹과 광주전남연맹은 윤석열이 국회에서 탄핵을 당한 바로 다음 날인 2024년 12월 18일 정읍시 황토현에서 '전봉준 투쟁단' 출정식을 하고 트랙터를 몰고 서울로 향했다. 윤석열의 즉각 체포와 구속, 그리고 각종 농업 현안에 대한 정부의 대책을 촉구했다. 전봉준 투쟁단은 21일 서울 한남동에 도착해 윤석열 탄핵 집회에 참여할 예정이었다. 이는 경찰에 이미 신고된 집회로 합법적인 집회였다. 사실 대한민국 민주국가에서 불법집회란 존재하지 않는다. 다만 미신고 집회만 있을 뿐이다. 대한민국은 신고된 집회뿐만 아니라 미신고된 집회도 허용하고 있다.

이들은 트랙터 30여 대를 이끌고 시속 20km로 정읍 황토현에서 서울로 들어가는 길목인 남태령까지 경찰의 에스코트를 받으며 3박 4일 동안 왔다.

그런데 경찰은 전북 충남 경기도를 거쳐 오기까지 에스코트까지 해주다가 느닷없이 남태령에서 전봉준 투쟁단의 트랙터 진입을 막아섰다.

그동안 농민들의 상경 투쟁은 늘 서울을 목전에 두고 경찰에 막히었다. 이미 허가된 집회에 참여하기 위한 신고된 루트의 행진 시위였음에도 불구하고 서울 관할 경찰서인 동작경찰서는 이들을 막아섰다.

경찰이 전봉준 투쟁단을 막아서기 시작할 때는 12월 21일 오후 12시쯤이었다. 전봉준 투쟁단의 인원은 200여 명이었다. 경찰은 이들이 교통의 혼잡을 야기하고 있다며 전차선을 막고 해산을 종용하기 시작했다.

오후 5시쯤 광화문에서 촛불집회가 한창일 때 전농 유튜브에 남태령에서 경찰에 막혀 고립되어 있다는 영상이 올라왔다. 경찰이 농민들을 폭력적으로 저지하는 동영상이 삽시간에 퍼져나갔다. 경찰들이 농민들을 진압하는 과정에서 트랙터 유리를 부수고 강제로 연행하기도 했다. 이에 SNS에서 분노의 소리가 증폭됐다.

그리고 대반전의 투쟁이 시작되었다.

응원봉 시위대의 첫 연대투쟁

남태령에 전봉준 투쟁단이 고립되어 있다는 소식을 접한 10여 명의 응원봉을 든 2030 여성들이 현장에 도착했다. 서울 쪽에는 경찰이 진압을 위해 깔려 있고 과천 쪽으로는 트랙터와 그들이 몰고 온 트럭이 있었다. 농민들은 길을 터주라고 시위하고 있었지만 중과부적이었다. 이대로 밤이 오면 언제나 그랬던 것처럼 전봉준 투쟁단은 강제로 해산당할 것이 뻔했다.

20여 명의 응원봉을 든 여성들이 농민들보다 더 앞쪽에 자리를 깔고 앉았다. 농민들이 외치는 구호를 따라 하기도 했지만, 이들이 하는 일은 앉아서 자리를 지키며 SNS에 남태령의 상황을 알리는 것뿐이었다.

그리고 광화문에서 집회를 마친 2030 여성들이 지하철을 타고 속속 남태령에 도착했다. 밤 10시가 넘었을 때는 이미 수천 명이 넘었다. 집회에 참여한 인원들 구성을 보면 80% 이상이 2030 여성이었다. 엄청나게 몰려든 시위대에 전농 측에서도 당황했다. 전혀 예상하지 못한 장

2024년 12월 21일 남태령 응원봉 시위대의 선봉대 ⓒ위플래시. 인스티즈

면이었다. 집회 마이크의 성능이 따라주지 못할 지경이었다. 하지만 젊은 여성들의 전봉준 투쟁단을 지지하는 자유발언은 대기시간 3시간을 넘길 정도로 뜨거웠다.

자유발언 속에서 주옥같은 연설도 많이 나왔다. 비록 자리를 함께하지 못하지만 유튜브 라이브 방송을 보면서 수십만의 국민들이 공감하고 응원했다. 특히 "경찰은 우리 쌀로 지은 밥을 처먹지 말라" "나라의 근간은 농민이다"라는 목소리가 많이 나왔다.

자유발언에서 나온 인상 깊은 장면들

이날 자유발언 무대는 트랙터의 바가지 위에서 이루어졌다. 매우 인상 깊은 무대였다고 생각한다. 자유발언을 통해 쏟아낸 2030 여성들의 목소리를 소개하고자 한다. 필자는 이날 온라인으로 중계방송을 보면

2024년 12월 22일 남태령. ⓒ위플래시. 인스티즈

서 깊은 감동을 받았다.

한 여성은 "나는 고흥에서 서울로 올라온 휴학생이다. 트랙터가 얼마나 비싼 줄 아느냐. 트랙터뿐만 아니라 이앙기 등등 중요한 농기계 많다. 농민들에게 농기계가 얼마나 귀한 줄 아느냐. 농기계는 농협에서 대여하거나 빚내서 구입하거나 아니면 이웃에 빌려 써야 하는 귀한 것이고, 그 귀한 것을 서울까지 끌고 올라온 것이다. 농부 아버지를 둔 내가 서울 유학을 마칠 수 있도록 도와 달라."고 말했다.

또 한 여성은 "우리가 가장 소중한 응원봉을 들고나오는 것을 막을 수 없는 것처럼 가장 소중한 트랙터를 갖고 나오는 것을 막을 수 없다."고 발언했다.

어느 고등학생은 "왜 농민을 가로막습니까? 왜 경찰을 사회적 참사에 투입하지 않고 농민을 몰아내는 데 씁니까?"라고 발언했다.

또 어떤 여성은 "저처럼 일상이 전쟁인 사람들을 많이 만났습니다. 더 이상 일상으로 돌아가고 싶지 않습니다. 변화된 일상을 만들 것입니다."라고 발언해서 울림을 주었다.

"경찰들은 밥을 처먹지 말라", "나라의 근간은 농민이다"와 같은 목소리들이 쏟아져 나오는가 하면, 전농에 대한 후원금이 쇄도하기 시작했다. 이 불길의 발화점은 청년들, 특히 2030 여성들이었다.

2024년 응원봉을 든 2030 여성들은 당면한 윤석열의 탄핵과 구속에 매몰되지 않고 연대해서 함께 승리하는 투쟁을 전개했다.

남태령으로 향하는 지지와 연대의 선물들

2016년 박근혜가 탄핵되는 촛불 투쟁 속에서도 전봉준 투쟁단의 상경 투쟁은 있었다. 그때 광화문에서는 엄청난 인원의 촛불 투쟁이 있었지만, 경찰이 양재IC에서 트랙터를 세우고 진압하는 과정에서 농민들은 외롭게 싸우고, 싸우다 다치며 경찰에 끌려갔다. 그러나 촛불 시민들은 그들과 연대하지 못했다.

하지만 12월 22일 남태령의 동짓날 새벽은 전혀 달랐다. 트랙터 앞에서 물결치는 오천 개의 응원봉이 반짝였으며, 영하의 칼바람 속에서 노래와 춤으로 추위를 이겨냈다.

2030 여성들의 처절한 연좌시위에 감동한 많은 사람들이 핫팩과 따듯한 차를 보내줬다. 자정이 넘어서는 닭죽도 도착했다. 시위대들은 닭죽을 농민들에게 양보했고, 농민들은 20여 시간 만에 첫 끼니를 해결했다고 감사했다. 여기에 그치지 않았다. 100만 원 정도 한다는 난방

버스가 속속 도착했다. 한밤중에 전세버스를 구해서 남태령으로 보낸 것이다. 추운 날씨에 저체온증으로 고생하는 시위대들이 몸을 녹일 수 있도록 한 것이다.

예정에 없던 민중가수가 와서 노래를 부르고 의료진까지 왔다. 남태령 지하철역 출구 앞에는 시민들이 보낸 구호용품으로 가득 찼다. 피자가 배달되고, 롯데리아 이른바 '계엄 버거'가 배달되고, 커피가 배달되었다. 젊은 여성분들을 위한 생리대도 도착했다. 여기에 돗자리, 보조배터리, 응원봉 용 AAA 건전지까지 도착했다.

아이러니하게도 남태령은 계엄 주도 세력이었던 수도방위사령부가 있는 곳이다. 남태령은 밤이 가장 길다는 동짓날 밤 민주주의를 염원하는 광장이었다. 그날 밤을 보내면 이제 낮이 점점 길어지는 시기가 열린다. 대한민국이 다시 자리를 잡아가는 시간이 되는 것이다.

동짓날 긴긴 밤이 지나고 새벽 5시 30분 남태령에 첫차가 도착했다. 속속 지하철이 도착할 때마다 수백 명의 시민이 몰려나왔다. 밤새 안타깝게 유튜브로 상황을 지켜보다가 교대해 주러 온 시민들이었다. 그리고 10시 정도 되었을 때 남태령에는 수만 명의 시민들이 모였다. 그리고 마침내 경찰은 길을 내줬다. 밤새도록 '차 빼라'를 외치던 2030 여성들의 승리이며, 전농 전봉준 투쟁단의 승리였다.

이렇게 해서 1894년 11월 11일 전봉준의 동학혁명군이 우금치에서 수만 명이 죽으면서 좌절된 상경 투쟁이 130년 만에 그 꿈을 이루게 되었다. 전봉준 투쟁단은 농민운동 역사상 처음으로 한강을 건너게 되었다.

탄핵 정국 속에 가장 역동적이고 감동적인 순간

2030 응원봉을 든 여성들의 남태령 투쟁은 윤석열 탄핵 정국 속에서 가장 인상적인 장면이었다. 이들은 대통령 하나 파면하는 데 그치지 않았으며, 그동안 소외되었던 여성, 성소수자, 장애인들이 농민들의 투쟁에 가장 먼저 달려와 농민들과 함께 뜻깊은 승리를 거두었다.

민주당 국회의원들도 밤새 함께했다. 민주당의 임호선, 이소영, 채현일, 문금주, 이재정, 모경종, 양문석, 이언주, 김준혁, 어기구, 임미애, 강선우, 김성회, 박선원, 진종덕, 이훈기 의원이 함께했으며 김재연 진보당 대표, 정혜경, 용혜인. 신장식 의원, 장혜영 전 의원 등이 함께 했다. 국회의원들은 경찰을 설득해서 전봉준 투쟁단이 동작대교를 넘어 한강진역으로 진출하는데 합의를 끌어냈다. 하지만 국회의원들은 자신의 성과를 자랑하지 않았다. 오롯이 광장을 만들어낸 응원봉 젊은 시위대와 농민들에게 그 공을 돌리었다. 매우 잘한 일이고 칭찬받을 일이다. 하지만 과한 칭찬은 금물이다. 이날 투쟁의 승리의 주인공은 오롯이 응원봉을 든 2030 여성분들과 전봉준 투쟁단의 것이어야만 한다.

전봉준 투쟁단의 역사적인 한양 입성

마침내 전봉준 투쟁단의 트랙터가 동작대교를 넘어 한강진역에 도착했다. 전봉준 투쟁단을 환영하는 집회가 성대하게 열리고 있었다. 전봉준 투쟁단은 시위대가 만들어주는 레드 카펫을 따라 당당하게 들어왔다.

사회자가 트랙터가 들어오고 있다고 하자 모세의 기적처럼 길을 터

한강진역에서 트랙터를 환영하는 시민들. ⓒ글빛

주고 박수로 환영했다. 트랙터를 몰고 오는 농민의 눈에는 감동의 눈물이 맺혔다. 연신 손을 흔들며 감사하다는 표시를 했다.

이렇게 전농은 130년 농민 투쟁에서 가장 위대한 승리를 거뒀다. 하원오 전농 의장은 2025년 1월 21일 대의원 대회에서 남태령 투쟁을 상기하면서 다음과 같이 발언했다.

"길고 긴 동짓날 밤 남태령의 어둠을 밝혔던 연대의 응원봉 불빛이, '농민을 무시하는 윤석열과 내란 세력은 밥 먹을 자격이 없다고, 경찰은 차를 빼라'고 한목소리로 외쳤던 대동의 함성이, 바로 우리가 함께 만들어 갈 새 세상"이라며 "2월 대규모 민중 투쟁을 성사해 저들에게 준엄한 심판의 철퇴를 힘차게 내려치자. 그리고 전봉준과 갑오농민군의 정신으로, 탄핵과 정권교체를 넘어 '사람이 곧 하늘'인 만민 평등의 새 세상을 건설하고 사회 대개혁의 '천명'을 완수하자"라고 목청을 높

한강진역에서 트랙터를 환영하는 시민들. ⓒ글빛

었다.

남태령을 넘어 방방곡곡으로 뻗는 연대의 손길

남태령의 감동적인 승리 이후 전태일 의료센터에는 수억 원의 기부금이 쏟아졌다. 여성 농민의 농산물 플랫폼인 '언니네 텃밭'에는 회원 가입이 밀려들었다. 안국역에서는 드러눕고 전장연(전국장애인차별철폐연대)과 함께 이동권 투쟁을 벌인 2030 여성들이 있었다. 거통고조선하청지회에는 파업기금에 쓰라고 후원금이 쌓였다. 353일째 고공농성을 벌이던 구미 옵티칼 공장에는 생수가 전달되었다. 2030 응원봉을 든 시위대는 선배들이 좀처럼 하지 못했던 일들을 전광석화처럼 해내고 있었다. 촛불을 넘어 연대의 지평선이 펼쳐졌다.

이 탄핵의 시간을 지나서도 연대의 투쟁을 밝힌 수천 개의 빛들은 지켜져야 한다. 촛불 투쟁의 역사에서 이들은 프로메테우스의 불과 같다. 꺼지지 않도록 영원히 지켜야 할 것이다.

　다시 한번 동짓날의 긴긴밤을 물리쳐 준 2030 여성분들에게 감사한다. 그대들이 대한민국을 가장 긴 잠에서 깨웠다.

우주 전사 키세스 군단

> 검은 아스팔트 위에 은박 담요를 뒤집어쓴 시위대의 모습은 마치 인기 초콜릿 '키세스'를 연상하게 했다.

윤석열의 출석요구서 불응

12월 9일 법무부는 윤석열에 대해 출국을 금지했다. 이어 12월 11일 검찰이 윤석열에 대해 1차 소환 통보했으나 불응했다. 윤석열에 대한 국회 탄핵이 있기도 전에 검찰은 빠르게 움직였다. 12월 14일 국회에서 윤석열에 대한 탄핵소추안이 가결되고 12월 17일 공수처(고위공직자범죄수사처)는 윤석열에게 1차 소환을 통보했다. 이튿날인 12월 18일 검찰과 경찰은 윤석열과 이상민 사건을 공수처에 이첩했다. 윤석열은 이날 공수처 1차 소환에 불응했다.

12월 20일 공수처는 윤석에게 2차 소환을 통보했으나 12월 23일 윤석열은 2차 출석요구서의 수취를 거절했으며 25일 공식적으로 소환에 불응했다. 공수처는 12월 26일 윤석열에게 3차 소환을 통보했으며 27일 윤석열은 출석요구서를 수취 거절하는 방식으로 3차 소환에도 불응했다.

공수처는 3회에 걸쳐 윤석열에게 출석해서 조사받을 것을 요구했으나 윤석열은 모두 거절했다. 윤석열 입장에서 볼 때 출석요구서를 거절한 것은 악수였다. 만일 출석했다면 불구속 수사를 받을 수도 있었을 것이다. 윤석열이 수사에 협조하는 모습을 보였다면 즉각적인 구속 수사에 공수처는 상당한 부담을 느낄 수 있었기 때문이다.

공수처는 3번에 걸친 소환 통보에도 모두 거절했던 윤석열에게 12월 30일 서울서부지법에 체포영장을 청구하고 법원은 31일 체포영장을 발부했다. 공수처는 다음 해인 2025년 1월 3일 윤석열에 대해서 체포영장 집행을 시도했으나 실패했다.

공수처 1차 체포영장 실패

2024년 12월 3일 윤석열 일당에 의한 내란이 발생한 이후 한 달이 지났지만, 내란 수괴는 여전히 대통령실을 지키고 있었다. 비록 12월 14일 윤석열에 대한 국회 탄핵소추안이 가결되어 집무가 정지되어 있지만 내란 혐의가 뚜렷한 윤석열이 사회에서 격리되지 않은 채 권좌에 있다는 것은 정상적인 상황이 아니었다.

공수처의 윤석열에 대한 체포영장이 실패한 2025년 1월 3일 윤석열의 즉각적인 체포를 요구하는 시민들의 시위가 관저 주변인 한강진역에서 있었다. 시민들은 윤석열이 체포될 때까지 시위를 이어가겠다며 1월 3일 금요일부터 2박3일 동안 이어갔다.

공수처가 발부받은 윤석열에 대한 체포영장 시한은 1월 7일까지였다. 비록 1월 3일 윤석열에 대한 체포 시도가 실패했다고 하더라도 아직 시간이 남아 있으므로 기한 내에 공수처가 다시 체포하기를 기대했다.

공수처는 체포영장 집행 1차 시도 실패 후 최상목 대통령 권한대행에게 윤석열 체포 협조를 위한 대통령 경호처 지휘 1차 요청을 하였으나 최 대행은 사실상 거절했다. 1월 4일에도 경호처에 대한 지휘 요청을 요구하였으나 역시 거절했다.

윤석열에 대한 즉각적인 체포를 요구하며 수많은 시민이 한강진역으로 모여들었다. 2박 3일의 마지막 날 집회였다. 해가 지고 어둠이 와도 시위대는 자리를 뜨지 않았다. 남태령에서 처음 등장했던 난방 버스도 도착했다. 이날 시위를 이끌었던 이들은 남태령 대첩 때처럼 2030 응원봉을 든 여성분들이 대부분이었다. 이들은 공수처가 1월 7일 체포영장 시한이 되기 전에 즉각적으로 윤석열을 체포할 것을 요구했다.

진눈깨비가 내리는 처절한 집회 현장

밤이 깊어 갈수록 빗방울과 눈이 섞여 내리고 있었다. 날씨도 영하 날씨로 변해갔다. 하지만 이런 혹독한 환경도 응원봉 시위대의 사기를 꺾지 못했다. 2030 여성들은 진눈깨비로 인해 물기에 젖은 아스팔트 위에 깔판을 깔고 앉아 처연하게 응원봉을 흔들며 자유발언에 화답하고 있었다. 집회 사회자는 집회 중간에 아이돌 스타들의 노래를 틀어주면 일어나서 몸을 흔들어 체온을 올려주었다. 음악이 끝나면 다시 자리에 앉아 연좌시위를 이어갔다.

이 장면은 고스란히 유튜브를 통해서 실시간으로 중계되었다. 5060 선배들은 어린 소녀들이 추위에 맞서 싸우고 있는 모습에 가슴이 찢어졌다. 남태령 대첩 때 처음 등장했던 난방 버스를 보내주고, 핫팩을 보내주고 따뜻한 커피와 컵라면을 보내주면서 응원했다.

날은 점점 추워져 영하 8도까지 떨어지고 눈발이 점점 강해지고 있는 사이에 추위에 떨고 있는 시위대를 안타깝게 여긴 오픈 채팅방의 '총대'라는 분이 은박 담요를 보내주자고 제안했다. 즉시 은박 담요를 구하기 위한 모금 운동이 시작되고 1시간도 안 되어서 100여 명이 천여만 원을 마련했다. 이들은 즉시 업체를 찾아 전화를 돌렸고 모금 시작 2시간 만에 은박 담요 1만 장이 현장에 배달되었다. 현장에 배달된 은박 담요는 즉시 시위대에 배포되었다.

키세스 군단의 등장

집회가 길어지고 눈이 오는 짓궂은 날씨에 저체온증으로 고생하는 시위 참가자도 늘어났다. 이런 혹독한 상황에서 은박 담요는 시위대에게 큰 힘이 되었다.

시위대는 앉은 채로 은박 담요로 머리부터 발끝까지 쓰고 눈만 겨우 내놓고 있었다. 검은 아스팔트 위에 은박 담요를 뒤집어쓴 시위대의 모습은 마치 인기 초콜릿 '키세스'를 연상하게 했는데 눈발 날리는 환경에 대비되면서 깊은 울림을 주었다.

지난 12월 21일 동짓날 밤에 모여든 남태령 대첩 이후 가장 큰 울림이었다. 은박 담요가 아무리 효과가 좋은들 추위 자체가 사라지지 않을 것이다. 이들이 은박 담요를 쓰고 밤을 지새울 수 있었던 것은 은박 담요의 포근함이 아니라 윤석열을 즉각 체포하고 대한민국이 정상

화되어야 한다는 일념이었
다. 이들은 오직 정신력으
로 자리를 지키며 싸우고
있었다. 필자는 은박 담요
안에 있는 어리고 어린 10
대 소녀들과 2030 청춘 여
성들을 생각하면서 눈물을
흘렸다. 어디 필자뿐이겠는
가. 응원봉을 들었던 키세

ⓒ누구 작품인지 모릅니다. 무단 사용 죄송합니다.

스 군단의 투쟁 모습은 많은 사람들에게 영감을 주었다.

특히 함박눈이 내리고 있는 곳에서 무릎에는 눈이 쌓인 채 응원봉을

ⓒ정혜경 의원 페이스북

들고 밝게 웃고 있는 진보당 정혜경 의원과 뒤에서 은박 담요를 쓰고 잠들어 있는 보좌관의 모습이 화제가 되었다.

왜 하필 은박 담요인가?

은박 담요는 신체의 복사열을 이용해 보온 효과를 만든다. 은박 담요의 소재는 알루미늄인데 복사 에너지 반사율이 높고 저렴하기 때문이다.

김상욱 경희대 물리학과 교수는 SNS에 '키세스 시위대는 우주 전사라 할 만하다'라는 글을 올렸다.

"열은 전도, 대류, 복사의 3가지 방식으로 전달된다. 전도와 대류에 의한 열 손실을 막기 위해 모자를 쓰고 옷을 입고 신발을 신는다. 하지만 복사는 막기 어렵다. 복사는 온도를 가진 모든 물체가 전자기파의 형태로 에너지를 내보내는 현상이다. 고등학교 물리에서 배운 '흑체복사'다. 36도의 체온을 가진 사람의 몸은 적외선 대역의 복사를 한다. 적외선은 투과성이 좋아 옷으로 완전히 차단하기 힘들다. 진공의 우주에서는 복사가 열 손실의 주된 이유가 된다. 그래서 우주에서 스페이스 블랭킷(Space blanket)은 중요하다. 복사는 전자기파이므로 금속에서 반사된다. 금속 내부에는 자유전자가 있어 전기장의 크기를 0으로 만든다. 전자기파는 전기장의 진동이므로 금속 내부로 들어갈 수 없다. 따라서 반사된다. 은박이라고 하지만, 사실 은이라 아니라 알루미늄이다. 알루미늄은 지각에 가장 많은 금속이라 은보다 싸다. 알루미늄을 얇은 플라스틱 소재에 코팅한 것이 은박 담요다. 은박 담요는 몸에서 나오는 적외선을 반사하여 체온을 보존해 준다. 따라서 한남동의 키세스 시위대는 우주 전사라 할 만하다."고 응원했다.

고맙습니다. 미안합니다. 응원합니다.

이재명 대표는 1월 5일 자신의 페이스북에 은박 담요를 쓰고 앉아 있는 사진과 함께 "고맙습니다. 미안합니다. 응원합니다."라는 글을 올렸다.

12월 21일 동짓날 남태령에서 밤을 새우면서 '전봉준 투쟁단'과의 연대투쟁으로 큰 승리를 보여주며 감동을 주더니 이들은 불과 2주 뒤

에 '키세스 군단'으로 나타나 기성세대들의 눈물샘을 자극했다.

이런 엄청난 일을 해낸 이들이 아리따운 2030 여성들이었다는 것은 의미가 크다. 응원봉을 들고 자신의 아이돌을 응원하던 이들이 대한민국의 민주주의가 위험에 빠졌을 때 자신이 가장 아끼는 응원봉을 들고 나와 대한민국의 민주주의를 응원하며 지켜내고 있다.

농민가의 노랫말처럼 5천만 잠들었을 때 그들은 깨서 대한민국의 민주주의를 지켰다. 남태령에서 그랬던 것처럼 한남동에서도 그랬다. 그들의 용기에 고맙고, 함께 있어 주지 못해 미안하고, 윤석열 내란을 진압하고 다시 만날 그들의 세계를 응원한다.

사상 첫 현직 대통령의 체포

> 공수처에서도 정당한 체포영장 집행에 협조하라고 경
> 호실에 명령을 내려 줄 것을 최상목에게 요구했으나 그
> 는 침묵했다. 실질적으로 대통령 체포영장 집행을 가장
> 방해한 인물은 최상목이라고 봐야 할 것이다.

무능했던 공수처의 1차 체포영장 실패

2025년 1월 3일 공수처는 윤석열의 체포영장을 집행하려고 한남동 관저로 출근했으나 6시간 만에 철수하는 수모를 당했다. 영장을 집행하는 공수처의 검사를 포함해서 고작 수십 명이 1차 저지선, 2차 저지선을 통과했을 때만 해도 금방이라도 윤석열을 체포해서 나올 것만 같았다. 그러나 대통령 경호처는 3차 저지선에서 물러서지 않았다. 오히려 공수처가 관저에서 고립되면서 체포를 포기하고 철수해야만 했다.

공수처는 오전 6시 14분께 정부과천청사를 출발했다. 7시 21분에는 대통령 관저 앞에 도착했다. 경찰기동대 45개 부대 2,700명이 동원되었다. 8시 2분부터 공수처 수사진 30여 명이 정문을 통과하며 체포영장 집행을 시도했다.

3차 저지선에서 경호처 인력 200여 명이 집행을 막아섰다. 경호처

직원의 완강한 저항으로 오후 1시 30분쯤 체포영장 집행을 포기하고 철수했다. 이때 집행을 막는 행위는 경호처장 박종준과 경호처 차장 김성훈이 주도했다.

당연히 공수처의 무능에 대한 비난이 쏟아졌다. 1월 7일까지 체포영장이 시한이라 즉시 다시 한번 체포영장을 집행하라며 한남동 관저 앞에서 2박 3일간 예정으로 집회를 열었는데 키세스 군단의 활약으로 하루 더 6일까지 3박 4일 철야 집회를 이어갔다. 하지만 공수처는 6일 체포영장을 재집행하는 대신에 체포영장을 연장했다. 이때 공수처는 영장의 집행 시한을 공개하지 않았다.

최상목의 체포영장 시도 방해

국수본(국가수사본부) 비상계엄 특별수사단은 윤석열 체포영장 집행 방해'로 1월 3일 박종준 경호처장과 김성훈 경호차장을 입건하고 4일에 출석을 요구하였으나 거부했다. 이에 국수본은 박종준 경호처장에게는 7일, 김성훈 경호차장에게는 8일까지 출석할 것을 요구했으나 "현재 대통령 경호와 관련된 엄중한 시기인 만큼, 경호처장과 차장은 자리를 비울 수 없는 상황'이라며 출석에 불응했다.

경찰은 7일 곧바로 박 처장에게 10일 오전 10시까지 출석하라고 요구했다. 박종준 경호처장은 10일 오전 10시에 출석하면서 경호처장에서 사임했다. 이로써 경호처는 김성훈 경호차장이 권한을 대행하게 되었다.

박종준 경호처장은 최상목 대통령 권한대행에게 여러 차례 중재를 요청했다고 밝혔다. 윤석열의 체포영장을 집행하는 과정에서 유혈 충돌만은 피해야 한다고 생각했다고 한다. 하지만 최상목 권한대행은 유혈 충돌을 피해야 한다는 말 외엔 그 어떤 행동도 취하지 않았다.

대통령 경호실에 대한 지휘권은 탄핵으로 권한을 정지당한 윤석열에게 있지 않다. 대통령의 권한을 대행하고 있는 최상목에게 있다고 보는 것이 타당하다. 그러므로 공수처의 윤석열 체포영장 집행에 대한 경호처의 대응 지침 역시 최상목이 내려야만 마땅하다. 하지만 최상목은 대통령 경호실에 대해 그 어떤 지침도 내리지 않았다. 민주당을 포함한 야권에서, 그리고 공수처에서도 정당한 체포영장 집행에 협조하라고 경호실에 명령을 내려 줄 것을 최상목에게 요구했으나 그는 침묵했다. 실질적으로 대통령 체포영장 집행을 가장 방해한 인물은 최상목이라고 봐야 할 것이다.

박종준 경호처장의 출석과 함께 경호처장 사임으로 더욱 강경한 입장인 김성훈이 경호처장 권한대행을 하면서 대통령 경호실은 더욱 강경 일변도로 변할 것이라는 우려가 컸다.

경찰은 1월 11일까지 김성훈에게 3차 출석을 요구했으나 김성훈은 출석 요구에 응하지 않았다. 이에 경찰은 김성훈과 이광우 경호 본부장에 대해 1월 12일 체포영장을 신청했다.

윤석열 2차 체포영장 집행

2025년 1월 15일 오전 4시 15분 공수처 검사와 수사관들이 탄 것으로 추정되는 차량 2대가 한남동 관저에 도착했다. 오전 5시쯤에는 체포조로 추정되는 수백 명에 달하는 경찰이 공관 정문 인근에 모여들었다.

관저 앞에는 국민의힘 김기현 의원을 비롯해 나경원, 윤상현, 박대출, 이상휘, 강명구, 조배숙, 조지연, 이만희, 성일종, 이철규, 정희용, 김정재, 정점식, 권영진, 이종욱, 강승규, 박성민, 구자근, 유상범, 장동혁, 김위상 의원 등이 모인 것으로 전해졌다.

오전 5시 50분부터 경찰은 관저 앞에서 농성 중인 윤석열 지지자들을 강제 해산했다. 영장 집행을 위해 경찰 국가수사본부 특별수사단 및 서울·경기남부·경기북부·인천청 광역수사단 1,000여 명과 경찰기동대 2,700명 이상 등 총 3,700명이 넘는 인력이 동원되었다.

오전 7시 50분경 경찰은 사다리를 이용해 100여 명의 경찰이 버스를 타고 넘어 1차 저지선을 돌파하고 15분 뒤에는 2차 저지선으로 에워놓은 차벽 옆을 우회해서 통과했다.

1차 때와 다르게 대통령 경호실은 별다른 저항을 하지 않았다. 오히려 길 안내를 하는 등 협조적인 모습을 보였다. 차벽으로 세운 버스는 심지어 문도 열어놓고 시동 키도 꽂아져 있었다고 한다. 경찰 체포조가 2차 저지선을 넘어 3차 저지선에서 경호실과 협상을 하는 사이 경찰이 직접 버스를 운전해서 옮겼다고 한다.

오전 8시 13분부터 공수처와 경찰은 3차 저지선에서 잠시 대열을 정비한 뒤 관저 공간으로 진입했다.

윤석열의 자진 출석 요구와 체포

1차 체포영장 시도 때와 다르게 경호처는 별다른 저항을 하지 못했는데 이는 경호처 간부들과 직원들의 집단 반발 때문이었다. 공수처는 계속해서 영장 집행을 방해할 경우 엄벌할 것이라고 계속해서 경고했다. 경호처의 많은 인력들이 휴가를 내고 복귀하지 않았으며, 심지어 김성훈 경호차장의 독려에도 불구하고 현장에는 나타나지 않았다.

경호처 직원들의 집단적인 태업에 윤석열도 더 이상 처항할 수 없었다. 이에 윤석열 측은 체포 형식이 아닌 자진 출두 형식으로 공수처 수사에 응하겠다고 제안해 왔다. 하지만 공수처는 이를 받아들이지 않았다. 그동안 자진 출두를 하지 않았기 때문에 체포영장을 발부받아 집행하러 왔는데 자진 출두는 인정할 수 없는 것이다. 자칫 자진 출두를 인정하게 된다면 차후 구속영장을 신청하는 데 있어서 문제가 될 소지가 있기 때문이다. 자진 출두라 함은 수사에 협조한다는 뜻인데 3번의 출석 요구에도 응하지 않고, 1월 3일 체포영장 집행에도 응하지 않았던 자에게 수사에 협조한다는 면피를 제공할 수 없는 것은 자명한 일이다.

자진 출두가 무산되자 윤석열 측은 자신의 경호처 차량을 타고 출두하겠다고 고집했다. 윤석열은 내란 우두머리로 체포되어 압송되는 것이기에 공수처에 의해 수갑이 채워져 호송차에 실려 가는 것이 정상이었으나 이런 지엽적인 일로 시간을 낭비할 필요는 없었다.

공수처와 경찰은 "오전 10시 33분 윤석열 대통령에 대한 체포영장을 집행했다."라고 밝혔다. 공수처 차정현 부장검사가 직접 윤석열에게 미란다 원칙을 고지했다. 비록 경호처 차량으로 공수처에 출석하지만 체포되어 간다는 것을 명확히 한 것이다. 이로써 자진 출석이라는 윤석열의 꼼수는 무산되었다.

2024년 12월 3일 윤석열이 내란을 시도한 지 43일 만에 내란 우두머리가 체포되었다.

윤석열은 박근혜와 이명박을 감옥에 보낸 장본인이다. 그때는 지위고하를 막론하고 엄정한 법 집행을 한다면서 박수를 받고 그 치적으로 '공정과 상식'이라는 말을 앞세워 대통령까지 된 자이다. 그런데 자신의 범죄에 대해서는 합법한 법 집행을 거부하고 끝내는 체포영장에 의해 끌려가는 모습을 보였다. 이런 자가 대한민국의 대통령이라는 것 자체가 대한민국의 수치이다.

비록 현직 대통령의 체포라는 헌정사에서 있어서는 안 될 오점을 남겼지만, 헌정 질서를 어지럽히는 내란범에게는 그가 비록 대통령이라 할지라도 준엄한 법의 심판을 받게 된다는 이정표를 세웠다.

윤석열은 김건희를 위해서 비상계엄을 했다

> 윤석열은 자신을 지키기 위해, 그리고 김건희를 보호하기 위해 비상계엄을 선포했다. 비상계엄의 형식을 빌려서 김건희에게 보내는 마지막 선물이었다.

윤석열이 밝히는 비상계엄의 표면적인 이유

12월 3일 도저히 실패할 수 없다는 윤석열의 비상계엄의 형식을 빌린 친위쿠데타는 발표 2시간 만에 끝났다. 윤석열의 지지자는 확률 99%에 이르는 친위쿠데타가 실패한 것에 대해 여전히 아쉬워하고 있다. 반대로 대한민국의 민주주의를 지키고자 하는 대다수의 국민은 기적과 같은 친위쿠데타 실패에 안도하면서 가슴을 쓸어내리고 있다.

윤석열은 국회가 다수의 힘을 이용해 헌법 정신을 훼손하고, 입법 독재로 이어지고 있다며 국회는 종북 세력에 의해 장악되어 있다고 했다. 그래서 국민의 자유와 안전을 보호하고, 미래 세대가 평화롭고 안정적인 나라를 물려받을 수 있도록 하기 위한 불가피한 조치였다는 궤변을 쏟아냈다.

윤석열의 무모한 비상계엄은 그들의 입장에서 허무하게 끝났다. 그렇다면 윤석열은 왜 비상계엄을 단행했을까? 진짜 그 이유는 무엇인가?

윤석열이 지난 2022년 3월 9일 치러진 20대 대통령 선거에서 247,077표라는 역대 최소 득표수 차이로 승리한 이후 5월 10일 취임했다. 이때 21대 국회는 야권이 192석으로 절대적인 여소야대 형국이었다. 윤석열은 이때부터 비상계엄을 꿈꾸었던 것 같다. 하지만 2년 뒤에 치러질 22대 국회의원 선거에서는 국민의힘이 과반 이상을 차지할 것이라는 각종 여론조사에 비상계엄을 포기했다. 하지만 국민의힘이 과반 이상을 차지할 것이라는 엉터리 여론조사와는 달리 22대 국회에서 더불어민주당은 위성정당 더불어민주연합과 함께 175석이라는 헌정 역사 사상 단일 야당으로 최대의 성과를 내었다. 여기에 조국혁신당 12석과 진보당 1석을 포함해 188석이라는 엄청난 승리를 거두었다. 이준석의 개혁신당 역시 3석을 얻어 야권은 무려 191석을 얻었다.

윤석열 처지에서 보면 취임한 이후나 결국 똑같은 형국이 되었다. 윤석열은 여론조사에서는 이겼는데 왜 졌는지 도저히 수긍을 못했던 것 같다. 윤석열은 패배의 원인이 선관위의 부정선거 때문이었다고 생각했다. 그래서 비상계엄 직후 선관위에 계엄군을 보낸 것이다.

윤석열의 비상계엄 선포문과 이후 발표된 계엄사령관의 포고문에는 선관위 관련 부정선거에 대한 언급은 없었다. 비상계엄을 하는 김에 자신이 품고 있었던 부정선거의 핵심 증거를 찾아내서 비상계엄을 정당화하려는 의도로 풀이된다.

국회가 종북 세력에 장악되었다거나 부정선거를 확인하려 했다는 것은 표면적인 이유이고 실제 이유는 다른 것에 있었다는 의심을 받고 있다.

김건희에게 주는 윤석열의 마지막 선물

1960년생 윤석열은 검사임에도 불구하고 50세가 넘지 못하도록 결혼하지 못하다가 띠동갑으로 12살 어린 당시 40세의 김건희를 만나 52세에 결혼을 했다. 결혼은 윤석열이 김건희를 선택했다기보다는 검사 사위를 갈망했던 김건희의 엄마 최은순과 김건희의 욕망으로 성사된 것으로 보인다. 결혼 전의 그들과의 부적절한 관계에 대해서는 언급하지 않겠다. 암튼 윤석열은 처가 집을 위해서라면 고속도로도 휘게 만들 만큼 지극 정성이었다.

윤석열은 집권하는 내내 자유민주주의 체제를 수호한다고 입버릇처럼 말했지만, 자유민주주의를 부정하고 친위쿠데타를 시도한 것을 보면 말장난에 불과했다. 윤석열의 관심은 오직 김건희를 지키는 것이었다. 김건희가 원하는 것이면 뭐든지 할 수 있다는 생각이었다.

도이치모터스 주가 조작으로 공범들이 모두 실형을 받고 교도소에 가 있음에도 불구하고, 유일하게 이득을 본 주포 김건희는 검찰의 수사조차 제대로 받지 않았다. 검찰은 김건희에게 납득할 수 없는 이유로 무혐의 처리했다. 당연히 야권과 시민단체는 반발했다. 그래서 민주당은 김건희 특검법을 국회에서 의결했다.

하지만 희대의 사랑꾼 윤석열은 국민의 절대다수가 특검을 받으라고 요구해도 거부권을 행사했다. 윤석열의 거부권에 여당인 국민의힘도 재의결 투표에서 반대표를 던지면서 응원했다. 그래서 항간에는 "넌 사랑하는 이를 위해서 뭘 해봤어? 난 거부권을 썼다"라는 말까지 돌았다. 어디 그뿐인가? 김건희가 명품백을 받았을 때는 "아내가 박절하지 못

해 받았다."라고 했다. 명백한 김영란법 위반이었지만 김건희에게는 적
용되지 않았다. 그리고 마침내 "아내를 위해 계엄까지 해봤다."라는 유
행어까지 만들어지는 지경에 이르렀다.

농담처럼 번진 이 유행어가 사실일 수 있다는 정황들이 속속 드러나
고 있다. 국회에 암약하는 종북 세력을 잡기 위한 것이 아니라 오직 김
건희를 지키기 위해서 계엄을 한 것이라는 의심을 받고 있다. 김건희를
지키기 위해서 있지도 않은 종북 세력을 만들어내려 한 것으로 보인다.

명태균 김건희 게이트

창원지검은 2024년 11월 21일 명태균이 사용하던 PC의 하드디스크
를 포렌식 해서 카카오톡 대화를 복원하는 데 성공했다고 언론에 흘
렸다.

창원지검에서 확보한 명태균의 PC가 윤석열이 계엄을 선포하게 만
드는 방아쇠 역할을 했다. 명태균이 사용하던 PC는 강혜경이 보관하다
가 창원지검에 의해 압수되었다. 애초 명태균은 강혜경에게 이 PC를
폐기하라고 지시했다. 하지만 강혜경은 폐기하지 않고 자신의 집으로
갖고 가서 보관했다. 명태균은 자신이 사용하던 프로그램과 내용을 지
우고 강혜경에게 넘겼는데 창원지검에서 확인한 결과 명태균이 내용
들을 지웠지만 그 내용들은 고스란히 바탕화면 휴지통에 들어가 있었
다. 창원지검은 휴지통을 복원함으로써 매우 손쉽게 주요 내용을 확보
했다.

이후 명태균 PC에서 엄청난 양의 내용들이 쏟아져 나왔다. 특히 명

태균과 김건희의 대화, 명태균과 윤석열의 대화가 나왔다. 창원지검은 수사를 계속 진행해야 할지 말아야 할지 고민하다가 대검에 수사 내용을 보냈다고 한다. 그런 사이 김건희와 명태균의 대화 내용이 언론을 통해 보도되었다. 창원지검에서 수사를 계속 진행하고 싶었던 수사관에 의해 유출된 것으로 짐작된다.

계엄이 있기 하루 전날인 12월 2일 명태균의 변호사는 명태균이 버렸다고 주장해 왔던, 이른바 황금폰(휴대전화) 3대를 검찰이 아닌 언론사와 재판부 또는 민주당에 넘겨줄 수도 있다는 폭탄선언을 했다.

구속된 명태균은 검찰에게 자신이 숨겨서 보관하고 있는 황금폰을 통해 거래를 시도했던 것으로 보인다. 하지만 검찰은 이미 명태균의 PC에서 상당량의 자료를 확보했기 때문에 거래에 응하지 않았던 것으로 보인다. 다급해진 명태균은 민주당에 황금폰을 넘겨주겠다면서 검찰을 협박했다고 보인다. 명태균의 황금폰은 민주당과의 소통 오류로 인해 민주당에 전달되지 않고 12월 14일에 검찰에 제출됐다.

민주당의 박범계 의원은 2025년 2월 4일 SBS 라디오 '김태현의 정치쇼'에 출연해 지난 설 연휴 기간 명태균이 수감 된 창원교도소를 찾아 접견했다고 밝혔다. 이 자리에서 '윤 대통령이 왜 12월 3일에 비상계엄을 선포했는지' 묻자 명태균이 '쫄아서'라고 답했다고 말했다.

윤석열과 김건희 부부의 공천개입 혐의를 입증할 핵심 증거를 야당이 확보할 수도 있다는 위기의식을 느낀 윤석열이 비상계엄을 선포하기에 이르렀다는 것이 명태균의 주장이다.

최근 명태균의 주장을 뒷받침하는 내용이 보도되었다. 주진우 기자에 의하면 명태균과 김건희, 명태균과 윤석열과의 통화 내용을 명태균이 조선일보에 제공했다는 것이다. 조선일보는 해당 내용을 보도하지 않고 있었는데 김건희가 조선일보에 통화 내용이 있다는 것을 계엄 직전에 알게 되었다는 것이다.

이런 정황으로 보면 명태균의 주장은 확실히 일리가 있다. 그렇기에 꼼꼼한 준비 없이 서둘러서 비상계엄을 선포했던 것으로 보인다.

윤석열은 자신을 지키기 위해, 그리고 김건희를 보호하기 위해 비상계엄을 선포했다. 비상계엄의 형식을 빌려서 김건희에게 보내는 마지막 선물이었다.

창원지검은 12월 3일 명태균을 정치자금법 위반 등의 혐의로 기소했다. 그리고 그날 밤 윤석열은 비상계엄을 선포했다.

곽종근의 시각에서 본 계엄 실패 원인

2024년 2월 3일 MBC는 곽종근의 옥중 노트를 공개했다.

곽종근 전 육군 특수전사령관은 당시 계엄군의 목표는 '시민 보호'가 아니라 '시설 확보 및 경계'였다고 적었는데 사실상 '국회 봉쇄 지시'로 해석된다. 또한 헌재에 나온 윤석열 측은 '절대 유혈 사태가 발생해서는 안 된다'고 지시했다고 했지만, 곽종근은 그런 지침을 받은 적이 없다고 했다. 아울러 윤석열의 '2시간짜리 경고성 계엄'이라는 주장에도 반박했다.

곽종근은 계엄이 조기 종료된 원인을 다음과 같이 열거했다. 계엄을 성공시키기 위해 작전을 수행하는 계엄군의 입장에서 바라본 것이라

눈여겨볼 만하다.

첫째, 헬기 허가 등 문제로 707특임단의 국회 이동이 1시간 반 이상 지연된 점.

둘째, 모든 간부를 정상 퇴근시켜 출동 준비를 갖추고 지휘 기구를 소집하는데 시간이 추가 소요된 점.

셋째, 계엄 관련 상황 인식 등을 예하 부대 참모들에게 얘기하지 않은 점.

이런 덕에 계엄이 조기 종료되었다고 했다.

만일 헬기가 즉각적으로 이동했다면 방송을 보고 몰려든 시민보다, 담을 넘은 국회의원보다 먼저 국회를 봉쇄할 수 있었을 것이다. 그렇다면 국회의원 150명 이상이 모여서 계엄을 해제할 수 없었을 것이다. 그렇다면 윤석열의 친위쿠데타는 성공했을 것으로 보인다. 그야말로 하느님이 보우하사 대한민국을 구했다.

곽종근은 노트에 다음과 같은 글도 남겼다. "대통령도, 장관도, 반대하고 만류할 때는 듣지 않고 자신들이 책임질 것처럼 하더니 군만 이용당하고, 지금 와서 이게 무엇인가? 병력 철수를 한 특전사의 조치를 대통령실 측에서 조치한 것으로 둔갑시키고 있다. 화가 난다."라고 적었다.

계엄 해제가 국회에서 의결된 이후 아무런 조치가 없어서 임의적으로 곽종근 전 사령관이 병력을 철수시켰다고 밝혔다. 아마 윤석열은 국회의 의결을 무시하고 계속해서 계엄을 유지하려는 술책을 찾고 있던 것으로 보인다.

곽종근은 위와 같이 실패 원인을 밝혔지만, 윤석열의 비상계엄이 실패했던 것은 윤석열 스스로가 민주화운동 경험이 전무했을 뿐만 아니라 1980년 5,18 민주화운동과 87년 민주화투쟁을 거치면서 40년 넘게 축적된 한국인들의 민주화운동 실력을 너무 얕잡아봤기 때문이었다. 12월 3일 계엄 당일 국회 앞에 순식간에 모여든 5천 명의 시민들이 바로 그 실력을 증명해 보였다.

극우 파시스트들의 서부지원 난동

윤석열 일당이 일으킨 사건 중에 12월 3일 '비상계엄'에
비견되는 최악의 사건이었다. 이 사건은 대한민국의 삼
권분립을 직접적으로 위협하는 사건으로 그 자체로 폭
동이며, 내란이라고 할 수 있다.

윤석열의 구속과 폭동

공수처는 2025년 1월 15일 체포된 윤석열에 대해서 이틀 뒤인 1월
17일 구속영장을 청구했다. 공수처는 윤석열이 "내란을 계획하고 실행
한 핵심 인물"이라고 본 것이다. 대통령으로서 헌법과 법을 지키기보
단, 이를 어기면서 국가 내란을 일으켰다고 봤다.

공수처는 윤석열은 계엄을 선포하면서 법적으로 문제가 될 수 있는
여러 행동을 했고, 더 나아가 이런 일이 또 반복될 가능성이 큰 확신범
이라고 보고 있다.

1월 18일 오후 2시부터 서울서부지방법원에서 4시간 50분 동안 영
장실질심사가 이루어졌다. 차은경 부장판사는 8시간이 지난 19일 새
벽 2시 59분에 영장을 발부했다. 법원은 "피의자가 증거를 인멸할 우
려가 있고, 범죄의 중대성과 재발 가능성이 높으며, 수사에 비협조적인

태도를 보였다."는 점을 들어 구속을 결정했다.

이로써 헌정사상 처음으로 현직 대통령이 법원의 결정에 따라 구속되는 선례를 만들게 되었다. 서부지원 밖에는 윤석열 지지자들이 양차선 도로를 점거하고 '윤석열 석방'을 외치며 시위하고 있었는데 윤석열의 구속 결정이 나자마자 이들은 난동을 부리기 시작했다. 그리고 사상 처음으로 폭도들에게 법원이 유린당하는 사태가 벌어졌다. 윤석열 일당이 일으킨 사건 중에 12월 3일 '비상계엄'에 비견되는 최악의 사건이었다. 이 사건은 대한민국의 삼권분립을 직접적으로 위협하는 사건으로 그 자체로 폭동이며, 내란이라고 할 수 있다.

사상 첫 법원 진입 난동

1월 18일 저녁부터 서부지원 앞에는 윤석열 지지자들 천여 명이 모여들었다. 광화문에서 윤석열의 탄핵을 반대하는 시위를 해 오던 이들이 일부는 걸어서 일부는 지하철을 타고 서부지원이 있는 애오개역으로 몰려왔다.

윤석열 지지자들은 윤석열에 대한 구속영장실질심사가 끝난 오후 7시 이후부터 폭동 징후를 보이기 시작했다. 그들은 오후 6시 43분쯤 공덕오거리 인근에서 영장 심사를 마치고 공수처로 복귀하는 검정색 SUV(카니발) 차량 2대를 둘러싸고, 타이어 바람을 빼고 운행하지 못하도록 운전석 앞 유리창에 전단지를 붙이고, 유리창을 깨고, 차량 손잡이, 차량 외판을 파손하는 등 난동을 부렸다. 시위대에 30여 분가량 차량에 감금되어 있던 공수처 검사와 수사관은 112에 구조요청까지 했

서부지원으로 진입을 시도하는 폭도들 ©MBC

다고 한다.

　이들의 난동은 이튿날 새벽 2시 59분 윤석열에 대한 구속영장이 발부되면서 절정에 달했다. 이들은 이미 약속이라도 한 듯이 서부지원 정문이 아닌 상대적으로 경찰력이 적은 후문 쪽으로 몰려들었다. 그들은 경찰의 방패를 빼앗고 담을 넘는 등의 방법으로 서부지원에 진입했다. 폭도들은 서부지원의 현판을 떼어내고 외부 벽을 부수다가 이내 서부지원 본관을 침탈했다. 이로써 법치주의 마지막 보루로 여겨지는 법원이 극우 난동꾼들에 의해 무법천지로 변했다.

　법원 내부로 침입한 난동꾼들은 영장을 발부한 차은경 부장판사를 찾기 위하여 7층까지 진입해서 실제로 차은경 부장판사실의 출입문을 부수고 들어가 집기를 부수는 등 광란을 저질렀다.

　이들은 '윤석열 대통령'을 외치기도 하고, '차은경을 잡아라'를 외치며 진압하는 경찰에 의자와 담배 재떨이 등을 던지고 소화기를 뿌리며 위해를 가하기도 했다. 또한 경찰 방패와 경광봉을 빼앗아 경찰관을 폭행하기도 했다.

경찰은 새벽 3시 32분부터 서부지원 경내에 경력을 투입해 현행범으로 체포하기 시작했다. 경찰은 18일부터 이틀간 서부지원 집단 불법행위로 86명을 연행했으며 이후 체증을 통해 100명이 넘는 폭도들을 입건했다.

이날 난동에 대하여 천대엽 법원행정처장은 "법치주의에 대한 부정이자 도전"이라며 "엄중한 법적 책임이 따라야 할 것"이라고 밝혔다.

서부지원 폭동의 배후에는 전광훈이 있다

2024년 1월 24일 MBC 보도에 따르면 극우 목사 전광훈이 직접 이끌고 있는 극우 성향의 개신교 공동체 조직을 폭동 당일 집회에 대거 동원한 정황이 확인됐다. 아울러 사전 집회에서 활동비를 지급하고 조직적인 움직임을 강조한 사실도 드러났다.

사랑제일교회 특임 전도사 윤영보는 시위 현장에서 "윤석열 지지자면 같이 싸우라고! 이대로 가면 윤석열 대통령 바로 죽습니다. 자살했다고 하고 죽여버릴 놈들이야, 저 빨갱이들은! 목숨 걸었어요."라고 외쳤다.

윤영보는 1월 22일 한 극우 유튜브에 출연해서 "지금도 저 같은 경우는 '순국결사대 드러눕기조' 1만 명을 모집하고 있다."고 했으며, "트럼프 대통령이 멕시코 국경에 그 비상사태를 선포했잖습니까. 대한민국에도요, 비상사태를 선포해야 한다 저는 이렇게 봅니다. 한국 군대의 계엄 갖고 안 되니까 전시작전권에 의해서 미군에 의한 그런 계엄이 펼쳐져야 된다…."라는 황당한 선동을 하기도 했다.

폭동 당일 영장을 발부한 차은경 부장판사 집무실 문을 부수고 구속된 이형석도 3년 전 임명된 사랑제일교회 특임 전도사이다. 그는 폭동 전날 밤인 1월 18일 "명령 떨어지면 숨도 안 쉬고 쳐들어갑니다. 경찰 병력이 있는데도 눈곱만큼도 고민 안 해요. 총 맞아 죽든, 몽둥이에 맞아 죽든 간다고."라고 말했다.

전광훈의 추종자가 폭동 전면에 나선 것으로 보아 이들의 배후에 전광훈이 있다는 합리적인 의심이 든다.

전광훈은 1월 16일 유튜브 '전광훈 TV'에서 "서부지방법원에 구속영장 청구하면 서부지방법원도 불 속에 넣어 태워버려야 한다, 주여…"라며 방화를 암시하는 말도 했는데, 실제 이날 방화 시도를 하는 한 고등학생이 있기도 했다. 특히 전광훈은 폭동 당일인 1월 18일 광화문 태극기 집회에 나와서 "서부지방법원, 주소를 한번 띄워 주세요, 주소. 빨리 이동해야 되니까. 오늘 내로 우리는 윤석열 대통령을 찾아와야 되는 것입니다. 동의하시면 두 손 들고 만세!"라고 부추겼다. 실제 이 말을 듣고 광화문에서 옮겨온 시위대로 인해 서부지원이 있는 애오개역은 그야말로 아수라장이 되고 말았다.

활동비 5만 원을 주겠다며 집회 참가 독려

MBC 보도에 따르면 서부지원 폭동을 이틀 앞둔 1월 16일 사랑제일교회에는 전광훈이 주도하는 극우 성향의 공동체인 '자유마을' 소속 간부 천여 명이 모였다.

누군가가 "전광훈 목사님, 우리와 함께 계셔서 감사합니다."라며 전광훈을 소개하자 전광훈은 "죽을 준비 됐어요? (아멘)"이라고 하더니 "(광화문 집회가) 이틀밖에 안 남았어, 천만 명 동원하려고. 여러분들이 활동비, 내가 5만 원씩 줄 테니까 휴대전화로 빨리 전파 전파해서 천 명씩 조직돼 있는 걸 데리고 나오기만 하면 되는 거야."라며 돈을 줄 테니 시위대를 동원하라고 했다.

전광훈에 이어 마이크를 이어받은 한 목사는 언론에 들키지 않도록 돈봉투를 잘 관리하라고 당부했다.

"길거리 가면 YTN, MBC 또 사진 찍어요. 또 돈 받는다고 또. 바깥에 나가서 돈 가지고 막 하지 말고, 받으면 그냥 집어넣고 그렇게 가시면 돼요. 알겠죠?"라면서 집회 관련 지침을 내렸다.

"공지가 딱 되면 한 몸같이 움직여 주셔야 됩니다. '거리에 나와 주세요' 그러면 그냥 도로로 쫙 나와 주시고, '좌편으로 좀 채워 주세요' 그러면 채워 주시고, 전쟁은 그렇게 해야 되는 거예요. 그렇죠?"

서부지원에 대한 난동뿐만 아니라 최근 벌어지고 있는 탄핵 반대 집회는 전광훈의 사조직인 '자유마을' 조직이 계획적으로 동원된 것으로 보아야 할 것이다.

전광훈의 신도보다 더 위험한 국민의힘 의원들

최근 벌어지고 있는 윤석열 탄핵 반대 집회는 전광훈의 집회라고 봐도 무방하다. 이들은 전 국민이 생방송으로 지켜본 윤석열의 친위쿠데타이자 내란 행위를 정당한 통치행위라고 선동한다. 사실 이들의 행위

전광훈 집회 참석한 국힘 이철규, 김민전, 이인선, 조배숙, 임종득, 박성민, 구자근, 강승규 의원

는 절대로 용납될 수 없는 내란 선동이라고 할 수 있다. 집회에 참여한 모든 이들은 내란 선동 및 폭동 행위를 하고 있는 것이라고 봐야 한다. 하지만 친위쿠데타에 실패한 내란 우두머리가 현직 대통령이라는 아이러니한 상황에 있다 보니 거리를 활보하고, 법원에서 난동을 부려도 제대로 된 대처를 못하고 있다.

사이비 교회의 사이비 목사에 현혹된 신도들이야 그렇다고 치더라도 전광훈이 주도하는 집회에 가서 전광훈에게 머리를 조아리고 전광훈 신도들이 외치는 구호를 따라 외치는 국민의힘 소속 정치인들을 보면 이들이 정말 국회의원이 맞는지, 시장이 맞는지 의심이 들 정도이다.

공수처의 윤석열에 대한 1차 체포영장 시도 다음 날인 1월 4일 비상 의원총회를 마친 국민의힘 의원들이 전광훈이 주축인 대한민국바로 세우기운동본부(대국본)가 주최한 한남동 일대에서 연 윤석열 탄핵 반대 집회에 참가했다. 최근 전광훈은 집회에서 윤석열이 유튜브로 탄핵 반대 집회를 지켜보고 있다며 지지자들을 선동했는데, 이철규, 김민전, 이인선, 조배숙, 임종득, 박성민, 구자근, 강성규 의원이 윤석열에게 눈도장을 받으려고 달려갔다.

상황이 이렇다 보니 전광훈이 국민의힘을 접수했다는 말까지 나올 정도인 것이다. 전광훈의 국민의힘에 대한 영향력은 전광훈 세력이 가장 밀고 있는 김문수가 국민의힘 차기 대선후보 1위라는 것에서도 알 수 있다.

혼란은 새로운 출발을 위한 진통

이재명 대표는 1월 19일 새벽에 벌어진 서부지원 폭동 사태에 대해서 기자들 앞에서 입장을 발표했다.

이재명 대표는 "오늘 새벽 벌어진 서부지방법원 난동 사태는, 사법부 체계를 파괴하는 결코 용납할 수 없는 행위입니다. 국가가 해야 할 일이 크게 세 가지가 있습니다. 국가 공동체 전체를 지키는 안전보장, 안보. 국가 공동체 내에 합리적인 질서를 유지하는 것. 공동체 구성원이 함께 잘사는 세상을 만드는 것입니다. 그런데 오늘 새벽에 벌어진 난동 사태는 국가 공동체의 질서를 유지하는 사법 체계를 파괴하는, 민주공화국의 기본적 질서를 파괴하는 행위입니다. 어떤 이유로도 용납할 수 없는 행위라는 말씀을 드립니다. 그러나 국민 여러분, 우리가 겪는 이 혼란은 새로운 출발을 위한 진통이라고 생각됩니다. 지금의 이 혼란상도 우리 위대한 국민들의 힘으로 반드시 극복할 것이고, 그 결과로 희망 있는 새로운 세상을 향해 우리가 뚜벅뚜벅 나아갈 수 있을 것입니다.”라며 비교적 낙관적인 견해를 밝혔다.

이재명 대표는 “지금까지 그랬던 것처럼 앞으로도 우리 국민의 저력으로 잠시 잃었던, 어둠을 거둬내고 새로운 희망, 더 나은 세상을 향해 나아갈 수 있을 것으로 믿는다”라며 “참 안타깝기 이를 데 없는 일이지만, 그러나 이 고통조차도 새로운 성장의 원동력으로 쓰여질 것으로 믿는다”라고 말했다.

첫 번째 책임은 윤석열, 두 번째는 국민의힘

서부지원에 대한 윤석열 지지자들의 폭동 책임은 누구에게 있을까? 이날 서부지원 본관을 침탈하면서 폭도들이 가장 많이 한 말은 ‘국민 저항권’이었다. 자신들은 저항권을 쓰고 있다는 말이다. 국민 저항권이라 함은 최고의 권력자가 국민의 뜻에 반해서 권력을 행사할 때 국민이 목숨을 걸고 이에 저항하는 것을 말한다. 4.19가 그러했고, 5.18이 그러했고, 87년 민주화 항쟁이 그러했다. 그런데 뜻밖에도 윤석열의 탄핵을 반대하며 서부지원에서 난동을 부린 자들이 저항권을 들먹이고 있다.

이들이 저항권을 들먹이면서 난동을 부리게 된 첫 번째 원인 제공자는 윤석열이다. 윤석열은 12월 3일 친위쿠데타 실패 이후에도 계속해서 대한민국의 헌법 시스템과 사법 시스템을 부정하고 있다. 체포영장 청구와 발부 그리고 구속영장 청구와 발부 모두 대한민국 사법 시스템 내에서 이뤄진 일인데도, 윤석열은 그걸 다 부인했다. 그러니 윤석열을 지지하는 극단적인 사람들이 법원을 부정하는 데 이른 것이다. 윤석열의 이 태도는 헌법재판소 재판 과정에서도 고스란히 보였다.

두 번째, 국민의힘도 책임을 면할 수 없을 것이다. 김민전은 서부지원 난동이 있기 전에 정치 폭력, 정치 테러의 상징으로 이해하고 있는 백골단을 국회에 끌어들였다. 그리고 실제로 그날 국회에 갔던 백골단 회원이 서부지원 난동에도 나타났다. 조배숙은 전광훈 앞에서 "여러분 일어서야 한다. 탄핵 의결도 무효, 국무총리 탄핵도 무효, 헌법재판관 임명도 무효"라고 외쳤다. 국민의힘 의원들 대부분이 윤석열 같은 시대의 악당을 대통령으로 만들어준 것에 대해 사죄하기를 거부하고, 오히려 윤석열의 탄핵을 막지 못한 것에 사죄한다는 입장을 고수하기 때문에 서부지원 폭동 사태가 벌어진 것이다. 이들은 윤석열의 탄핵이 인용되면 다시 한번 폭동을 일으키려고 헌법재판소에 대한 도면을 준비했다.

필자는 국민의힘 의원들이 윤석열의 친위쿠데타가 탄핵 사유에 해당하지 않는다고 믿고 있다고 생각하지 않는다. 그들도 윤석열이 탄핵을 피할 수 없다는 것을 안다. 그런데 이들은 전광훈에게 쇄뇌 되어 윤석열이 다시 대통령으로 돌아오리라고 굳게 믿고 있는 영혼 없는 시위대에 주눅이 들었다. 이 시위대가 국민의힘 당원이기도 하다. 이들이 요구하는 장단에 춤을 추지 않으면 윤석열과 함께 사라질지도 모른다는 불안감 때문에 오히려 이들을 더 흥분시키는 불쏘시개 역할을 하고 있다. 국민의힘이 극우로 가는데 큰 역할을 할 사람들이다. 국민의힘이 실질적으로 해체되고 소수 극우 정당으로 다시 태어나는 새벽에 우리는 살고 있다.

노상원 수첩으로 본 내란 이후의 나라

> 김건희 대통령은 윤석열 대통령이 처음 대통령을 할 때부터인 2021년부터 이미 대통령감이라는 평가를 받아와서 대통령직을 수행하는 데 아무 문제가 없을 것으로 보인다.

버거보살 노상원

윤석열의 12.3 내란 사태에서 유일하게 민간인으로 핵심적인 역할을 했던 인물이 노상원(육사 41기, 전 정보사령관)이다. 그는 초급 장교 시절에는 여러 하극상 사건으로 징계를 받을 뻔했으나 선배들의 비호로 위기를 넘겼다. 이후 대령과 소장 시절에는 갑질 논란, 부하 학대, 성추행 사건으로 끊임없이 논란을 일으키다가 결국 2018년 성추행 사건으로 구속되면서 불명예 전역을 했다.

전역 후 노상원은 안산에서 '아기보살'이라는 점집을 운영하며 무속 활동에 나섰다. 윤석열과 김건희 주변에 늘 무속과 관련된 연결고리가 있는데 노상원 역시 그 연결고리 중 하나였는지 의심스럽다. 노상원은 계엄 과정에서 롯데리아에 정보사 간부들을 불러 비상계엄 작전 계획을 논의했다. 전역 정보사 사령관이 현역 후배 정보사 간부들에게 영향력을 행사한다는 것 자체가 이례적이다. 롯데리아에서 계엄을 준비했다는 것으로 인해 노상원은 '버거보살'이라는 별명을 얻기도 했다.

노상원은 12월 15일 첫 체포되었다가 석방되고, 18일 공수처에 의해 다시 체포되어 구속되었다. 경찰청 국수본은 노상원을 압수수색하는 과정에서 노상원의 수첩을 확보했다.

다음 글은 언론에 공개된 노상원의 수첩 내용과 관련 인물들의 증언 내용을 토대로 만일 내란 세력의 계획대로 차질 없이 진행되었다면 어떻게 되었을지 각색한 것이다.

2023년 10월 중순 어느 날

문상호 정보사령관에게 전화가 걸려 왔다. 불명예로 이미 퇴역한 민간인 노상호 전 사령관이었다. 노상원은 "고위급 탈북 징후가 있으니 임무 수행 잘할 만한 인원으로 추려봐."라고 지시했다. 문상호는 그러겠다고 대답했다. 하지만 "왜 이런 일을 시키는가?"라는 의심이 들었다. 그러던 차에 다시 전화가 왔는데 이번에는 좀 소극적으로 퉁명스럽게 대답했다. 그랬더니 노상원이 "너 나 못 믿나?"하는 것이었다. 그래서 그는 "아닙니다."라고 말했다. 노상원은 "너 좀 있으면 장관이 너한테 전화할 거야. 전화 받아봐."라고 했다.

10분도 안 되어 국방부 장관 김용현에게서 정말 전화가 왔다. 김용현은 문상호에게 "노상원을 잘 도와주라."고 말했다. 해서 문상호는 부하 대령들에게 "장관님 전화를 받았다. 노상원 일하는 걸 도와주라고 하시더라. 결국 장관님 지시하신 사항들이다."라고 말했다.

노상원 전 정보사령관 수첩 주요 내용

1 NLL에서 북의 공격 유도, 오물풍선

2 국회 봉쇄

3 정치인 언론인 판사 등을 '수거 대상'으로 적시

4 사살 표현

5 사조직 '수사2단'과 선관위 서버 확보 임무

60~70쪽 분량의 손바닥 크기. 단편적 단어 위주로 기록.

2023년 12월 3일 계엄선포

12월 3일 22시 23분 정규방송이 중단되고 윤석열의 계엄선포가 있었다. 종북 세력이 장악한 국회를 이대로 두고 볼 수 없다며 반드시 종북 반국가 세력을 단칼에 처단하겠다는 내용이었다.

윤석열이 비상계엄을 선포했다는 내용을 이재명 민주당 대표는 보좌관의 전화를 받고 알았다. 처음에 이재명은 믿지를 못했다. 비상계엄을 선포할 어떤 비상 상황도 존재하지 않았다. 이재명은 TV를 켰다. 실제 상황이었다. 언제고 이런 일이 올 것이라고 생각했던 이재명은 민주당 의원 단톡방에 즉시 국회로 모이라고 지시했다. 이재명도 국회로 가기 위해 급하게 옷을 입었다. 아내 김혜경에게 혹시 밖에 군인들이 와 있을지 모르니 살펴보라고 했다. 다행히 아직 계엄군이 당도하지 않았다.

이재명은 아내 김혜경이 운전하는 차에서 유튜브 라이브 방송을 시

작했다. 국민들에게 국회에 모여달라고 호소했다. 국회에 도착했을 때 이미 수백 명의 시민들이 도착해서 '계엄 무효', '윤석열 퇴진'을 외치고 있었다. 이재명은 경찰이 지키고 있는 국회 정문이 아닌 경호가 느슨했던 국회 담을 단숨에 넘었다. 그리고 자신의 사무실이 아니라 한준호 사무실로 갔다. 혹시 자신의 사무실에 계엄군이 닥칠지 모르는 일이기 때문이다.

헬기 도착

2023년 12월 3일 10시 30분쯤 국회에 들어온 국회의원은 100여 명에 불과했다. 국회 밖에도 수백 명의 시민이 있을 뿐이었다. 그런데 헬기가 요란한 소리를 내며 국회 잔디밭에 계엄군을 풀어놓기 시작했다. 이들은 육군 특수작전항공단이었다. 이들은 일사불란하게 국회 의원회관 정문을 장악했다. 국회 밖에서도 계엄군이 시민들을 거칠게 몰아내고 있었다. 하지만 시민들의 저항은 만만치 않았다. 맨손으로 계엄군에 맞서며 물러나라고 외쳤다. 이때 총소리가 났다. 계엄군이 공포탄을 쏜 것이다. 공포탄에 놀란 시민들이 사방으로 흩어졌다. 그렇지만 그게 끝이 아니었다. 누군가 '임을 위한 행진곡'을 부르며 다시 국회 앞으로 걸어 나오자 다시 시민들이 모여들었다. 이제 시민들은 5천여 명으로 불어나 있었다. 시민들과 계엄군 간의 숨막히는 긴장이 흘렀다.

한편 국회 정문을 장악하고 있는 계엄군에게 윤석열이 "왜 아직까지 머뭇거리고 있느냐? 빨리 국회의원들을 끄집어내라."라는 지시가 떨어졌다. 국회 정문에서 계엄군의 진입을 막으려고 야당 국회의원의 보좌관이 스크럼을 짜고 저항하고 있지만 역부족이었다. 국회의원이 잡혀가기도 전에 그들이 먼저 끌려갔다. 그리고 순식간에 국회 의원회관이 계엄군에게 장악되었다.

국회에 들어와 있던 우원식 국회의장, 이재명 민주당 대표, 한동훈 국민의힘 대표, 박찬대 민주당 원내대표, 김민석 최고위원, 정청래 의원, 조국 조국혁신당 대표를 포함해서 대부분의 야당 의원들이 체포되었다.

국회 밖에서는 저항하는 시민들을 향해 발포하기 시작했다. 백여 명이 그 자리에서 죽거나 중상을 입고, 수백 명이 체포되었다.

12월 4일 새벽 5시 윤석열의 대국민 담화

야당 국회의원들을 일거에 잡아들이는 데 성공한 윤석열은 새벽 5시에 대국민 담화를 내놓았다.

"간밤에 저는 종북 세력 민주당이 장악한 국회에서 대한민국의 자유민주주의 체제를 부정하고, 대한민국의 공산화를 획책하는 국회의원들을 색출해서 잡아들였습니다. 하지만 아직도 대한민국 곳곳에는 이들 반국가 세력들이 자리를 지키고 있습니다. 이들을 모두 척결할 때까지 국민 여러분께서는 불편하시더라도 협조해 주시기를 바랍니다. 오늘 이후부터 일체의 정치활동이 금지됩니다. 또한 이 시간부터 전 국민의 해외 출국이 금지됩니다. 이는 반국가 세력 중 일부가 해외로 탈출해서 여전히 대한민국의 자유민주주의를 위협할 수 있기 때문입니다…."

이재명과 선관위의 대통령 부정선거

밤새 일어난 친위쿠데타에 놀란 시민들은 어쩔 줄 몰라 했다. 하지만 출근은 해야 했다. 지하철역마다 계엄군이 총을 들고 서 있었다. 여의도 국회의사당역뿐만 아니라 서울역, 광화문역, 강남역, 용산역, 노원역 등 비교적 큰 역사 앞에는 탱크와 장갑차가 자리를 잡고 있었다.

한편 국회에서 체포된 이재명 등 국회의원은 과천에 있는 수방사 지하 벙커로 끌려가 고문을 받았다. 고문의 성과는 있었다. 불과 일주일 만인 12월 10일 1차 수사 결과를 계엄사령관 박안수가 발표했다.

이때 가장 주목받은 것은 이재명 민주당 대표에 대한 발표였다. 계엄사령관에 의하면 이재명은 중앙선관위와 짜고 지난 대선 결과를 조작하려고 했다는 것이다. 2022년 3월 9일 치러진 대통령 선거에서 전산 조작이 있었다는 것이었다. 원래는 10.5% 이상 차이로 윤석열 후보가 이기는 결과였는데 이를 뒤집어 이재명 후보가 2.5% 차이로 승리할 수 있도록 조작하려 했는데 치밀함이 부족해서 계획이 실패해서 불과 0.73% 차이로 윤석열 후보가 승리했다며, 자칫 잘못했다가는 승자가 뒤바뀔 뻔했다는 것이다. 선거 조작은 모두 사전투표에서 발생했다고 발표했다.

22대 국회의원 부정선거

이틀 뒤인 2024년 12월 12일에는 박안수 계엄사령관이 2024년 4월 10일에도 대규모 부정선거가 있었다고 발표했다. 원래 정상적인 투표와 개표가 이루어졌다면 국민의힘은 지역구 160석, 비례 25석으로

185석이었지만 부정선거로 인해 민주당이 압승했다고 발표했다. 이에 부정선거로 당선된 더불어민주당 175명, 조국혁신당 12명, 개혁신당 3명, 진보당 1명, 무소속 1명 등 192명에 대한 국회의원직을 이 시간부터 박탈한다고 발표했다. 아울러 국회는 정상적으로 당선된 국민의힘 소속 108명만 남게 되어 자연스럽게 국회를 해산한다고 발표했다.

아울러 윤석열 대통령은 비상입법기구를 설치하라고 지시했다.

3선 개헌

윤석열 대통령은 재적 의원이 108명뿐이라 의사결정을 할 수 없게 되어 즉각 국회를 해산한다고 발표했다. 윤석열 대통령은 세금만 축내고 하는 일 없는 국회의원 수를 200명으로 줄이는 헌법개정을 한다고 발표했다. 새 헌법에 의하면 정국의 안정을 위해 대통령이 국회의원을 과반인 100명을 임명하고, 비례를 없앤다고 했다. 또한 대통령은 새 헌법에 따라 임기 4년으로 3선까지 연임할 수 있다고 발표했다.

새 헌법은 2025년 4월 23일 국민투표를 통해 실시되며, 대통령 선거는 2달 뒤인 5월 14일 치러진다고 한다.

수거 대상

12.3 비상계엄을 통해 정권 실세로 등극한 노상원은 야당 국회의원들뿐만 아니라 언론인, 지식인, 유튜버, 연예인 등을 잡아들이기 시작했다.

노상원은 이를 위해 수거해야 할 대상들을 각 등급별로 분류해서 시차를 두고 잡아들였다.

우선 A급 대상자들을 수거하기 시작했다. 이미 잡아들인 이재명, 조국 외에 문재인 전 대통령, 유시민, 임종석, 정청래, 김용민, 김의겸 등 전현직 국회의원을 체포했다.

여기에 이재명 구속영장을 기각한 판사 유창훈, 이재명에게 무죄를 판결한 김동현 판사도 있었다.

이들은 모두 포승줄에 묶이어 구속되었다.

여기에 그치지 않았다. 전교조, 민변, 민주노총, 천주교 정의구현사제단, 윤석열 정권 퇴진운동본부, 불교, 기독교에서 윤석열 대통령에게 비판적인 인사 등이 포함되었다.

문재인 정부 당시 청와대 행정관 이상, 차관 이상, 국정원 하수인, 경찰 총경, 장관, 보좌관, 공기업 인사들, 채 해병 사건에서 항명한 박정훈 대령, 김어준, 김제동 등 좌파 인예인 등 500여 명을 세 단계에 걸쳐 단계적을 수거했다.

수거 대상 처리 방법

노상원은 이들에 대한 처리 방법을 계엄군에게 지시했다. 이들에 대한 처리는 2025년 2월부터 단계적으로 이루어졌다. 먼저 군함을 이용해서 연평도로 이송 도중 북한의 폭격을 유도하려 했으나 북한의 비협조로 자체 침몰시켰다. 제주도에 만들어진 수집소로 이송 중 사고를 위장해 수장시켰다. 일부는 실미도 등 무인도나 북한 접경지역인 연평도에 수용하고 시한폭탄을 이용해 처리하고 수류탄과 소총으로 확인 사살했다.

이들 처리하기 위하여 북한에 협조를 요청하였으나 북한에서는 답변을 주지 않았다. 하는 수 없이 북한의 소행으로 위장해서 일부 수거 대상은 GOP 선상에서 사살하고, DMZ 공간에서 사살했다. 극비리에 중국과 북한에 협조를 요청했으나 거절당했다.

윤석열 3선 이후

2025년 5월 14일 윤석열이 새 헌법에 따라 4년 임기 대통령에 취임했다. 더불어민주당, 조국혁신당, 진보당 등 야권 정당이 위헌 정당으로 해산을 당하고 윤석열은 단독 출마해서 투표율 81%에 득표율 95%로 당선되었다. 이후 윤석열은 3선에 성공하면서 2037년 5월 13일 임기를 마쳤다. 임기 동안 윤석열은 자체 핵무장을 위해 NTP를 탈퇴하고 미국 등 세계 각국으로부터 고립되었다. 광화문에서는 매일 한국에 대해 경제 제재를 하는 미국을 규탄하는 반미시위가 끊이지 않았다. 또한 중국과 러시아와는 외교 단절을 선포했다. 한국에 투자하던 외국 자본이 모두 빠져나가 2024년 2,500 하던 종합주가지수가 2025년 윤석열의 21대 대통령 취임 이후 줄곧 떨어지기 시작해 2037년에는 200대까지 떨어졌다. 세계 10위권 하던 한국의 경제 규모는 세계 70위 권으로 밀려나서 북한과 엎치락뒤치락하고 있다.

하지만 언론에서는 윤석열 대통령을 찬양하고, 국민의 대다수 역시 대한민국이 세계 최고의 반공 국가로 자유민주주의를 지키고 있는 윤석열 대통령을 존경하고 있다. 시군마다 윤석열 대통령이 방문하면 그 자리에 동상을 세우고 기념하고 있다. 박정희 대통령 이후 최고의 성군이 나타났다고 매일 찬양한다.

2037년 새로운 대통령 김건희

윤석열 대통령의 3선 임기가 끝나자, 그동안 윤석열 대통령을 성공적으로 보좌하며 능력을 인정받은 영부인 김건희 여사가 새 대통령에 도전했다. 야권은 2025년 대부분의 정치인이 제거된 이후 새로운 당조차 만들지 못하고 있다. 새로운 당은 공산주의를 배척하는 헌법 정신에 따라 대통령이 승인해야 하는데 지금까지 정당 구성을 한 단체는 존재하지 않는다. 대한민국에는 오직 반공을 국시로 하고 윤석열의 위대한 자유민주주의 정신을 계승한 정당만이 있을 뿐이다.

드디어 2037년 3월 11일 김건희 여사가 투표율 97%에 95% 지지로 24대 대통령에 당선되었다. 1970년생인 김건희 대통령은 올해 67세로 앞으로 12년간 대한민국을 이끌어 갈 것이 확실하다. 김건희 대통령은 윤석열 대통령이 처음 대통령을 할 때부터인 2022년부터 지금까지 사실상 대통령이었다는 평가를 받아와서 대통령직을 수행하는 데 아무 문제가 없을 것으로 보인다.

국영방송 KBS, YTN과 조선일보, 중앙일보 등 언론에서는 다음과 같은 기사를 뽑아내고 있다. 제각각 제목은 틀리지만, 김건희 대통령 시대를 기대하는 기사가 대부분이다.

"2022년부터 15년을 준비하고 기다린 끝에 이제 드디어 김건희 시대가 열렸다. 특히 김건희 대통령은 주식 투자 전문가로 과거에는 많은 수익을 내기도 했다. 주식 투자 전문가 김건희 대통령의 취임으로 주가 지수 200에 머무는 한국 주식시장에 새로운 활력을 넣을 것으로 기대된다. 일부 언론에서는 주식 투자보다는 부동산 투자 전문가라는 반론도 나온다. 그래서 부동산 시장이 벌써 요동치고 있다."

김건희 대통령이 종북 세력과 공산주의로부터 나라를 구한 윤석열에 이어 주식시장과 부동산 투자로 대한민국을 반석 위에 올려놓을 것을 확신하는 분위기다.

코리안 킬링필드

집단학살을 기획한 윤석열 내란 세력을 지지 옹호하는
국힘이지만, 장담하건데 이들은 100일 내에 윤석열을
부인할 것입니다.

폴 포트와 캄보디아 킬링필드

폴 포트는 1925년 캄보디아의 작은 마을인 프렉 스바우브에서 살로스 사르라는 이름으로 태어났다. 그는 비교적 부유한 가정에서 전통 불교 교육을 받으며 자라다가 장학생으로 프랑스에서 공부하면서 마르크스 레닌주의 사상을 접했다.

캄보디아로 돌아온 폴 포트는 인도차이나 공산당에 입당하여 곧 저명한 당원이 되었다. 1960년에는 캄푸치아 공산당을 공동 창당했는데 이 당이 훗날 크메르루주이다. 폴 포트는 캄보디아를 자급자족하는 농업 사회로 변모시키겠다는 비전으로 계급 없는 사회를 만들기 위해 급진적인 정책을 시행했다. 지식인, 전문가, 도시 거주자들을 국가의 적으로 간주하여 박해를 시작했다.

폴 포트의 정권은 극심한 억압과 잔인함이 특징이었다. 반대파와 반역자로 의심되는 사람들은 숙청과 자의적 처형을 통해 제거되었다. 폴 포트 정권은 고문, 굶주림, 질병을 통제의 무기로 사용했으며 이로 인해 최고 250만 명이 사망한 것으로 알려졌다. 이 기간 동안 일어난 학살 사건을 '킬링필드(Killing Fields)'라고 한다.

크메르루주 정권은 1979년 베트남군에 의해 전복되었다. 하지만 폴포트는 자신의 범죄에 대해 재판받지 않고 1998년에 사망했다.

현대 사회에서 정적을 무차별적으로 학살하는 용어로 '킬링필드'라는 용어를 자주 사용한다.

이재명 대표는 2025년 2월 16일 노상원의 '데스노트'를 빗대어 '코리안 킬링필드'라고 칭하며 〈'코리안 킬링필드' 옹호하는 국민의힘, 100일 안에 윤석열을 부인할 것〉이라는 글을 게시했다.

다음은 그 전문이다.

그날 밤, 계엄군 출동보다 빨랐던 국민과 국회의원들이 간발의 차이로 계엄을 막았습니다.

계엄이 시행됐더라면, 납치, 고문, 살해가 일상인 코리안 킬링필드가 열렸을 것입니다.

국민의 저항과 계엄군의 무력 진압이 확대 재생산되며 5월 광주처럼 대한민국 전역이 피바다가 되었을 것입니다.

노상원의 데스노트에 쓰여진 것처럼, 계엄군과 폭력배 외국인 용병, 가짜 북한군에 의해 수백, 수천이 반국가 세력으로 낙인찍히고 누군가의 미움을 산 수만의 국민들이 쥐도 새도 모르게 최전방에서 무인도에서 바다 위에서 죽어갔을 것입니다. '김일성 만세', '반국가 행위를 반성한다' 같은 가짜 메모를 품은 채로.

국민의힘이 '코리안 킬링필드'를 기획하며 군사 쿠데타를 일으킨 1호 당원 윤석열을 징계는 커녕 옹호하고 있습니다.

계엄선포 당일 계엄 해제 결의를 사실상 방해한 추경호 원내대표, 현 지도부의 내란 옹호 행태를 보면 국힘은 내란 세력과 한 몸으로 의심됩니다.

집단학살을 기획한 윤석열 내란 세력을 지지 옹호하는 국힘이지만, 장담하건데 이들은 100일 내에 윤석열을 부인할 것입니다.

주술사의 점괘가 아니라, 이름과 성까지 수시로 바꿔왔던 과거 행태를 본 합리적 예측입니다.

국민 존중은 커녕 국민 학살을 옹호하는 국힘이 과연 국민 세금을 지원받고 국민주권을 대신하는 국민정당이라 할 수 있겠습니까?

마지막으로, 전두환의 불법 계엄으로 계엄군 총칼에 수천 명이 죽고 다친 광주로 찾아가 불법 계엄 옹호 시위를 벌이는 그들이 과연 사람입니까?

억울하게 죽임당한 피해자 상갓집에서 살인자를 옹호하며 행패 부리는 악마와 다를 게 무엇입니까? 더구나 그 일부가 주님 사랑을 말하는 교회의 이름으로, 장로와 집사의 직분을 내걸고 전국에서 모였다는 점은 충격입니다.

재차 겁탈 살해당하는 모멸감과 트라우마에 고통받았을 광주.

영달을 꿈꾸던 이기적 청년 이재명을 대동 세상을 향한 빛의 혁명 전사로 재탄생시킨 '사회적 어머니' 광주.

한달음에 저도 광주로 달려가고 싶었을 만큼 불안했지만, 광주는 역시 달랐습니다.

민주화의 성지 광주에, 민주주의를 향한 위대한 대한국민께 경의를 표합니다.

Chapter 3

대통령으로 가는
이재명 서사

한국과 미국에서 차기 대통령으로 유력한 정치인이 암살 테러를 당한 것이다. 테러의 순간 누구의 생명이 더 위험했는지 우열을 가리기 힘들 만큼 그들은 모두 기적적으로 생존했다. 그리고 그중에 한 명인 트럼프는 45대에 이어 47대 미국 대통령이 되었다. 그리고 한국의 이재명은 윤석열의 내란이 진압된 이후 치러질 대통령 보궐선거에서 21대 대통령으로 유력해졌다.

저승의 문턱까지 다녀온 이들의 공통된 스토리가 이어줄 미래가 기대된다. 트럼프의 당선은 미국을 포함한 전 세계에 재앙이라는 것에는 동의 하나, 대한민국과 한반도의 미래에는 행운이 될 것이다.

화전민의 아들 이재명

> 호적상 생년월일은 1964년 12월 22일이다. 이 날짜는
> 독립운동가 이재명이 을사오적 이완용을 처단하기 위
> 하여 거사를 일으킨 날이다.

이재명 생일에 대한 여러 이야기

이재명은 1963년 12월 어느 날 경상북도 안동시 예산면 도통리 지통마을에서 5남 4녀 중 일곱 번째로 태어났는데, "나는 흙수저보다 더 낮은 무수저로 태어났다."고 할 정도로 가난한 집안에서 태어났다.

태어난 날을 12월 어느 날이라고 한 것은 정확한 생일을 알지 못하기 때문이다. 이재명의 프로필을 보면 출생을 1964년 12월 22일이라고 되어 있는데 출생신고를 1년 뒤에 한 영향도 있지만, 부모님이 이재명이 태어난 날을 정확히 기억하고 있지 못한 이유도 있었다.

이재명은 스스로 자신이 태어난 날을 1963년 음력 10월 23일 태어난 것으로 추정한다고 밝혔다. '추정'이라고 한 이유는 어린 시절 너무나 가난한 형편으로 이재명의 어머니가 그의 정확한 출생 날짜를 제대로 기억하지 못했기 때문이다. 태어난 날을 기록하지 않았다 보니 그의 생일도 잊어버렸고, 초등학교 등록을 위해 생년월일이 필요해지자 그

제야 점쟁이를 찾아가 적당한 생일 날짜를 정했다고 한다. 그래서 그의 호적상 생일은 1964년 12월 22일이 된 것이다.

이재명은 2006년 본인이 쓴 자서전 『이재명의 굽은 팔』에서 "모친께서 나의 음력 생일을 1963년 10월 23일이라 했으나, 나는 어머니께 송구스럽지만 이를 믿을 수 없다."고 밝혔으며 63년 음력 10월 즈음에 태어난 것만 확실하다고 밝혔다. 이재명의 주요 계정명인 'ljm631000'은 이런 의미로 볼 수 있을 것이다. 이재명의 어머니가 주장하는 1963년 10월 23일을 실제 생일로 본다면 이날은 양력으로 12월 8일이 된다. 지금까지 이재명은 어머니가 생일을 잊어버리는 바람에 진짜 생일은 모른다는 입장이다.

호적상 생년월일은 1964년 12월 22일이다. 이 날짜는 독립운동가 이재명이 을사오적 이완용을 처단하기 위하여 거사를 일으킨 날이다. 이재명의 아버지 이경희는 일부러 이날에 맞춰 이재명의 생일을 정했다. 생일뿐만 아니라 이재명의 이름도 독립운동가 이재명과 같다. 어쩌면 이재명의 아버지는 당신의 아들이 이재명 의사와 같은 정의로운 삶을 살기를 소망했던 것 같다.

독립운동가 이재명(1886~1910) 의사는 24세 때인 1909년 12월 22일 오전 11시 벨기에 황제 추도식이 열린 명동성당(당시 종현 천주교당)에서 나오는 이완용을 기다렸다. 의사는 군밤 장수로 변장해 있다가 인력거를 타고 지나가는 이완용을 습격했다. 먼저 인력거 차부를 제압한 뒤 이완용의 허리와 어깨 등 3곳을 찔렀다. 이후 1910년 5월 18일 사형선고를 받았다. 이때 이재명 의사는 "공평치 못한 법률로 나의 생명

대한의사 이재명군. 독립운동가 이재명(1886~1910)

을 빼앗지마는, 국가를 위한 나의 충성된 혼과 의로운 혼백은 가히 빼앗지 못한다"는 최후 진술을 남겼다. 그해 9월 30일 24세의 젊은 나이로 순국했다.

이재명의 부모님

이재명의 부친 이경희는 일반 하사관으로 공군을 제대한 뒤 뒤늦게 야간학교와 청구대학을 다니다 그만두었다. 강원도 태백에서 탄광 관리자로 일하기도 했으며, 잠시나마 교편을 잡기도 했다. 지통마을로 돌아온 아버지는 집안일보다는 동네일을 많이 했다고 한다. 그래서 집은 늘 가난에서 벗어나지 못했다. 아버지는 1986년 이재명이 28회 사시에 합격하자마자 55세의 나이에 위암으로 세상을 떠났다.

이재명의 회고에 의하면 이재명 부모님은 화전을 일구며 살아가기도 했다. 아버지는 돈을 벌러 도시로 나가고, 어머니는 남의 집 허드렛일을 했다. 식사는 보통 보리밥에 된장, 짠지가 전부였다. 아이가 일곱이나 되는 대식구다 보니 가난을 벗어날 방법이 마땅히 없었을지도 모른다.

이재명의 어머니 구호명 여사가 2020년 3월 13일 향년 88세로 세상을 떠나던 날 이재명은 페이스북에 다음과 같은 글을 게시했다.

어머니. 기억나세요? 경북 안동 산골짜기, 방안의 물그릇조차 얼어 터지던 추운 소개집 부엌에서 우리 남매들 추울까 봐 새벽마다 군불 때 주시던 그때를, 자식들 입에 거미줄 칠까 봐 낮에는 남의 밭일로, 밤에는 막걸리와 음식을 파는 힘겨운 삶에 지쳐서 부엌 귀퉁이에서 우리 몰래 눈물 훔치시던 모습을 저는 기억합니다. 행여 들키시면 매운 연기 때문인 척하셨지만 아무리 둔하고 어려도 그 정도는 구분할 수 있었습니다.

나는 이 글을 읽으면서 나의 돌아가신 어머니를 생각했다. 이재명 어머니의 부엌과 내 어머니의 부엌은 너무나 닮아 있었다. 당시 난방은 아궁이에 땔감 나무를 집어넣고 태우는 것이었다. 산에 올라가 땔감을 지게에 싣고 내려오던 때가 생각났다. 연탄만 해도 일반 서민들에게는 사치였다. 내가 어렸을 때도 연탄 때는 부엌이 얼마나 부러웠는지 모른다.

이재명 생가터 ⓒ백승대

　지금은 이재명의 생가까지 길이 잘 닦여져 있으나 당시에는 지게를
지고 다녀야 하는 산길이었다. 이 산길을 걸어 5km 거리에 있는 월곡
초등학교 삼계분교까지 매일 1시간 30분을 걸어서 다녔다. 왕복 3시간
의 거리였다.

　2021년 5월 어린이날을 맞이하여 이재명이 공개한 초등학교 1학년
때 성적을 보면 수우미양가 5단계 평가로 대부분 과목에서 미를 받았
다. 매우 평범한 성적이었다. 행동평가와 관련해서 담임 교사는 "동무
들과 잘 놀며 씩씩하다.", "활발하나 고집이 세다"라고 썼다.

　이재명은 이와 관련해 "믿거나 말거나 50년 전 이재명 어린이는 고
집이 세고 성적은 '미미' 했지만 동무들과 잘 놀며 씩씩했다"고 말했다.

　이재명의 안동 생활은 초등학교를 졸업하면서 마무리되었다. 이재명
아버지의 표현에 의하면 '서울의 변두리 어느 곳'이라는 지금의 성남으
로 이사를 했다.

소년공 이재명 대학생이 되다

> 난 야간 대학에 절대로 가기 싫다. 학교라곤 초등학교
> 밖에 못 나오고, 중고교는 얼렁뚱땅 교복 한번 안 입고
> 졸업해 버리고, 대학만이라도 시간 좀 가지고 공부하고
> 싶다.

중학교 입학 대신 노동자가 되다

초등학교를 마치자마자 이재명 가족은 성남으로 이사했다. 이곳에서의 이재명 삶은 혹독했다. 물론 안동에서의 생활보다는 나았을 것으로 추측된다. 농사지을 땅마저 없던 지통마을에서의 화전민 생활보다는 서울의 변두리였지만 도시였던 성남의 '도시빈민' 생활이 나았을 것으로 짐작된다.

아버지는 성남 상대원시장에서 청소부를 하며 한편으론 고물 수집상을 했다. 어머니는 시장 변소 앞을 지키면서 휴지를 팔고 요금을 받았다. 이러한 환경 탓에 이재명을 비롯한 일곱 남매의 상급학교 진학은 쉬운 일이 아니었다.

어린 이재명은 겨우 초등학교를 졸업한 이후 노동자가 되었다. 당시에도 취업할 수 있는 최소한의 나이가 있었는데, 이재명은 나이가 너무

어렸다. 어려도 너무 어렸다. 그래서 이재명은 생애 첫 직장을 남의 이름으로 된 명찰을 달고 다녀야만 했다.

이재명의 첫 직장은 성남으로 이사 온 지 한 달 만인 1976년 3월 상대원시장에 있는 상호를 기억하지 못하는 목걸이를 만드는 가내공장이었다. 이재명의 나이가 너무 어렸기 때문에 한동안은 공장까지 매일 어머니가 이재명의 손을 잡고 함께 출근했다고 한다. 또래의 아이들이 중학생 교복을 입고 등교할 때 이재명은 초라한 옷을 입고 공장으로 출근했다. 어린 이재명은 교복을 입고 우르르 학교로 가는 또래들을 보면서 얼마나 부러워했을까. 또 얼마나 눈물을 흘렸을까.

소년 노동자 이재명

첫 직장인 목걸이를 만드는 가내공장에서 이재명이 했던 일은 목걸이 납땜을 하는 일이었는데 일당 200원으로 한 달을 꼬박 일하면 6,000원을 받았다.

5개월 일하다가 월 9,000원을 준다는 두 번째 공장으로 이직했는데 사장이 도망가는 바람에 3개월 치 임금을 떼였다. 세 번째 공장은 동마고무라는 곳이었는데 이곳에서 모터 벨트에 왼손이 감겨 손에 고무가 들어가는 사고를 당했다.

노동자 생활 2년 차인 1977년엔 네 번째 공장인 아주냉동이라는 회사에 들어갔는데 함석을 절단하는 일을 했다. 그때 함석에 찢긴 자리가 100여 군데로, 아직도 흉터로 남아 있다. 다섯 번째 공장은 야구 글러브와 스키 장갑을 만드는 대양실업이었는데, 이때 프레스 기계에 왼쪽

손목이 끼면서 뼈가 골절이 돼 기형이 되었다. 이 때문에 장애 6등급을 받아 군대에도 가지 못하는 지경이 되었다. 지금도 팔이 굽어 있는 그는 넥타이를 한 손으로 맨다. 그의 첫 자서전 『이재명의 굽은 팔』 제목이 나오겐 된 배경이다.

노동자 생활 4년 차인 1979년에 대양실업이 부도나면서 시계를 만드는 회사인 오리엔트에 입사했다. 밀폐된 공간에서 손목시계에 스프레이를 뿌리는 작업을 했는데, 그 냄새가 워낙 강해서 지금도 냄새를 제대로 맡지 못하는 장애를 얻게 되었다.

시계공장을 다녔지만, 시계를 차 본 경험이 없었는데 이 공장에서 시계를 받아서 처음으로 차 보았다고 한다. 이재명이 누군가에게 선물을 처음 준 것도 시계였다고 한다.

관리자가 되기 위해 고등학교 과정을 마침

이 공장에서 선임들은 강제로 권투 시합을 시켰다고 한다. 권투 시합에서 지면 월급에서 떼어내어 그 돈으로 아이스크림을 사 먹었다고 한다. 하지만 이재명은 권투 시합이라는 핑계로 매만 맞으면서 번번이 지기만 했다. 매 맞지 않고 공장 생활을 하려면 관리자 되어야 했는데, 관리자가 되려면 고등학교를 졸업해야 했다. 그래서 검정고시 학원에 등록했다. 검정고시를 준비한 지 1년도 안 된 1978년에 중학교 검정고시를 통과했고, 1980년엔 고등학교 검정고시를 통과했다.

고등학교 검정고시를 통과하고 나니 대학에 가야겠다는 생각이 들었다. 하지만 우선 공부할 분량이 문제였다. 고등학교 과정 검정고시는 7

과목인 반면 대입 예비고사는 무려 14과목이었다. 다음은 등록금 문제였다. "주간 대학에 갈 돈이 어디서 나겠느냐?"는 형의 말과 "대학을 꼭 가야겠다면 낮에는 공장에서 일하면서 돈을 벌 수 있는 야간 전문대에 가라"는 아버지의 말씀 속에서 풀리지 않는 문제를 끌어안고 한동안 시간을 보냈다.

이재명은 대학에 가면 과외 아르바이트를 통해 학비와 생활비를 벌어서 다녀야겠다고 마음을 먹었다. 하지만 12.12 쿠데타와 5.18 학살을 통해 집권한 전두환의 신군부 정권은 입시가 얼마 남지 않은 상황에서 대입 본고사를 폐지하고 대학생의 과외를 전면 금지했다. 요즘 같으면 있을 수 없는 일이지만, 무소불위의 권력을 휘두르던 군사정권 치하에서는 숨죽이고 따를 수밖에 없었다.

그날 이재명의 일기장은 다음과 같이 기록하고 있다.

어떨 땐 내가 팔 병신이란 게 믿어지질 않는다. 어쩌다가 그 많은 사람 중에 나만 이렇게 팔이 병신이 되어야 한단 말인가. 그리고 난 야간 대학에 절대로 가기 싫다. 학교엔 초등학교밖에 못 나오고, 중고교는 얼렁뚱땅 교복 한번 안 입고 졸업해 버리고, 대학만이라도 시간 좀 가지고 공부하고 싶다. 헌데 국가보위위원회에서 7월 30일부로 과외 금지, 가정 교사 금지령을 내려서 그나마 한 가닥 나의 희망이던 것마저 바람에 호롱불 꺼지듯 꺼지고 말았다.

-1980년 8월 20일

이 말도 안 되는 교육 개혁 조치로 인해 이재명은 엉뚱하게도 전화위복의 기회를 맞았다. 변화가 많았던 1981년도 입시를 지켜보다가 새로운 정보를 수집한 이재명은 1982년 입시에 도전하기로 마음먹었다. 그것은 다름 아닌 대학에 따라서 학력고사 성적이 우수한 학생에게 장학금은 물론 생활비까지 주는 대학이 생긴 것이다.

1978년 고입검정고시 응시 원서 사진

대입 본고사가 폐지되고 학력고사가 실시되었다. 지금의 수학능력평가랑 비슷한 것이었는데 시험을 먼저 보고 학력고사 성적으로 대학을 선택하는 것이었다. 차이가 있다면 1개 대학만 선택할 수 있다는 것이었다. 대입 시험을 준비하기 위하여 성남에 있는 성일학원에 다녔는데 김찬구 원장은 "무료로 다녀라. 너는 다른 놈이다. 널 믿어라"고 격려해 줬다고 한다.

예비고사에서 학력고사로 이름이 바뀌고 처음 치렀던 1982년 학력고사 성적은 340점 만점에 285점이었다. 전국 2,000등 정도에 드는 성적이었다. 뼈아픈 것은 20점 만점이었던 체력장 시험이었다. 대부분의 수험생은 20점 만점을 받았는데 팔이 굽어 턱걸이를 한 번도 못 하고, 윗몸 일으키기는 1분에 30번도 채우지 못해 16점을 맞았다. 다른 대부분의 입시생처럼 체력장 20점 만점을 받았다면 1,500등 이내에 들었을 것이다. 당시 285점이면 서울대 법대나 의대도 노려볼 만한 점수였다.

중앙대학교 법대 진학

이재명은 우수한 성적으로 1982년 중앙대학교 법대에 진학했다. 4년 동안 등록금을 면제해 주는 것은 물론이고 월 20만 원의 생활비(장학금)까지 받는 조건이었다. 본고사가 폐지되고 학력고사 방식으로 바뀐 이후 많은 대학에서 우수한 학생을 유치하기 위해 이런 파격적인 제안을 한 것이다. 1982년 당시 자장면 가격이 500원이었다. 현재 자장면 가격이 8천 원 정도 하는 것으로 보면 물가가 15배 정도 올랐다고 보면 된다. 당시 이재명이 중앙대학교에서 받은 생활비 20만 원은 현재 가치로 300만 원가량이었다.

이재명이 법대를 간 이유는 우리가 기대했던 것처럼 훌륭한 법관이라든지, 공명정대한 검사라든지, 어려운 사람을 위해 일하는 변호사가 되기 위해 선택한 것은 아니었다. 이재명은 성적이 잘 나와서 중앙대에서 가장 성적이 높은 학과를 선택했다고 한다.

이재명은 대학에 들어가서 처음으로 이 사회의 구조적 모순을 알게 되었다. 특히 1980년 광주 오월의 진실을 알게 됨으로써 이재명은 다시 태어났다.

오월 광주와 이재명

> 5월 광주는 나의 사회의식을 비로소 단련시켰다. 광주를 만나지 못했다면 나는 한낱 개가 되고 말았을지도 모른다. 그러므로 광주는 나의 구원이었고 스승이었고 내 사회의식의 뿌리였다. 나를 바꿔 놓았다.

전태일에서 광주 오월까지

1970년대 운동권에 가장 영향을 준 사건은 1970년 11월 13일 22세의 전태일 열사 분신 사건이었다. 이 사건을 계기로 노동자들의 처참한 현실과 열악한 노동환경에 대해 의식하기 시작했고, 지식인 계층, 대학생들, 당사자 집단이 각성의 계기를 마련했다.

1970년대에 학생운동을 하고, 민주화운동을 했던 이들은 모두 한결같이 전태일 열사가 가장 큰 영향을 끼쳤다고 했다. 『전태일 평전』을 쓴 조영래 변호사가 그랬고, 문익환 목사가 그랬고, 백기완 선생이 그랬다. 1970년대 민주화운동과 노동운동을 관통하는 시대정신은 '전태일'이었다. 전태일 열사는 불꽃으로 사라졌지만, 전태일 정신은 지금까지 살아 있다.

1970년대의 시대정신이 전태일이라면 1980년대 시대정신은 광주

중앙대 입학식 날 어머니 구호명 여사와 함께

오월이었다. 광주 오월의 진실은 1980년대부터 1990년대까지 시대를 관통하는 민주주의와 저항의 정신이라고 할 수 있다.

　1982년 새내기 대학생이 된 이재명은 정신없이 대학 생활을 했다. 열심히 공부해서 성공하겠다는 막연한 포부를 가슴에 품고 학업에 전념했다. 늘 도서관에서 공부하는 모범 학생으로 뭐 하나 특별한 거 없는 대학 생활이었다.

　1980년 5월 광주에서 전두환 군사 쿠데타에 저항하는 민주화 투쟁이 일어나고 있을 때 이재명은 소년 노동자로 고등학교 검정고시를 통과했을 때였다. 소년공 이재명은 TV에서 '광주사태'만 언급되면 욕지거리를 했다고 한다. "폭도", "빨갱이", "전라도 새끼들은 다 죽여야 한다"며 핏대를 높였다. 이재명은 이 얘기를 책이건 강연에서 자주 고백

했다. 소년공이었지만 전라도 출신보다는 우월한 출신이라는 비뚤어진 세계관을 한때 가졌던 것에 대한 참회라고 했다.

광주는 나의 구원이었고 스승이고 사회적 뿌리였다

대학생이 되고 두어 달 지나 중앙대학교 캠퍼스에도 5월이 왔다. 그해 5월은 광주민주화운동이 있은 지 겨우 두 해밖에 지나지 않았을 때였다. 낭만만이 존재했던 캠퍼스 곳곳에서 소란이 일어났다. 어떤 학생은 철조망에 매달려 광주의 참상을 담은 유인물을 뿌리다 전경에 의해 끌려가고, 또 어떤 학생은 중앙도서관 옥상에서 밧줄을 타고 내려오며 '광주학살 진상규명'의 구호를 외치고 유인물을 뿌리다 잡혀갔다. 그 당시에는 학교 내에 경찰이 상주하고 있던 시절이었다. 이재명은 자신이 그토록 욕했던 '광주사태'에 대해 저들이 왜 그러는지 의아해했다.

그런 그에게 자신이 알고 있던 '광주사태'에 대해 전혀 다른 충격적인 진실을 알려준 친구가 이영진이었다. 이영진은 광주학살의 실상을 담은 사진집과 비디오를 보여줬다. 아마 그 비디오는 훗날 송강호 주연의 〈택시 운전사〉에서 '광주사태'의 실상을 외부 세계에 알린 독일 카메라 기자 '위르겐 힌츠페터'가 촬영한 비디오였을 것이다. 다른 수많은 학생이 그랬던 것처럼 이재명이 각성하는 계기가 되었다.

친구 이영진은 이재명을 운동권으로 끌어들이기 위해 무던히 애를 썼다고 한다. 이재명은 노동자 출신으로 운동하기에 정말 딱 좋은 출신 환경이었기 때문이다.

하지만 이재명은 운동권이 되지 못했다. 이재명이 받고 있는 장학금과 생활비는 이재명에게 있어 은총이자 멍에와도 같았다. 일정 정도 학점을 유지하지 않으면 더 이상 지급되지 않는 조건이었다. 장학금과 생활비가 없다면 이재명은 학업 자체를 할 수 없는 처지였기 때문이다.

그때 이재명은 "사법고시에 합격하고 나면 판검사가 되지 않고 변호사로서 시대에 봉사하겠다"라는 말을 했다고 한다. 이후 이영진은 대학 4학년 2학기 무렵에 구속되고 학교에서는 제적되었다. 운동권 간부가 걸어가야 할 숙명과도 같은 것이었다. 그리고 이재명은 사법고시에 합격했다. 이후 이영진은 이재명이 변호사를 할 때 사무장으로 일했으며, 성남시청, 경기도청에서도 보이지 않는 곳에서 늘 이재명과 함께했다.

이재명에게 광주를 일깨워주고 광주를 만나게 해준 이영진 덕분에 비록 운동권이 되지 못했지만, 광주는 늘 이재명의 가슴 속에 남아 있었다.

이재명은 "5월 광주는 나의 사회의식을 비로소 단련시켰다. 광주를 만나지 못했다면 나는 한낱 개가 되고 말았을지도 모른다. 그러므로 광주는 나의 구원이었고 스승이었고 내 사회의식의 뿌리였다. 나를 바꿔 놓았다."라고 말한다.

사법연수원에서 시작한 운동권

이재명은 대학 들어갈 때 사법고시라는 것이 있는지도 몰랐다고 한다. 앞서 언급했던 것처럼 어떤 목적을 갖고 법대에 간 것이 아니라 중앙대에서 가장 인기 있고 우수한 학생이 가는 곳이 법대였기 때문이다. 그런데 대학에 들어가 보니 고시에 관한 이야기를 선배들이 많이 했다.

시험 보는 것만큼은 자신이 있었다. 이재명은 이미 장애인이었고, 장애인은 취업하기도 어려운 현실이었는데 시험 성적으로만 뽑는 사법고시는 매우 매력적이었다.

대학 3학년 때부터 본격적으로 사법시험을 준비해서 대학 3학년 때 사시 1차에 합격하고 4학년 때 2차에 떨어졌는데 이듬해 1986년(28회, 연수원 18기)에 최종 합격했다.

사시 동기로 정성호(현 더불어민주당 의원)가 있는데 연수원 시절 시국 토론을 많이 했다고 한다. 정성호 의원은 이때의 인연으로 지금까지 가장 오래된 이재명을 지지하는 의원으로 함께하고 있다.

당시 사법연수원에는 비공식 기수 모임이 있었다. 회원들끼리 정기적으로 모여서 시사 관련 토론을 했으며, 사회변혁의 방안을 토론했다. 대학 다닐 때 하지 못한 운동권을 사법연수원에 들어가서 시작했다고 봐야 할 것이다.

이재명은 사법연수원 시절을 그의 저서 『이재명은 합니다』에서 다음과 같이 밝히고 있다.

나는 자연스럽게 그 모임에 참여했다. 초등학교 졸업 후 공장 노동자로 일하며 수많은 불이익을 당해본 나로서는 당연한 선택이기도 했다. 어릴 때는 아무것도 모르고 그저 공장 간부나 고참에게 속수무책으로 당할 수밖에 없었지만, 이제 내가 겪었던 현실의 문제점들을 하나하나 파고들 수 있게 된 것이다. 써클 활동은 내가 사회에 대해 눈을 뜰 수 있는 소중한 계기가 되었다. 그때는 사법

연수원 연수생 중 절반 이상이 데모에 참여할 만큼 민주화 열기가 뜨거웠다. 나는 1987년 6월 항쟁 때 써클 동지들과 함께 시청과 광화문광장을 뛰어다니며 목청껏 민주주의를 외쳤고, 광주 5.18 묘역에 찾아가 참배하기도 했다. 그때만 해도 5.18 묘역으로 가는 길은 비포장도로라 몹시 불편한 데다 막상 현장에 가 보니 비석조차 없는 무덤도 많았다. 거의 공동묘지 수준으로 방치되다시피 한 무덤들을 바라보는 내내 눈물이 볼을 타고 흘러내렸다. 부끄럽고 미안하고 참담했다. 가슴 밑바닥에서부터 또다시 뜨거운 분노가 치밀어 올랐다.

그 무렵 사법연수원에 '노동법 학회', '기본권 학회' 등이 만들어졌는데 이재명은 '노동법 학회'에 들어가 활동을 했다.

어느 날 부산에서 꽤 이름난 인권변호사로 활동하고 있는 분의 초청 강연이 있었다. 생생한 체험담을 젊은 후배들에게 들려주었다. 이재명을 포함하며 수많은 연수생은 강연 내내 가슴이 뜨거워지는 것을 느꼈다고 한다. 그 변호사가 바로 노무현이었다.

그 강연을 듣고 이재명은 결심했다.

"나도 저분처럼 인권변호사가 되리라."

이재명뿐만 아니라 학회를 함께 했던 동기들도 각자 지방으로 내려가 지방자치단체의 풀뿌리 민주주의를 위해 헌신하자고 뜻을 모았다.

연수원 시절 변호사 실습을 앞두고 이재명이 선택한 곳은 『전태일 평전』의 저자로 유명한 조영래 변호사 사무실이었다. 조영래 변호사

사무실에서 보낸 3개월 동안 많은 것을 배웠지만, 그중에서도 가장 중요한 깨달음은 조영래 변호사의 이 말이었다.

"진실은 반드시 승리한다네."

인권변호사들의 재산은 이 믿음 하나라고 봐야 한다.

연수원을 마치고 이재명은 성남으로 내려가서 변호사 사무실을 낸다. 변호사가 되었지만, 변호사 사무실을 낼 돈이 없었는데 그때 사무실 보증금을 마련해 준 이도 조영래 변호사였다.

그리고 광주의 아픔과 민주주의를 위하여 싸우다 제적당한 친구 이영진을 불러 사무장에 앉혔다. 이재명이 이영진에게 자신이 한 말에 책임을 지는 출발이기도 했다.

인권 시민운동가 된 이재명

> 나는 민주주의 교과서가 바로 성남시 현장에 있다고 생
> 각했다. 당장은 악조건투성이였지만, 긍정적으로 생각
> 하면 그만큼 배우고 경험할 것들이 많은 것이기도 했
> 다.

성남에서 변호사 생활을 시작한 이유

이재명이 변호사가 되어 초등학교를 졸업하고 처음으로 사회생활을
시작한 성남으로 내려갔다. 성남시는 인권운동을 하기에 알맞은 환경
을 갖고 있었다. 그만큼 인권이 많이 유린당하는 곳이란 뜻이다.

1994년 무렵 서울에서 참여연대가 결성되었다. 성남시에서도 '성남
시민모임'이라는 단체가 만들어졌고, 이후 '성남참여연대'로 명칭을 바
꿨다. 이재명은 성남시민모임에 적극적으로 활동했다.

이재명의 저서 『이재명은 합니다』에는 이재명이 왜 성남으로 내려갔
는지, 이재명이 바라본 성남은 어떠했는지에 대해 기술되어 있다.

성남시에는 다른 도시들보다 많은 다섯 가지가 있었다.
첫째, 십자가가 많았다. 가난한 사람들이 사는 동네이다 보니 곳

곳에 개척교회가 들어서서 밤에 언덕 위에서 보면 십자가들이 별처럼 빛났다.

둘째, 복덕방(부동산중개소)이 많았다. 도시를 건설할 때 철거민들에게 준 분양권을 당장 먹고살기 힘든 철거민들이 사고파는 일이 많았고 그 분양권 매매 때문에 동네마다 부동산 업자들이 너도나도 사무실을 차린 것이다.

셋째, 포장마차가 많았다. 대부분 주민이 가난한 사람이었고, 특히 노동자가 많다 보니 그들이 자주 이용하는 포장마차가 속속 생겨났다. 또 마땅한 직업을 찾기 어려운 서민들이 적은 돈으로도 손쉽게 차릴 수 있는 사업이 포장마차였다.

넷째, 강력범죄가 자주 발생했다. 힘에 겨운 사람들이 모여 살다 보니 다툼이 많았고 사고도 많았다.

다섯째, 철거민 지역 특성상 숨기가 쉽다 보니 전국의 범죄자들이 몰려들었고 당연히 검거율도 높을 수밖에 없었다.

이 외에도 성남시는 경기 동부지역 운동권이 집결하는 곳이기도 했다.

이재명에 의하면 성남시에서 인권운동을 할 때에는 경찰들이 법을 더 자주 어겼다고 했다. 변호사 신분증을 내밀어도 접견을 허가해 주지 않는 경우가 수두룩했다. 이재명은 그럴 때마다 이렇게 생각했다고 한다.

"나는 민주주의 교과서가 바로 성남시 현장에 있다고 생각했다. 당장은 악조건투성이였지만, 긍정적으로 생각하면 그만큼 배우고 경험할 것들이 많은 것이기도 했다."

인권변호사의 길을 가다

1980년대까지만 해도 사회운동은 주로 이른바 운동권들이 담당했다. 학생운동과 노동운동이 그 중심에 있었다. 학생운동은 분단과 자본주의 모순을 극복하고자 하는 거시적인 운동이었다면, 노동운동은 자본의 횡포로 인한 계급 간 갈등을 극복하기 위한 미시적인 운동이었다. 당연히 이런 운동을 하다가 수배 구속되는 사람들이 속출했고, 이들에게 법률 지원을 하는 민변 같은 인권변호사들이 등장했다.

1990년대 시민운동은 운동권의 시각에서 벗어나서 정치권력, 언론권력, 자본권력의 횡포에 맞서 그들을 감시하고 시민의 권리를 증진하는 데 중점을 두었다.

1990년대 인권변호사 시절 토론회

이재명은 이미 사법연수원 시절부터 석탑노동상담소와 함께 노동 활동을 벌였기에 성남에서 인권변호사이자 시민운동가가 되는 것은 당연한 수순이었다.

성남 지역은 당시 전국에서 가장 활발한 노동운동이 전개되었고, 그 과정에서 구속자

해고자가 속출했다. 성남시 신흥1동 시청 앞에 연수원 동기와 함께 사무실을 낸 이재명은 노동운동 전담 변호사가 되다시피 했다.

또한, 당시 전국적으로 번지던 학원자주화투쟁도 경원대(현 가천대), 한국외국어대, 경희대 등에서 활발히 일어났고 수많은 학생이 구속될 때 그들의 변호를 홀로 맡다시피 했다.

이후 이때 인연을 맺었던 사람들과 함께 수도권 남부 저유소 반대투쟁, 쓰레기 소각장 반대운동, 시 의정 감시활동, 교육활동, 시 집행부에 대한 판공비 공개 운동 등을 이끌었다.

특히 2002년 '파크뷰 특혜 분양 의혹 제기'는 이재명을 시민운동가로서의 존재감을 드러나게 했지만, 이 사건으로 이재명은 속칭 '검사 사칭 동조'라는 사건에 얽혀 전과자가 되기도 했다.

성남시의료원 설립 운동을 하다가 성남시의료원 설립이 좌절되면서 정치를 하기로 결심하였다.

변방의 사또 성남시장

> 이재명이 시작하면 언젠가는 전국 표준이 된다. 이런
> 사례들은 너무나 많다.

시장실 개방

2006년 열린우리당에 입당해서 성남시장에 출마했으나 낙선했다. 이후 대선을 앞두고 정동영 대통령 후보 비서실장으로 활동하다가 총선에서 성남시 분당갑구에 출마했지만, 또다시 낙선했다.

2010년 지방선거에서 민선 5기 성남시장에 당선되고 재선에도 성공했다. 이재명이 2010년 성남시장에 당선되고 나서 제일 먼저 한 일은 시장 직무실을 9층에서 2층으로 옮기는 것이었다. 9층은 전망도 좋고 시장실 전용 엘리베이터까지 별도로 설치되어 완전 철옹성이었다. 관할 하는 중원경찰서장도 시장실이 점거라도 당하게 된다면 직위 해제된다면서 애걸복걸하다시피 하며 반대했다.

이재명은 "절대 점거 안 당한다. 만약 점거하려는 사람이 있다면 내가 자리 펴 주고 이불 내주면서 동의해 주겠다. 승낙하면 점거가 아니니 걱정하지 마라."며 안심시켰다.

그리고 2층으로 옮기자 정말 점거되는 일이 벌어졌다. 하지만 그들

의 요구는 법률적으로 가능한 일이 아니었다. 이재명은 그들에게 "법률상 불가능합니다. 안 됩니다." 했지만 그들의 점거 농성을 막지는 않았다.

점거 농성을 하겠다는 그들에게 이재명은 "제가 매직 갖다 드리고 종이도 갖다 드릴 테니, 대자보 같은 거 쓰면서 밤새 계십시오." 하면서 시장실 열쇠를 주고 나왔다. 직원들도 모두 퇴근했다. 막상 농성하겠다던 사람들은 10시쯤 농성을 풀고 집으로 다 돌아갔다.

이재명은 성남시장이었을 때나 경기도지사가 되었을 때나 민원이 들어오면 되는 것은 전광석화처럼 빠르게 해결하고, 법으로 안 되는 것은 그 자리에서 바로 안 된다고 말했다. 다른 정치인들처럼 '한번 검토해 보겠다'라며 민원인들에게 희망고문을 주지 않았다. 이런 이재명의 방식으로 인해 이재명은 추진력이 있다는 말이 나왔다.

시장실을 9층에서 2층으로 옮긴 것만이 아니었다. 시장실을 언제나 개방했다. 시민들이 아무런 절차 없이 불쑥 들어와서 이것저것 물어볼 수도 있고, 원한다면 시장실 안에서 함께 사진도 찍을 수 있었다. '시장실은 언제나 개방되어 있습니다.' 이렇게 크게 글씨를 써 놓아도 처음에는 사람들이 믿지를 않았다. 정치에 대한 불신이 그만큼 강했다.

하지만 어른들은 믿지 않았어도 어린이들은 믿었다. 언제든지 불쑥불쑥 들어오고, 같이 온 엄마를 졸라서 들어오곤 했다. 이재명은 "어른들이야 좀 쑥스럽고, 체면도 차리고 하겠지만, 아이들은 순수하고 호기심도 많다. 세상에 크게 속아 본 경험이 없어 그럴 수도 있겠구나." 하고 생각했다.

2015년 5월 성남시 개방 후 시장실을 방문한 어린이들과 함께

성남시 모라토리엄

이재명이 성남시장에 취임하고 제일 먼저 맞닥뜨린 것은 성남시의 재정이었다. 전임 시장의 방만한 운영으로 인하여 성남시의 재정은 그야말로 최악으로 치닫고 있었다. 전임 시장은 시의 일반회계 재원이 부족해지자, 판교신도시 개발과 관련되어 편성된 판교특별회계에서 5,400억 원을 빌려와 판교개발과 아무 관련이 없는 사업에 사용했다. 여기에 신청사 건립비 잔금 632억 원, 판교 구청사 부지 잔금 520억 등을 포함하여 총 7,285억 원의 비공식 빚을 지고 있었다. 이 부채를 해결하지 않는다면 성남시는 정상적인 사업을 할 수 없게 되었다.

이재명은 이러한 재정 위기 상황에서 은폐한 부채를 일거에 처리하는 것은 불가능하다고 판단했다. 그래서 빚 갚는 것을 일시에 유예하면서 연차적으로 나눠 갚겠다고 선언했다. 이것이 바로 성남시 모라토리엄 선언이다.

우리나라 지방정부로서는 처음으로 모라토리엄을 선언한 것이다. 모라토리엄(Moratorium)이란 보통 외채를 지급할 수 없는 상황을 맞은 국가가 상환 의사는 있지만, 일시적으로 채무 상환을 연기하는 행위를 말한다.

이재명이 성남시의 모라토리엄을 선언하자 많은 사람이 놀랐다. 이를 계기로 성남 시민들이 성남시의 정책에 더 많은 관심을 갖게 하는 계기를 만들었다.

모라토리엄 선언 당시 빚 7,285억 원을 3년 6개월 동안 순수하게 4,572억 원을 현금으로 갚았고, 나머지는 회계 내 자산매각, 채무존치 등을 통해 정리하였다.

구체적으로 살펴보면 현금으로 5,731억 원을 갚았는데, 이 중 지방채 증가분 1,159억 원을 빼면 순수하게 갚은 빚이 4,572억 원이다. 미편성 의무금 1,885억 원은 예산삭감과 초긴축 재정 운영으로 2010년 1,365억 원, 2013년 520억 원을 정리했다.

모든 사업을 유지하면서 빚을 갚는 것은 불가능했다. 그래서 긴축과 기존사업의 축소, 조정 및 연기를 통해 마련했다. 일부는 지방채 발행과 자산매각도 진행했다.

기존의 투자 사업은 원점에서 재검토하고, 집행 시기와 규모를 조정하고, 건설공사 일상감사, 전시성 예산을 축소하고, 보도블록 재활용 등 세출예산 절감 노력을 강력하게 추진했다. 여기에 체납세 징수를 강화해서 세입 확대 노력도 아끼지 않았다.

그렇다면 이렇게 빚을 갚는 동안 성남시는 꼭 필요한 사업조차 진행하지 못했을 것이라는 의문이 당연히 생긴다. 성남시는 매년 평균 1,500억 원의 부채를 청산하면서도 해야 할 일은 절대 놓치지 않았다. 오히려 그늘진 곳의 서민들에게 쓰는 복지 예산은 일반회계 비중이 26%에서 36%로 총액으로 보면 2,000억 원이 늘었다.

이런 어려운 상황에서 성남시는 예상보다 빨리 빚을 갚아 재정 건전화를 이루어냈다. 이러한 노력과 성공은 칭찬받아 마땅하지만, 이재명을 공격하는 자들은 "당시 성남시가 정말 모라토리엄을 선언할 상황이었는가?"라며 비난하고 있다. 전임 사장의 업적을 평가절하하기 위해 불순한 의도로 모라토리엄을 선언했다는 것이다. 하지만 2013년 1월에 발간된 감사원 〈지방행정 감사백서〉에서 당시 성남시의 위험성과 그 원인을 정확히 지적하고 있는 것을 보면 모라토리엄 선언의 정당성이 입증된다.

이재명은 모라토리엄 졸업이라는 성과를 낼 수 있었던 것은 시민들의 이해와 협력이었다고 말한다. "재정을 축소하고 긴축하고 예산을 삭감하는 것은 결국 시민들 삶에 손해를 끼친다. 그러나 시민들은 '삭감하지 마라.', '다른 데 삭감하고 내 것은 놔둬라.' 이런 항의 없이 예산의 대규모 삭감, 사업의 축소·연기·취소를 이해해 주었다. 어떤 압박이나 항의를 받지 않고서 시가 계획한 대로 재무구조 조정을 해나갈 수 있었다. 위대한 시민들이다."

성남시는 지금 재정자립도, 기업활동, 복지수준, 문화척도 등 모든 분야에서 전국 1위 도시가 되어 있다. 지금 성남시의 이런 성과가 모두 이재명의 공이 될 수는 없겠지만 성남의 많은 시민은 성남이 이렇게 자랑스러운 도시가 된 데에는 8년 동안 성남시를 이끌었던 이재명의 공이 크다고 입을 모은다.

성남시 무상 교복

2015년 8월 4일 이재명이 이끄는 성남시는 "성남시 중·고등학교 신입생에게 무상으로 교복을 지원하는 내용의 무상교복 전면지원 사업을 추진하겠다."고 발표하고 박근혜 정부 복지부에 협의를 요청했다. 이는 지자체가 사회보장제도를 신설·변경할 때 복지부 장관과 협의하도록 규정한 사회보장기본법의 '지자체 사회보장제도 신설·변경 협의제도'에 따른 것이다.

성남시는 그해 9월 관련 조례가 성남시 의회를 통과함에 따라 이미 2016년 예산에 중고등학교 신입생을 지원하기 위한 27억 원을 편성했다. 하지만 박근혜 정부는 성남시의 '무상교복 전면지원 사업'에 대해서 제동을 걸었다.

보건복지부는 성남시의 무상교복 전면지원 사업에 대한 검토 결과 '변경·보완 뒤 재협의'를 통보했다. '변경·보완 뒤 재협의'는 해당 사업을 그대로 수용할 수 없으며, 내용을 바꾸거나 보완해 다시 협의하자는 뜻이다. 복지부는 '전체 중학생에 대한 전면 무상 지원보다는 소득 기준 등을 마련해 차등 지원하라.'고 성남시에 통보했다.

이재명의 정책은 성남시장 시절부터 선별 지원이 아닌 보편적 지원에 방점을 찍고 있다. 특히 무상 교복 정책에 애착을 갖는 것은 이재명이 어려운 가정형편으로 인해 중·고등학교를 다녀야 할 나이에 공장에 다녀야 했던 청소년 시절의 아픈 기억이 오버랩되었을 수도 있다고 생각한다.

2015년에도 이미 중학교는 의무교육에 따른 무상교육이 실행되고 있었던 때였다. 무상교육의 범위가 어디까지인가 정하는 문제는 지금도 논란의 대상이 되고 있다.

의무교육 무상교육을 가장 소극적으로 집행하는 방식은 '교과서와 등록금'만 면제해 주는 방식이 될 것이다. 적극적으로 집행하는 방식은 학업을 유지하기 위하여 필수적인 모든 분야에서 지원하는 것이 타당하다고 보는 것이다. 등교하고 하교할 때까지의 모든 비용을 국가 또는 지자체가 부담하는 것이 진정한 의무교육이라고 생각하는 것이 이재명의 생각이다.

각 학교가 교복을 정해서 강제로 입히고 있는 것이 현실인데 교복을 지원해 주지 않는 것은 문제가 있다. 교복뿐만 아니라 급식비 역시 지원해 주는 것이 지극히 정상적이다.

박근혜 정부가 성남시의 무상 교복에 반대하고 나선 것은 보편적 지원에 제동을 걸려고 한 것이다. 보편적 지급이 정의로운 것이냐, 선별 지급이 정의로운 것이냐의 논쟁은 이때부터 대한민국의 많은 부분에서 문제를 일으켰다. 덕분에 논의도 활발했다.

성남시는 보건복지부의 제동에도 불구하고 중학교 신입생에 대한 무상 교복 정책을 시행한다고 발표했다. 이재명은 2016년 1월 4일 신년 연두 기자회견에서 "복지부의 부당한 불수용 처분과 대통령의 위법한 지방교부세법 시행령에 대해 헌법재판소에 권한쟁의심판을 청구했지만, 그 결과를 기다리기엔 너무 시간이 없다."며 "어떤 것이 100만 성남 시민의 이익, 성남시의 지방자치 그리고 대한민국 민주주의를 위하는 것인가를 고심했다."라고 밝혔다.

이어 "3대 무상복지정책은 금년부터 전면 시행한다."며 "재정 페널티에 대비하여 재정 페널티가 있는 2019년까지는 절반을 시행하고 절반은 재판 결과에 따라 페널티에 충당하거나 수혜자에게 지급하며, 재정 페널티가 없어지는 2020년부터는 100% 온전히 시행한다."고 밝혔다.

이렇게 해서 성남시의 무상 교복 정책은 닻을 올렸다. 지금 성남시는 중학생을 넘어서 고등학생에게도 무상 교복을 실시하고 있다. 무상 교복은 현재 성남시뿐만 아니라 울산시, 당진시, 충북 교육청, 경기도 교육청 등 전국 곳곳에서 실행 중이다.

공공 산후조리원

행정안전부가 발표한 주민등록 인구통계에 따르면 2020년 12월 31일 기준 우리나라 주민등록 인구는 모두 51,829,023명으로 전년도 말보다 20,838(0.04%)명이 감소했다. 이른바 인구 데드크로스(약세전환지표)가 발생한 것은 통계 발표를 한 이후 처음이었다. 2024년 12월 31일 기준으로는 51,217,221명으로 계속 줄어드는 추세이다. 이는 태어나는 사람보다 죽는 사람이 많다는 뜻이다.

인구가 줄어든다는 것은 국가의 존립 자체를 위협하는 심각한 요인이다. 국가가 유지되기 위해서는 국민과 국토가 있어야 하는데 국민이 줄어들수록 국가의 위상도 그만큼 줄어들 수밖에 없다. 국민이 줄어들면 당연히 국가의 수입도 줄어들게 된다.

이재명은 자신이 할 수 있는 역할 내에서 할 수 있는 적극적인 정책을 펴는 것이 특징이다. 그가 성남시장을 넘어서 경기도지사가 되고, 또 대통령이 되고자 했던 것은 더 큰 역할을 할 수 있는 지위가 필요하기 때문이다.

이재명은 성남시장이 되고 나서 출산장려정책으로 성남시장이 할 수 있는 정도의 권한이 '공공 산후조리원'이라고 생각했고 '무상 교복' 정책과 더불어 시행했다.

2015년 3월 성남시는 그해 하반기를 시작으로 2018년까지 수정구와 중원구, 분당구 등 3개 구에 저소득층, 다자녀 가정 등 취약계층을 위해 무상으로 운영되는 공공 산후조리원을 설치·운영하겠다고 밝혔다. 또한, 성남시의 인증을 받은 민간 산후조리원을 이용하는 모든 산모에게는 1인당 50만 원 내외의 이용료를 지원하겠다고 했다.

하지만 복지부에서는 "성남시는 '핵가족화로 인한 가정 내 산후조리의 어려움'을 들고 있으나 이는 국가와 지자체가 이미 시행 중인 '산모 신생아 건강관리사 지원사업'의 대상자 확대를 통해 상당 부분 해결이 가능하다."라며 반대했다. 이재명의 정책에 대해서 '무상 교복'에 이어 다시 '공공 산후조리원'도 반대한 것이다.

복지부의 반대 방침에 대해 이재명은 "성남시는 100만 시민과 함께 모라토리엄을 졸업하고 재정 건전화를 이뤄냈으며, 그 성과를 바탕으로 시민 복지 확대를 위해, 그리고 저출산 극복이라는 정부 방침에 따라 산후조리 지원을 준비해 왔다."라며 "성남시가 이 사업을 위해 중앙정부에 예산지원을 요청한 것도 아니고, 빚을 내거나 세금을 더 걷지도 않는다. 오로지 주어진 예산을 아끼고 아껴 추진하는 일이다. 부정부패를 없애고 예산 낭비를 막고, 세금 철저히 걷어 만든 재원으로 시민 복지를 위한 정부 시책 사업을 하겠다는데 왜 막는 것이냐?"고 지적했다.

이재명은 "보건복지부는 성남시의 산후조리 지원이 지역 형평성에 위배되거나 산모 간 불평등을 야기한다는 이유로 반대하나 이는 오로지 반대를 위한 반대일 뿐이며, 지방자치를 무시하는 초법적 발상"이라며 "'다른 곳에선 못하니 너희도 하지 말라'는 것은 지방자치 퇴보와 하향 평준화를 강요하는 것에 다름 아니다. 똑같이 해야 한다면 지방자치는 왜 하며 자치단체장은 왜 선출하나?"고 꼬집었다.

그러면서 이재명은 "모든 산모에게 동일하게 적용하면 보편복지라서 안 되고, 선별복지는 불평등해서 안 된다는 것은 결국 어떻게 하더라도 무조건 반대하겠다는 복지부의 속내를 드러낸 것일 뿐"이라며 "성남시의 무상 산후조리 지원은 다른 제도와 중복되지도, 누락되지도 않는 제도이므로 불수용으로 이를 막을 근거가 없고, 복지부는 중복이나 누락 여부 심사 외에 사업 자체의 타당성을 판단할 권한은 없다"라고 말했다.

이재명은 국가 시책에 부합하는 자치단체의 출산 장려 시책을 권장해도 모자랄 보건복지부가 자체적으로 하겠다는 산후조리 지원을 끝까지 막으면 '복지후퇴부'라는 오명을 쓰게 될 것이라며 무상 산후조리 지원 정책에 대한 보건복지부의 사회보장위원회 회부 취소와 원안 수용을 강력히 촉구한다며 행정적, 정치적, 법적 모든 수단을 동원해 반드시 관철해 내겠다고 말했다.

성남 시민의 압도적인 찬성이 있었음에도 복지부가 형평성을 이유로 수용하지 않던 성남시와 복지부 간 줄다리기는 그해 12월 국회에서 '모자보건법'이 통과되면서 공공 산후조리원 설치에 대한 법적 근거가 마련되었다.

이후 정작 이재명의 공공 산후조리원은 그가 경기도지사에 취임한 이후 경기도 여주에서 최초로 도입되었다. 2022년에는 경기도 포천에서도 개원했다.

저소득층 소녀들을 위한 생리대 지원

이재명이 시작하면 언젠가는 전국 표준이 된다. 이런 사례들은 너무나 많다. 이재명이 여타 정치인들과 다른 점이 있다면, 이재명은 실현 가능성이 의심되는 정책을 약속하지 않고, 할 수 있는 것만 약속하고 실천한다는 것이다. 충분히 할 수 있지만, 예산 부족, 사회적 관심도에 밀려서 하고 있지 않은 일에도 관심을 두고 시작한다는 것이다.

이재명이 성남시장이었을 때인 2016년 시작한 '저소득층 여성 청소년 생리대 지원사업'도 그중에 하나이다.

2016년 이재명은 생리대를 마음 놓고 구입할 여력이 없는 청소년들이 수건이나 신발 깔창, 휴지로 대신하고 있다는 일명 '깔창 생리대' 사연을 접한 뒤 전국 최초로 저소득층 청소년 대상의 생리대 지원 사업을 시행했다. 이에 따라 성남시는 12~18세 기초생활 수급 대상자, 저소득 한부모 가정 등 차상위 계층 3,400명에게 월 2~3만 원 상당의 생리용품 구매비용을 지원했다.

이재명은 '저소득층 여성 청소년 생리대 지원 사업'을 경기도지사가 되면서 경기도에서도 실시했다.

2020년 이재명은 페이스북을 통해 '경기도가 여성 청소년 생리용품 지원 사업을 시작합니다!'라는 글을 올렸는데 이 글에서 이재명은 깔창 생리대를 언급하며 "어린 마음이 어땠을까 짐작하면 아직도 가슴이 시리다. 지금은 많은 기초 지방정부가 저소득층 여성 청소년 생리용품을 지원하지만, 기초생활 수급권자 등 어려운 청소년에게만 선별 지원한다는 낙인효과 때문에 상처받고 꺼리는 학생도 많다고 해 이 사업을 추진하게 됐다."라고 말했다.

이재명이 시작한 이 사업은 결국 지난 2021년 3월 24일 이수진 국회의원(민주당)이 대표 발의한 '청소년복지 지원법 개정안'이 국회 본회의에서 가결돼 2021년 9월부터 시행할 수 있게 되었다.

성남시 퍼주기 논란에 대한 이재명의 일갈

성남시장 시절 지자체 단체장으로서 드물게 이재명 시장은 전국구 스타가 되었다. 그로 인해 박근혜 탄핵 이후 지자체장임에도 불구하고 대선에 출마해서 당시 문재인 대표와 안희정 충남지사와 함께 더불어민주당 대권 경쟁을 할 수 있었다. 많은 사람이 지자체 단체장에 불과했던 이재명이 이토록 성장할 수 있었던 것은 이재명의 '퍼주기 정책' 때문이라는 비난을 한다.

이런 지적에 대해 이재명은 2025년 2월 7일 국회회관에서 열린 〈이재명 당대표, 다함께 만드는 세상 '모두의 질문 Q' 출범식〉 격려사에서 다음과 같이 말했다.

(전략) 제가 자랑삼아서 성남시 때 얘기를 한번 해 보겠습니다. 저는 대한민국도 이렇게 만들고 싶은 꿈이 있는데 가능할지는 모르겠어요. 제가 성남시에 있을 때 꽤 인기가 많았습니다. 그래서 성남 시민들이 친구들이나 누구보고 성남시로 이사 와라! 이렇게 약을 올리기도 했죠. 그게 지금 제가 오늘의 이 자리에 있는 원동력이 됐습니다. 그래서 어떤 사람들이 이렇게 생각합니다. 이재명은 왜 성남시에서 그렇게 인기가 있었지? 아마 퍼주기를 많이 해서 그럴 거야! 이렇게 생각하는 사람들이 많아요. 그런데 전혀 사실이 아닙니다. 제가 당시에 했던 정책이라곤 소위 퍼주기라고 하는 게 겨우 청년 배당, 교복, 산후조리비, 여성 생리대, 이런 정도라 그거 다 합쳐봐야 200억도 안 됩니다.

성남시 예산이 약 3조 원쯤 되는데 그 200억 가지고 생색내서 인기가 생기겠습니까? 누구는 뭐 천억 들여서 시추공 뚫고 한 6개, 10개 뚫어가지고 석유 나올 때까지 전 지구를 한번 뚫어보겠다! 이런 계획을 세웠던 분도 계신데 오늘 보니깐 결국 그 천억이 날아갔더군요. 1개 뚫는데 천억이었다고, 그래서 우리 전에 우리 박태웅 의장이 말씀하진 대로 우리나라에 GPU*가 삼천몇백 장밖에 안 된다. 다른 나라는 한 개 기업이 무려 3만 장 7만 장씩 가지고 있어서

인공지능을 연구하려면 아무나 막, 아무 때나 쓸 수 있는데, 대한민국은 인공지능 연구하려니깐 GPU가 없다. 이런 말씀 하셨잖아요. 천억이면 GPU 3천 장을 살 수 있다고 그것도 최신 사양으로. 어쨌든 그런 짓들을 하고 있는 세상입니다. 약간 이야기가 옆으로 샜는데 제가 성남시에서 가장 인기가 있었던 이유는 사실 이것 때문이었어요. (후략)

사상 첫 노동자 출신 대통령을 꿈꾸다

> 가진 자들에게 법은 부당한 이익을 얻기 위한 수단이었
> 고, 총으로부터 보호하기 위한 방패였고, 다수의 우리
> 약자들을 쟁탈하는 무기였습니다.

정치인 중 가장 먼저 박근혜 탄핵 주장

일 잘하는 성남시장 이재명에 대한 명성은 일부 민주당 지지자들에
게는 익히 알려진 얘기지만, 여전히 전국적으로 명성을 얻었다고 보기
에는 무리가 있었다.

일반 국민에게 이재명이라는 정치인이 선명하게 각인되었을 때는
2016년 박근혜 최순실 국정농단을 규탄하는 촛불집회 때였다.

박근혜 최순실의 국정농단 소식을 접한 시민들은 누가 먼저랄 것도
없이 광화문광장과 서울광장 사이에 있는 소라광장에 모여들었다. 애
초 2천 명 정도 모일 것으로 예상했으나 2만 명이 모여들어 촛불을 밝

---

* GPU: 그래픽 처리 장치(GPU)는 중앙 처리 장치(CPU) 보다 더 작고 특화된 코어를 많
이 가지고 있다. 이러한 코어는 함께 작동하고, 여러 코어에 걸쳐 동시에(또는 병렬로)
처리 작업을 분할하여 뛰어난 성능을 제공한다. 그래픽 처리 장치는 게임 플레이 중 비
주얼 렌더링, 콘텐츠 제작 중 비디오 데이터 처리, 집약적인 AI 워크로드에서 컴퓨팅 결
과와 같은 고도의 병렬 작업에 탁월하다.

히었다.

 이날 집회에는 이재명 성남시장, 정의당의 노회찬 의원, 민주당의 송영길 의원이 참석하였다. 이날 모인 시민들의 분명한 요구는 박근혜의 즉각적인 하야였다. 촛불 시민들이 하야를 외칠 때 정치권은 2선 후퇴를 얘기했다. 당시 제1야당이자 원내 2당인 더불어민주당의 구호는 꽤 오랫동안 '대통령은 국정에서 손 떼라'였다.

 제1차 촛불집회가 열리던 2016년 10월 29일 소라광장에 필자도 있었다. 가을이 지나가고 이제 겨울로 접어들기 시작한 때였다. 날씨도 제법 쌀쌀했다. 이날이 바로 긴 겨울을 뜨겁게 만들었던 촛불집회 대장정이 시작된 날이었다.

 그날 촛불 시민들의 열기를 보면서 우리는 대한민국 민주주의의 새로운 페이지를 쓰고 있다는 것을 느꼈다. 비록 이루 말할 수 없는 쪽팔리는 대통령을 둔 국민이지만, 이 겨울이 지나고 나면 혁명적인 변화가 일어나리라는 것을 느낄 수 있었다. 그날 집회의 마지막쯤 마이크를 잡은 이재명의 사자후를 듣고 나서는 단순한 느낌이 아니라 확신을 갖게 되었다.

 이날 나는 이재명의 연설을 처음 들었다. 살아오면서 내가 직접 보고 감명을 받았던 연설은 그때까지 네 번이 있었다.

 87년 민주화 투쟁 이후 처음 실시된 대통령 선거에서 의정부에 방문했던 김대중 후보의 연설이 처음이었다. 사람이 너무 많았고, 마이크 시설도 좋지 않아서인지 뭔 얘기를 하는지는 잘 들리지 않았지만, 존경했던 김대중 선생의 쩌렁쩌렁한 울림은 내 가슴을 뛰게 했다.

그리고 문익환 목사님과 백기완 선생의 연설은 집회 현장에서 자주 들었다. 들을 때마다 깊은 울림이 왔으며, 지금까지 살아오면서 내 삶의 이정표를 세워준 분들이다.

마지막으로 노무현 대통령의 연설을 잊을 수가 없었다. 노무현의 연설은 부드러운 직선이라고 해도 좋을 거 같았다. 지금은 이 세상에 없지만, 노무현이 만들고자 하는 세상은 여전히 진행형이다. 특히 노무현이 대통령에 당선된 직후 혜화동 자택 앞에서 지지자들에게 한 연설을 그 자리에서 들으면서 〈함께 가자 우리 이 길을〉 노래를 함께 부르던 기억이 아직도 뚜렷하다.

그리고 역사적인 촛불집회의 서막을 알리는 이날 이재명의 연설을 보면서 나는 전투형 노무현을 보았다. 적폐 세력과 대충 타협하지 않고 반드시 굴복시킬 지도자 이재명을 보았다.

대통령은 나라의 지배자가 아니라 국민을 대표해서 국민을 위해 일하는 머슴이요 대리인일 뿐입니다. 그런 그가 마치 지배자인 양, 여왕인 양 대한민국 민주공화국을 우롱하고 있습니다. 국민은 지금까지 저질러 온 부패와 무능과 타락을 인내해 왔습니다. 300명이 죽어가는 그 현장을 떠나서 어딘지 알 수 없는 곳에서 7시간을 보낸 사실도 우리가 지금까지 참아왔습니다. 평화를 해치고 한반도를 전쟁의 위험으로 빠뜨리는 것도 우리가 견뎌왔습니다. 국민의 삶이 망가지고, 공평하고 공정해야 할 나라가 불공정하고 불공평한 나라로 떨어질 때도 우린 견뎌왔습니다. 그러나 그 대통령이란 존재가 국민이 맡긴 위대한 정치 권한을 근본도 알 수 없는 무당의 가족에게 통째로 던져버린 것을 우리는 용서할 수 없습니다. 우리가 힘이 없고 돈이 없지만 가오가 없는 것은 아닙니다. 우리는 나라의 주인이고 박근혜의 월급을 주고 있고 박근혜에게 권한을 맡긴 이 나라의 주인입니다. 박근혜는 이미 국민이 맡긴 무한책임자에 대한 권력을 근본도 알 수 없는 저잣거리 여자에게 던져주고 말았습니다. 박근혜는 이미 대통령으로서의 권위를 잃었습니다. 박근혜는 이미 이 나라를 지도할 기본적인 소양과 자질조차 없다는 사실을 국민 앞에 스스로 자백했습니다. 박근혜는 이미 대통령이 아닙니다. 즉각 형식적인 권력을 버리고 하야해야 합니다. 아니 사퇴해야 합니다. 탄핵이 아니라 지금 당장 권력을 놓고 집으로 돌아가십시오. 이 나라의 주인이 명합니다. 박근혜는 국민의 지배자가 아니라 우리가 고용한 머슴이고, 언제든지 해고해서 그 직위에서 내쫓을 수 있습니다. 일각에서는 하야하면 혼란이 온다, 탄핵하면 안 된다, 이렇게 말하고 있습니다. 저는 확신합니다. 지금 전쟁의 위기를 겪고, 나라가 망해가도 수백 명의 국민이 죽어가는 현장을 떠나버린 대통령이 있는 것보다도 더 큰 혼란이 있을 수 있습니까? 지금보다 더 나빠질 수 있습니까? 대통령이 떠난다고 해서 우리의 삶이 지금보다 더 나빠지고 한반도가 더 위험해지겠습니까? 더 나빠질 게 없을 만큼 망가졌습니다. 더 위험할 수 없을 만큼 위험합니다. 그래서 박근혜 대통령은 이미 대통령이 아니기 때문에 국민의 뜻에 따라 지금 즉시 옷을 벗고 집으로 돌아가십시오.

민주공화국을 위하여 우리가 싸워야 합니다. 공평한 기회가 보장되는 평등한 나라를 위하여, 공정한 경쟁이 보장되는 진정한 자유로운 나라를 위하여, 전쟁의 위험이 없는 평화로운 나라를 위하여, 생명의 지배가 없는 안전한 나라를 위하여 우리가 싸울 때입니다. 박근혜를 내몰고 박근혜의 몸통인 새누리당을 해체하고, 기득권을 격파하고 새로운 길로 나아갑시다. 우리가 싸우면 우리가 힘을 합치면 우리가 이길 수 있습니다. 새로운 역사를 만들 수 있습니다. 과거의 나쁜 구조를 깨고 새로운 길, 희망의 길을 만들 수 있습니다. 함께 싸웁시다.

이날 연설에서도 이재명의 머슴론이 나온다. 나중에 문재인 대통령의 트레이드 마크가 된 "기회는 평등할 것이며, 과정은 공평할 것이며, 결과는 정의로울 것"이라는 이야기도 나온다. 하지만 그것보다 더 중요한 것은 처음으로 박근혜의 하야를 주장했다는 것이다. 그것이 바로 촛불 민심이기도 했다.

광장에 200만이 넘게 모일 때까지도 정치권은 '거국내각 구성', '명예로운 2선 후퇴'였다. 유력 대권후보였던 문재인 역시 그러했다. 촛불 광장에서 수많은 사람이 박근혜 퇴진을 외치고 있을 때 문재인 당대표를 비롯한 민주당 국회의원들이 '대통령은 국정에서 손 떼라' 팻말을 들고 앉아 있던 모습은 지금까지 내가 본 문재인 모습 중 가장 비루했던 모습이었다.

물론 당시 문재인 대표가 즉각적인 퇴진을 요구했다면 '대통령 선거를 빨리해서 당선 가능성을 높이려 한다'는 역풍을 우려했을 것으로 보인다. 민심이 더 폭발하는 순간을 기다렸을지도 모른다. 하지만 난 여전히 그 선택은 잘못된 선택이라고 생각한다. 결과는 정의로울 수 있었지만, 과정은 비겁했다고 생각한다. 이건 어디까지나 나의 생각이다. 민심의 성난 파도가 폭군의 배를 뒤집어엎어 버리는 절정의 순간까지 기다리는 것이 매우 합리적이라고 생각하는 사람도 있을 것이다. 이유야 어찌 되었든 우리는 광장에서 '박근혜 퇴진'이라는 하나 된 구호로 만나게 되었다.

정치인은 늘 그랬다. 민중이 저만치 가시밭길을 헤치고 나오면 꽃길을 깔고 걸어왔다. 우리는 그래서 민중들과 함께 걸어가거나 먼저 걸어가는 정치인에게 열광한다. 그 첫 정치인이 바로 노무현이었다. 그리고 지난 그 추운 겨울 촛불집회 현장에서 이재명이 그랬다.

이재명은 이후 촛불집회에도 자주 나타났다. 변방의 사또 성남시장이란 지위라 그런지 크게 주목받지는 못했지만, 이재명은 촛불집회에 분노한 시민의 한 사람으로 참석했다.

12월 3일 6차 촛불집회에는 헌정사상 가장 많은 232만 명이 모여들었다. 정치권도 모두 '박근혜 퇴진'을 외치게 되었다. 이날 밝힌 민심의 촛불이 12월 9일 국회에서 탄핵소추안이 가결되게 하는 결정적인 역할을 했다.

12월 3일 6차 촛불집회에도 이재명이 나타났다. 정치인들에게는 마이크를 넘기지 않았던 주최 측의 방침으로 인해 정치인들은 본무대에서 발언할 수가 없었다.

본 집회를 마치고 거대한 행렬이 청와대로 향하고 있을 때였다. 효자동 로터리에서 이재명을 발견한 시민들이 이재명을 환호했다. 그때 이재명은 제대로 된 연단도 없는 곳에서 성능 약한 마이크를 잡고 촛불집회 기간 중 두 번째 연설하게 된다. 공교롭게도 이 순간에도 나는 거기에 있었다.

이날 연설에서 이재명은 "가진 자들에게 법은 부당한 이익을 얻기 위한 수단이었고, 총으로부터 보호하기 위한 방패였고, 다수의 우리 약자들을 쟁탈하는 무기였습니다. 자유는 우리가 아니라 특정한 소수만 누렸습니다. 이제 모두가 실질적으로 자유로운 나라, 모두가 평등한 민주공화국 우리 손으로 완성합시다!"라고 울부짖었다.

2017년 대선 출마

박근혜의 탄핵 정국 속에서 가장 빛나는 정치인은 이재명이었다. 누구보다 적극적으로 집회에 참가하며, 누구보다 선명했다. 그래서 비록 성남시라는 경기도의 여러 지자체 단체장에 불과했지만, 역사상 처음 치러지는 대통령 보궐선거에 출마해 달라는 요구가 빗발쳤다. 특히 독주하고 있던 문재인 대표의 적극적인 요청도 있었다. '어대문'이라는 유행어처럼 어차피 다음 대통령은 문재인이라는 기류가 강해서 민주당 경선이 흥행에 실패할 것을 우려했기 때문이다.

마침내 2017년 1월 23일 이재명은 제19대 대통령 선거 출마를 공식 선언했다. 이재명이 출마를 선언한 곳은 다름 아닌 성남시 중원구에 있는 오리엔트 시계공장 마당이었다. 1979년 기름때 묻은 손으로 시계

2017년 1월 23일 성남 오리엔트 공장 앞에서 대선 출마 선언

문자판을 지우던 한 소년공이 38년 뒤 그 장소에서 그 노동자들 앞에서 출마를 선언한 것이다.

이재명이 나타나자, 지지자들은 환호성을 질렀다. 그러나 평소 잘 웃고 손도 잘 흔드는 이재명 성남시장도 이날만큼은 지지자들과 악수를 하고 비장한 표정으로 단상에 올랐다. 그의 목소리는 평소보다 진중했고 눈가에는 눈물도 고였다. 당연히 그랬을 것이다. 어린 나이에 학업을 포기하고 소년공으로 살아야 했던 그 시절이 왜 떠오르지 않았겠는가. 그런 그가 대한민국 최초의 노동자 출신 대통령이 되고자 했다.

이재명은 출마 선언문에서 "국민 여러분! 이곳은, 12살부터 어머니 손을 잡고 학교 대신 공장에 출근했던 빈민 소년 노동자의 어릴 적 직장입니다. 바로 여기에서 저는 힘겨운 노동에 시달렸던 그 소년 노동자의 소망에 따라 대한민국 19대 대통령 선거 출마를 여러분께 고합니다. 이재명이 만들고 싶은 나라는 바로 아무도 억울한 사람이 없는 공정한 나라입니다."라면 운을 떼었다.

또한 이재명은 "10%의 국민이 대한민국 전체 연소득의 48%, 자산의 66%를 가지고, 국민 50%가 연소득의 5%, 자산의 2%를 나눠 가지는 이 극심한 불평등을 막지 못하면 더 이상 발전은 없습니다. 소수에 불과한 초고소득 기업과 개인에 합당한 증세로 국민복지를 확대해야 경제가 살아나고 성장합니다. 저는 국가 예산 400조의 7%인 28조 원으로 29세 이하와 65세 이상 국민, 농어민과 장애인 2,800만 명에게 기본소득 1백만 원을 지급할 계획입니다. 95%의 국민이 혜택을 보는 국토보유세를 만들어 전 국민에게 30만 원씩 토지배당을 시작할 것입니다. 기본소득과 토지배당은 지역화폐로 지급하여 560만 자영업자를 살리게 됩니다. 기본소득과 지역화폐는 이미, 성남시 청년배당으로 성공한 정책입니다. 방해하는 중앙정부와 싸워가며 시행했는데 제가 정부 살림을 맡으면 내년부터 즉시 추진할 수 있습니다."라며 이재명의 상징 키워드인 기본소득을 전면에 내세웠다.

이재명은 출마 선언문에서 다음과 같이 다섯 가지 약속을 했다.

국민 여러분!
저는 이런 대통령이 되려고 합니다.
먼저 역사상 가장 청렴 강직한 대통령이 되겠습니다.
윗물이 맑아야 아랫물이 맑습니다. 대통령이 부패하면 관료도 부패하고, 대통령이 불공정하면 차별과 반칙 특권이 활개 칩니다.

성남시장이 된 후 시정에 개입하려는 형님을 막다가 의절과 수모를 당했습니다. 평생을 부정부패와 싸우고, 인간적 고통을 감수하며 청렴을 지킨 이재명만이 부정부패를 뿌리 뽑을 수 있습니다.

둘째, 약자를 위한 대통령이 되겠습니다.

대통령은 강자의 횡포로부터 다수 약자를 지키라고 권력을 부여받았습니다. 그런데 그는 강자 편을 들어 약자를 버렸습니다. 세월호 학생들을 구하지 않았고, 국민의 노후자금을 빼내 삼성 이재용의 불법 상속을 도왔습니다. 이런 강자를 위한 권력, 비정상의 권력을 청산하겠습니다.

셋째, 친일 독재 부패를 청산한 첫 대통령이 되겠습니다.

과거청산을 하지 못한 우리에게 이번 대선은 천재일우의 기회입니다. 친일매국 세력은 쿠데타, 광주학살, 6.29선언으로 얼굴만 바꿔 이 나라를 계속 지배해왔습니다. 이 악순환의 고리를 끊겠습니다.

넷째, 금기와 불의와 기득권에 맞서 싸우는 대통령이 되겠습니다.

소년 노동자의 참혹한 삶을 탈출하여 영달을 꿈꾸던 저는 '광주사태'라 매도되던 민주화운동의 진실을 목도하면서 불의에 맞서 공정한 세상을 만드는 삶을 결정했습니다. 판검사 대신 인권변호사가 되었고, 시민운동가로서 구속 수배를 감수하며 부정과 싸웠고, 친인척 비리를 차단하려 가족과 싸웠고, 정치생명을 걸고 종북몰이와 싸웠고, 시민을 위해 대통령과도 싸웠습니다.

희생을 감수하며 끊임없이 싸워 이겨 온 저만이 거대 기득권 삼성 재벌과도 싸워 이길 수 있다고 단언합니다.

다섯째, 약속을 지킨 대통령이 되겠습니다.

저는 지키지 못할 약속을 하지 않았고, 약속은 반드시 지켰습니다. 공약 이행률은 96% 전국 최고이며, 저는 때와 장소에 따라 말을 바꾸지 않습니다.

이재명은 이어서 자신의 가족사를 소개했다.

이제 제 과거와 가족 이야기를 좀 하겠습니다.

저는 초등학교를 졸업한 1976년 봄부터 깔끔한 교복 대신 기름때 묻은 회색 작업복을 걸친 채 어머니 손을 잡고 공장으로 향했습니다.

솜털이 남아 있는 고사리손 아들을 시커먼 고무공장까지 바래다준 어머니는 상대원시장 화장실 앞에서 휴지를 팔았습니다. 시장 화장실에서 밤 10시가 넘어 퇴근하시고도 철야를 마치고 새벽 4시가 되어야 귀가하는 어린 아들을 기다려 주셨습니다.

고된 밭일로도 자식들 먹여 살리기 어려워 약장사에 밀주까지 팔면서 힘겨운 삶의 무게에 부엌 구석에서 몰래 흐느끼시던 어머니, 고무공장 샌드페이퍼에 깎여 피가 배어 나오는 제 손바닥을 보고 또 우셨습니다.

벨트에 감겨들어 뭉개져 버린 제 손가락을 보고 또 우셨고, 프레스 사고로 비틀어져 버린 제 왼팔을 보고 또 우셨고, 단칸방 가족들이 잠들었을 때 마당에 물통을 엎어놓고 공부하던 저를 보고 우셨고 장애와 인생을 비관해 극단적 시도를 두 번이나 하는 저를 보고 또 우셨습니다.

지금은 또 자식들 문제로 힘들어하십니다. 죄송합니다. 어머니 그 소년 노동자가 오늘 바로 그 참혹한 기억의 공장에서 대한민국 최초의 노동자 출신 대통령이 되려고 합니다.

마지막으로 이재명은 "작은 일 잘하는 사람이 큰일도 잘합니다. 작은 일도 못 하는 사람에게 큰일 맡기면 갑자기 잘할 수 없습니다. 작은 권력에 부패한 사람은 큰 권력에는 더 부패합니다. 기득권자이거나 기득권과 결탁한 자는 기득권과 싸우지 않고, 기득권자와 싸우지 않으면 적폐 청산 공정사회 건설은 불가능합니다."라고 역설했다.

아울러 국민 여러분이 이재명과 함께해줄 것을, 이재명의 꿈을 함께 실현해 줄 것을 믿는다며 마무리했다.

오리엔트 공장은 1979년부터 1981년까지, 즉 15살 소년 이재명이 17살 때까지 일했던 곳이다. 당시 이재명은 시계 문자판에 쓰여있는 잉크를 지우기 위해 아세톤과 시너를 사용하며 일을 했는데 소년공으로서는 너무 무리하게 냄새를 맡아 현재도 후각에 장애가 있다. 사실상 코로 아무런 냄새를 맡지 못한다.

이재명은 공장일을 하면서 벨트에 손가락이 빨려 들어가 손가락 끝이 뭉개지기도 했으며 프레스 사고로 왼팔이 비틀리기도 했다.

그런 그가 이런 시련으로 젊었을 시절 두 번이나 자살을 시도했다는 것은 널리 알려진 이야기이기도 하다. 이 때문인지 이재명은 이날 출마 선언문을 읽어 내려가면서 여러 차례 울컥하는 모습을 보였다.

다 아시다시피 이재명은 경선에서 문재인 후보에게 1위를 내준 것은 물론 안희정 충남지사에게도 밀려 3위로 마감했다. 하지만 그날의 도전은 시작에 불과했다.

이후 경선 과정을 통해 문재인 지지자들로부터 미움도 많이 받았지만, 지자체 단체장으로 아무런 중앙의 조직도 없이 의미 있는 성과를 거두었다.

한다면 하는 경기도지사

> 깨끗한 하천과 계곡은 주민에게 돌려주고, 깨끗한 하천
> 과 계곡을 관광명소로 만들어서 더 많은 사람이 찾게
> 만들어 궁극적으로는 지역 주민들이 더 큰 경제적 효과
> 를 낼 수 있게 하였다.

시도지사 직무수행 평가 꼴찌에서 1등으로

2017년 대통령 선거 더불어민주당 후보 경선에서 패배한 이재명은
이듬해인 2018년 지방선거에서 경기도 도지사에 출마해서 56.4%의
득표율로 당선되었다.

당시 지방선거에서 민주당은 대구 경북을 제외한 모든 광역단체장을
휩쓸었다. 대통령 선거 이후 바로 치러진 선거인 점, 아직 박근혜 탄핵
이라는 후유증을 앓고 있던 자유한국당이라 손쉽게 승리했다고 봐도
무방하다. 이재명이 경기도지사에 당선된 것을 성남시장으로서의 성과
를 유권자가 알아봐 준 결과라고는 볼 수 없다. 이재명뿐만 아니라 전
국의 모든 민주당 후보가 개인의 역량보다는 절대적으로 유리했던 구
도의 승리라고 봐야 할 것이다. 이재명이 거둔 득표율도 당시 다른 광
역단체장이 얻었던 득표율과 비교하면 평이했다.

이재명은 민선7기 취임 초기부터 '조폭 연루설', '친형 강제진단 의혹' 등에 시달리면서 리얼미터가 조사하는 시도지사 직무수행에서 첫해인 2018년 7월 조사에서 29.2%를 기록하며 17위로 꼴찌를 했다.

취임한 지 1개월밖에 안 된 시도지사를 상대로 직무수행 평가를 한다는 것 자체가 모순이긴 하다. 뭘 한 일이 있어야 조사를 하지 않겠는가. 첫 번째 직무수행 평가는 유권자들이 갖고 있는 선입견이라고 봐야 할 것이다.

꼴찌로 시작한 지지율은 꾸준한 상승세를 보이다가 마침내 전반기 2년을 마친 2020년 6월에 71.2%의 지지율로 1위를 찍었다. 특히 리얼미터가 시도지사 직무수행 평가를 시작한 2014년 7월 이후 6년 동안 수도권 광역자치단체장이 1위에 오른 것은 이재명이 처음이었다.

경기도는 특정 정당에 대한 쏠림 현상이 단체장 지지율에 반영되는 지역이 아닌 만큼 '이재명 도정'에 대해 경기도민의 높은 평가가 반영된 것으로 보였다.

이재명 지사에 대해 '매우 잘한다'는 적극 지지율이 44.2%로 2위인 김영록 전남지사의 26.7와도 큰 격차를 보였다. 특히 보수의 텃밭으로 분류되는 경기북부(남양주, 의정부, 구리, 포천, 연천)에서 77.1%의 압도적인 지지를 받은 것은 놀라울 따름이다. 이는 이재명이 보수, 중도층을 아우를 수 있는 잠재력을 보여준 것이다.

이재명은 이후 경기도지사의 임기를 마감할 때까지 단 한 번도 1위를 놓친 적이 없다. 꼴찌에서 시작한 지지율을 1위로 만들어내고, 1위를 이후 임기 내내 내주지 않은 것은 오직 이재명의 실력이었다.

그렇다면 무엇이 이런 놀라운 결과를 만들어낸 것일까?

계곡 내 불법 시설물 강제 철거

이재명은 다른 정치인들과 다르게 이념을 전면에 내세우지 않는다. 이재명의 정신은 철저한 실용주의를 바탕으로 한다. 패주 윤석열처럼 반공만을 신념으로 삼고 가치(이념) 외교 가치 행정을 하지 않는다. 무엇이 상식이고, 무엇이 도민의 이익에 부합하느냐가 기준이다.

경기도지사 이재명의 능력을 만천하에 보여준 사건은 '경기도 계곡 내 불법 점유시설물 강제 철거'였다.

2019년 8월 12일 경기도에서는 계곡 내 불법으로 평상이나 천막을 설치해 불법 영업을 해온 음식점을 적발한 데 이어 도내 하천에 대한 전수조사를 통해 불법 영업 음식점을 강제 철거하겠다고 발표했다. 또한, 장기적으로 위법행위가 계속되는 시군의 담당 공무원에 대해선 직무 유기로 감사하는 방안도 검토하겠다고 발표했다.

경기도에서 집중적으로 단속하는 계곡은 포천 백운계곡, 양주 장흥 유원지 등 16개 계곡을 대상으로 했다.

이후 경기도는 각 지자체와 협력하면서 대대적인 단속에 들어갔다. 수십 년 동안 그곳에서 불법 영업을 해온 상인들의 저항은 거셌다. 저항이 거세지자 당연히 지자체에서는 머뭇거릴 수밖에 없었다. 특히 지역의 특성에 따라 담당 공무원과 상인들이 지역사회에서 늘 마주치는 관계인 경우가 많았다.

이때 이재명은 상인들과 직접 대화를 나눴다. 1년 또는 2년 유예를

해 달라는 상인들의 요구는 절대 수용할 수 없다고 했다. 하지만 합법적인 내에서 상인들의 정상적인 상업 행위에 대해서는 적극적으로 지원하겠다고 약속했다.

이재명의 약속으로 백운계곡에는 3.8km 전역에 800개의 '공용 파라솔'과 테이블, 의자가 갖춰졌다. 안전 계단과 난간이 설치되고 포토존도 마련했다. 또한, 허물어진 계곡 옆 제방과 구름다리도 새로 조성했다. 경기도는 청정계곡 복원을 위해 자진 철거에 적극적으로 동참한 백운계곡 상인의 생계 지원을 위해 '푸드 트레일러 임대지원 사업'도 진행했다.

이재명은 불법시설에 대해서는 강력하게 대처했지만, 불법시설이었지만 그곳에서 생계를 유지했던 상인들이 더 좋은 환경 속에서 생활을 영위할 수 있도록 적극적으로 지원했다.

2020년 정비된 포천 백운계곡 ⓒ경기도

깨끗한 하천과 계곡은 주민에게 돌려주고, 깨끗한 하천과 계곡을 관광명소로 만들어서 더 많은 사람이 찾게 만들어 궁극적으로는 지역 주민들이 더 큰 경제적 효과를 낼 수 있게 하였다.

특히 이재명이 각종 송사에서 시달리고 있을 때 자진 철거를 해야만 했던 백운계곡 상인들이 이재명이 계속해서 경기도 도정을 이끌어야 한다며 탄원서를 썼던 일은 시사하는 바가 크다.

단순하게 불법 철거물을 제거하는 것에서 더 나아가 보다 나은 생태계를 만들고자 하는 이재명의 생각이 빛나는 장면이라고 할 수 있다.

코로나와 신천지

정치인들은 어떤 일이 있어도 종교단체와는 갈등을 일으키려 하지 않는다. 사랑제일교회의 사이비 목사 전광훈의 횡포에도 불구하고 그가 여전히 태극기 집회를 이끌고 있는 이유이기도 하다. 그러나 이재명은 달랐다.

2020년 1월 20일 국내에서 첫 코로나 환자가 발생했다. 그 후 정부와 방역 당국의 효과적인 대처로 하루 50명 이내에서 확진자가 발생했으나, 2020년 2월부터는 대구에서의 집단 확진과 신천지예수교 증거막성전(이하 신천지) 교회 합숙소를 거점으로 한 집단 확진이 확인되면서 커다란 위기가 발생했다. 특히 신천지 교회에서의 집단 발생은 대구라는 지역사회를 넘어 수도권으로 빠른 전파를 만들었다.

신천지 교회에 대한 국민의 원성이 자자했으나, 기독교 내에서 이단으로 취급받던 신천지 교회의 특성상 신천지 교인들은 더욱 은밀한 곳으로 숨어들었다. 자신들이 신천지 교인이라는 것이 알려지는 것을 원치 않았기 때문이다. 신천지 교인들의 폐쇄성으로 인해 방역 당국은 매우 긴장했으며, 국민도 신천지 교인들의 비협조에 대해서 비판이 자자했으나, 그들에 대한 전수조사는 좀처럼 이루어지지 않았다. 교인들의 명단은 물론 합숙소를 드나들던 교인들의 명부마저 제출하기를 거부했다. 많은 국민이 불안에 떨 수밖에 없었다.

코로나 확산을 저지해야 한다는 절체절명의 순간이었다. 하지만 뾰족한 수단을 찾지 못하고, 신천지 교회가 협조해 주기만을 기다리는 수밖에 없었다. 신천지 측은 종교의 자유를 침해한다는 주장을 하면서, 자신들이 갖고 있다는 교인 명부를 자발적으로 제출하였으나, 교인 명부는 엉터리였다.

이때 이재명이 나타났다. 경기도 도지사라는 행정 지위를 이용하여 신천지를 압박하기 시작했다. 2020년 2월 20일 코로나와의 전쟁을 선포한 이재명은 신천지 교인들에 대한 전수조사를 실시하겠다고 발표했다.

이재명은 지역사회 감염 확산을 저지하기 위해 신천지 신자들이 활동한 장소를 모조리 파악하고 신속한 방역 활동을 전개하겠다고 했다. 아울러 신천지 교단에 모든 신천지 예배당을 즉시 폐쇄하고 일체의 집회와 봉사활동을 중단함은 물론 경기도 내 예배당과 집회, 봉사활동 구역 등을 즉시 도에 신고할 것을 요구했다. 하지만 신천지의 반응은 냉소적이었다.

이만희는 가평군 보건소장이 검사를 요구했는데도 불구하고, 검사에 불응하고 있었다. 이만희가 검사를 받아야만 폐쇄적인 신천지 교인들이 전수검사에 응할 것으로 판단한 이재명은 자신이 직접 이만희를 찾아가서 검사집행을 지휘하겠다고 예고했다.

이재명은 3월 2일 오후 7시 20분쯤 현장 지휘를 위해 이만희 총회장의 별장이 있는 가평으로 출발했다. 이만희가 있는 별장에 도착했을 때는 이만희가 이미 자리를 비운 이후였다. 그리고 이만희는 오후 9시 15분쯤 스스로 과천보건소를 찾아 검체 조사를 받았다.

이만희의 검체 조사에도 불구하고 21만 명에 이르는 신천지 교인들의 명단이 확보되지 않아 전수조사가 이루어지지 못하고 있었다. 신천지 측에서 제공한 명단에 신뢰성을 의심할 만한 정황이 계속 발생했고, 신천지 측은 정식 신도가 아닌 예비 신도(교육생)의 명단은 제공할 수 없다고 밝혔다. 하지만 가장 위험한 집단은 합숙하면서 교리를 익혀 가는 예비 신도들이었다.

3월 25일 이재명은 과천시 신천지예수교회 부속기관에 대한 강제진입 및 역학조사를 실시했다. 시·도지사는 감염병이 유행할 우려가 있다고 인정되면 지체없이 역학조사를 실시할 수 있다는 '감염병예방법'에 따른 조치였다.

신천지 측은 강제 역학조사에도 매우 비협조적이었다. 신도들의 명단이 외부에 유출된다는 것에 대해서 매우 불안해했다. 이재명은 그래서 아이디어를 냈다. 전수조사를 하는데 있어서, 실제 연락을 취하는 것은 신천지 측에서 하고, 경기도에서는 제대로 하고 있는지만 옆에서 지켜보겠다는 것이었다. 교인들의 명단이 외부로 유출되지 않는다는 안전장치가 마련되자, 신천지 측은 적극적으로 신도들에게 검체채취에 응할 것을 권유하기 시작했다. 행정당국에서 하는 것보다 오히려 효과가 좋았다. 숨어 있던 신천지 교인들도 적극적으로 협조하기 시작했다.

이재명의 전광석화 같은 이만희 교주에 대한 체포 시도와, 신천지 교인들의 전수검사 실시는 이재명의 추진력을 보여주는 상징과도 같은 사건이 되었다. 이로 인해 이재명의 실행력에 대한 신뢰가 확산되었다.

불법사채업자와 전쟁

경기도에서는 2018년부터 살인적인 고금리 불법사채업체와의 전쟁을 선포했다. 경기도 특사경을 투입하여 불법 전단지에 전화해서 그들을 검거했다. 이제 경기도에서는 더 이상 불법 사채업체는 사업하기가 어렵게 되었다. 하지만 불법사채업체만 제거한다고 해서 모든 문제가 해결되는 것이 아니다. 불법사채업체에서 돈을 빌려야 할 만큼 다급한 사정이 있는 서민들이 분명 존재하는 것이 현실이다. 이들에 대한 대책이 제대로 세워지지 않으면 결국 저신용자들을 더욱 궁지에 몰 수도 있는 것이다.

그래서 경기도에서는 급전이 필요한 사람들을 위하여 50에서 300만 원까지 저리 이자로 빌려주는 경기도 극저신용자 대출사업을 시작했다.

신용등급 7등급 이하 19세 이상 경기도 거주민에 대하여 50만 원까지는 별도의 심사를 거치지 않고 대출을 해주고, 300만 원 이내에서는 간단한 심사를 통하여 대출사업을 시행하고 있는데 반응이 매우 좋다. 2020년 4월에 마감된 1차 사업에서는 50만 원 한도 무심사 대출은

35,355명이 신청했으며 300만 원 한도 심사 대출은 7,312명이 신청했다. 극저신용대출을 이용한 경기도민의 만족도는 73%에 이른다.

경기도 극저신용대출은 불법사채업체를 단순히 몰아내는 데 그치지 않고 저신용자들에게 불법 사채를 쓰지 않더라도 숨을 쉴 수 있는 공간을 마련해준 사업으로 인정받고 있다.

극저신용대출은 이재명의 기본금융 정책의 시금석이라는 평가를 받는다.

2021년 이재명은 자신의 페이스북에 다음과 같은 메시지를 남겼다.

(전략) 부자에게는 더 싸게 더 많이 더 오래 빌려주면서 빈자에게는 높은 이자를 치르게 하거나 빌릴 기회조차 주지 않는 배타주의 원칙이 통합니다. 저신용자로 분류되면 성실하게 변제를 해도 다른 저신용자의 채무와 연동되는 야만적인 신용등급제도 시스템이 버젓이 작동합니다.

국가 정책은 억강부약의 원칙이 기본임에도 금융시스템의 철저한 배타성에는 의문을 가지는 이가 드뭅니다. 그러나 민생과 직결된 경제 영역인 만큼 타당하다면 문제를 제기해야 하고 합리적인 방안이 있다면 해결을 주저해서는 안 됩니다.

경기도는 모두의 것이 모두에게 돌아가도록 '기본금융'의 길을 열기 위해 최선의 노력을 기울여 왔습니다. 주어진 법과 권한이 허락하는 범위 내에서 '극저신용대출'을 우선 시행한 것도 그러한 노력의 일환입니다.

2021년에도 '극저신용대출' 신청 접수를 받습니다. 신용등급이 낮다고 마땅히 누려야 할 국민의 혜택에서 배제되어선 안 됩니다. 움츠러들지 말고 당당하게 요구해 주십시오.

비록 소액이지만 당장의 위기를 넘기는 데 유용하게 쓰이는 귀한 자금이 되면 좋겠습니다.

어린이집 건강 과일 공급 사업

이재명은 어렸을 때 집안이 가난해서 과일을 먹을 수 없었다고 한다. 어쩌다 과일을 먹을 때조차 상품이 아니라 하품을 먹어야만 했다. 그래서인지 이재명은 어린이들의 먹거리에 관심을 많이 두게 되었다. 가난한 아이도 맘껏 신선한 과일을 먹을 수 있는 정책을 개발하고 시행했다.

어린이들이 경기도에서 제공한 신토불이 과일을 먹고 있는 모습. ©경기도

이재명은 2018년 지방선거 첫 TV연설에서 과일과 얽힌 불우했던 자신의 유소년기를 언급하면서 다음과 같이 말했다.

"초등학교만 마치고 공장을 다니던 시절, 시장 청소부로 일하시던 아버지가 가끔씩 썩기 직전의 과일을 많이 주워 왔다. 그런 날은 배 터지도록 먹었다. 냉장고에 싱싱한 과일을 넣어두고 마음대로 꺼내 먹는 꿈이 그때 생겼다."

경기도는 2019년 6월 12일부터 경기도의 모든 어린이집에 과일 간식이 배달된다고 발표했다. 이재명 지사의 각별한 지시에 따른 것이라고 했다. 어린 이재명이 꿈만 꾸면서 이루지 못했던 소망을 경기도 도지사가 되어 그때의 어린 이재명과 같은 또래의 아이들을 통해 이루게 된 것이다.

제공되는 과일은 배, 사과, 복숭아, 수박, 멜론, 거봉포도, 캠벨포도, 바나나, 감귤, 딸기, 만감류, 단감, 방울토마토, 체리, 참외, 자두 등이며 대체 품목으로는 완숙토마토, 반시, 참다래, 천도복숭아가 있다.

경기도는 이를 위해 31개 시·군과 협의를 통해 210억 원의 예산을 확보했다.

이재명은 '경기도 어린이 건강 과일 공급 사업'이 시행되는 날 페이스북을 통해 소회를 밝혔다. "요즘 어린이들은 그때보다 잘 먹지만 외식, 패스트푸드와 배달음식이 보편화되다 보니 영양가 있고 신선한 과일에 입맛들일 기회가 줄어들고 있다. 미래 세대인 우리 아이들의 건강한 성장을 위해 새로운 경기도가 건강한 먹거리를 책임지겠다."라고 밝혔다.

아이들은 대한민국의 미래다. 싱싱한 과일 지원 사업은 아이들의 건강을 지키는 것은 물론이고 미래의 대한민국 건강을 지키는 사업이기도 하다. 또한, 경기도 내의 과일 농가에서 생산되는 과일이 우선 공급되기 때문에 과일 농가의 매출도 증가하는 최소 1석 2조의 효과가 기대되는 사업이다.

상식적이고 서민적이고 피부에 와 닿는 정책

이재명은 2022년 3월 7일 민주당의 대통령 후보로서 부산시 창선삼거리에서 열린 유세에서 다음과 같이 발언했다. "정치인이 가장 중요하게 생각해야 할 것이 국민에 대한 약속을 지키는 것"이라며 "저 이재명은 공약 이행률 95%로 지킬 수 있는 약속만 했고, 한 번 한 약속은 반드시 지키려 노력했다. 앞으로도 그럴 것"이라고 강조했다.

이재명이 성남시장 시절 김문기를 알았냐 몰랐냐 갖고 선거법상 허위사실 유포로 검찰이 기소하고 1심에서 징역 2년형의 유죄를 받았는데, 그가 유세에서 말한 공약 이행률 95%가 거짓이었다면 검찰은 이것도 기소했을 것이다. 그만큼 그가 성남시장과 경기지사를 거치면서 약속한 일들은 거의 모두 해냈다는 뜻이다.

이재명은 자신이 약속했던 공약은 물론이고, 공약에는 없었지만 새롭게 발견된 과제가 있다면 현장을 방문하고 건설적인 방법으로 해결책을 만들어냈다.

이재명은 민원인들에게 절대로 안 되는 일을 "검토해 보겠습니다.", "노력해 보겠습니다." 이런 말을 하지 않는다. 안 되는 일은 왜 안 되는

지 정확하게 얘기해 준다. 하지만 되는 일은 즉시 해결한다. 그러나 지금은 불가능한데 상식적이고 올바른 방향이라면 법을 고쳐서 해결하려고 한다. 그게 정치인이고, 그게 국회의원이다. 그 정점에 대통령이 있는 것이다. 더 많은 권한을 주면 더 많은 일을 할 수 있을 거라고 이재명의 지지자들은 믿고 있다.

　한다면 하는 정치인. 그가 이재명이다.

민주당 역사상 가장 큰 득표를 한 대통령 후보

이재명은 그동안 민주당의 후보 중 가장 강한 후보였다. 이재명이 얻은 득표수는 민주당 대통령 선거 역사상 최고의 득표수였다.

민주당 역사상 가장 큰 득표를 하고도 패배

이재명은 2021년 10월 10일 더불어민주당 20대 대통령 선거 후보 경선에서 승리했다. 2017년에 이어 2번째 도전에서 원내 제1당이자 여당의 후보가 된 것이다. 하지만 후보가 된 이후 이재명은 외로웠다. 마치 노무현 대통령의 후보 시절을 보는 것만 같았다. 오히려 그때보다 더 외롭고 힘들었다.

2022년 3월 9일 치러진 제20대 대통령 선거에서 국민의힘 윤석열 후보는 48.56%, 더불어민주당 이재명 후보는 47.83%, 정의당의 심상정 후보는 2.37%로 1위 윤석열 후보와 2위 이재명 후보는 247,077표 차이에 불과했다. 결과적으로 보면 역사상 가장 치열한 선거에서의 석패였다.

이재명을 공격하는 자들은 이재명이라는 후보가 부족해서 선거에서 졌다고 말한다. 심지어 이낙연이 후보였다면 넉넉하게 이겼다고 망말도 한다.

정말 그럴까? 아니다. 이재명은 그동안 민주당의 후보 중 가장 강한 후보였다. 이재명이 얻은 득표수는 민주당 대통령 선거 역사상 최고의 득표수였다.

대한민국 헌정 사살 최초의 정권 교체를 이룬 김대중 대통령의 투표 결과는 40.27% 득표율에 10,326,275표였다. 노무현 대통령은 48.91% 득표율에 12,014,277표였다. 문재인 대통령은 41.08% 득표율에 13,423,800표였다. 문재인 대통령은 박근혜에게 밀려 낙선한 18대 대통령 선거에서 48.02% 득표율에 14,692,632표였다. 문재인 대통령은 낙선했을 때보다 오히려 1,268,832표나 적게 득표했다.

어차피 대통령은 문재인이라는 구도 속에서 치러진 선거였음에도 불구하고 결과는 실망스러웠다. 여기서 우리가 되새겨 볼 부분은 문재인 대통령이 박근혜에게 졌을 때 민주당에 어느 누구도 후보가 문재인이었기 때문에 졌다는 얘기를 한 적이 없었다. 어느 누구도 '독재자 딸 박근혜에게 진 무능한 후보'라고 비난하지 않았다.

그런데 유독 이재명에게는 '바보 윤석열에게도 진 후보'라고 비아냥거리는 자들이 많다. 이재명은 득표율 47.83%로 무려 16,147,738표나 획득했다. 민주당 역사상 가장 많은 득표를 올린 후보이다. 그만큼 민주당을 넘어 대한민국의 소중한 자산이다.

윤석열이라는 괴물을 만든 사람은 문재인 대통령

문재인 대통령은 2025년 2월 7일 한겨레와의 인터뷰에서 "전 과정을 통해서 후회하는 대목이 여러 군데 있지만, 총체적으로 윤석열 정부를 탄생시켰다는 것에 대해서 우리 정부(문재인 정부) 사람들은, 물론 내가 제일 큰 책임이 있을 테고, 그에 대해서 우리가 자유롭지 못하다고 생각합니다. 국민께 송구스럽죠."라고 밝혔다.

지난 대선에서 이재명 후보가 패배한 원인에 대해서도 담담하게 밝혔다.

"마치 문재인 정부와 대척점에 서 있는 사람처럼 그렇게 만들어주어서 그게 국민의힘의 대통령 후보로까지 올려준 거라고 생각합니다. 그런데 그것도 또 끝이 아니라 더 유감스러운 것은 사실 지난번 대선이에요. 왜냐하면 윤석열 후보가 어쨌든 지난번 대선 과정에서 이미 보여줬어요. 이 사람이 말하자면 유능한 검사일지는 몰라도 대통령 자질은 전혀 없는 사람, 뭐 비전이나 정책 능력 같은 것도 전혀 없고, 준비도 전혀 되어 있지 않은 사람이라는 사실이 그때 이미 드러났거든요. 그래서 처음에는 손쉬운 상대로 여겼어요. 우리 쪽 후보(이재명 후보)가 비전이나 정책 능력 또는 대통령으로서 자질이나 이런 부분들이 훨씬 출중하기 때문에 쉽게 이길 것이라고 그렇게 생각했는데, 아마도 비전이나 정책 능력을 놓고 서로 경쟁하는 선거로 갔다면 당연히 그렇게 됐을 거예요. 역대 대통령 선거가 그렇게 해왔으니까요. 그런데 그렇게 흘러가지 않고, 말하자면 극심한 어떤 네거티브 선거에 의해서, 마치 비호감 경쟁인 양 그렇게 선거가 흘러가 버렸고 그 프레임에서 결국은 벗어나지 못한 것이 패인이 되고 말았죠."

누구나 알고 있다시피 윤석열은 문재인 정부에서 키운 인물이다. 윤석열은 박영수 특검에서 '국정농단의혹사건수사특별검사팀 수석 파견 검사'로 시작해서 인지도를 높였으며, 문재인 정부에서 서울중앙지방 검찰청 검사장을 거쳐, 대검찰청 검찰총장을 지냈다.

문재인 정부에서 윤석열을 중앙지검 검사장으로, 그리고 검찰총장까지 추천한 인물은 누구였을까? 그 인물에 대한 논의는 여러 가지가 있는데 여기서는 생략하기로 한다. 누가 추천을 했든 간에 임명권자에게 가장 큰 책임이 있다.

윤석열은 청문회에서 문재인 대통령의 검찰개혁에 전적으로 찬성한다는 거짓말로 최종적으로 임명되었다. 그러나 검찰총장에 임명되고 나서는 문재인 대통령의 뜻을 따르지 않고, 오히려 추미애 법무부 장관의 징계에도 소송을 통하여 대응하였다.

문재인 정부 개혁의 중심에 서야 할 인물이 문재인 정부에 부담을 주었다. 문재인 정부 말기에는 현직 검찰총장이 야당 대통령 후보로 거론되는 있을 수 없는 일이 계속되었다. 이를 제지하기 위하여 추미애 법무부 장관이 정당하게 징계했음에도 불구하고, 오히려 현직에서 물러나야 했던 인물은 윤석열이 아니라 추미애였다. 문재인 대통령은 사사건건 현 정부의 검찰개혁 의지에 찬물을 끼얹는 윤석열 총장을 파면했어야 했으나, 문재인 대통령의 소신은 검찰총장의 임기를 보장하는 것이었다. 문재인 대통령의 임기 보장이 확실한 소신이라는 것을 간파한 윤석열은 정권 교체의 상징으로 우뚝 섰다. 문재인 대통령의 실기라고 아니할 수 없다.

문재인 대통령의 인사 실패는 윤석열뿐만 아니었다. 최재형 감사원장은 이후 이낙연이 대통령이 되겠다며 국회의원직을 버린 서울 종로구에서 국민의힘 소속 국회의원이 되었다.

문재인 대통령이 임명한 검찰총장과 감사원장이 모두 정권 교체의 선봉에 선 것이다.

다음으로는 문재인 정부와 처음부터 끝까지 함께했던 홍남기 기획재정부 장관이자 경제부총리였다. 홍남기 부총리에 대한 문재인 대통령의 무한 신임으로 인해 대통령 선거 직전 이재명 후보가 간곡하게 요청했던 전국민 재난지원금 100만 원을 지급하지 못했다. 홍남기는 국가 재정이 부족하다는 이유로 반대했지만, 대통령 선거가 끝난 직후 대통령 윤석열은 전국민 재난지원금을 지급했다. 만일 그때 이재명 후보의 요청대로 전국민 재난지원금을 지급했다면 선거 결과는 분명히 달라졌을 것이다. 국가 재정이 부족하다는 홍남기의 말은 새빨간 거짓말이었다. 오히려 추가 세수로 인하여 국가 재정은 오히려 넘쳐났다. 2023년 지금 대기업에 법인세를 깎아주겠다는 윤석열의 호기도 여기서 나오는 것으로 보인다.

'대장동 그분'이라는 동아일보의 오보

동아일보는 민주당의 대통령 후보 선출을 하루 앞둔 2021년 10월 9일 기사에서 정영학 회계사가 천화동인 4호 소유주 남욱 변호사와의 대화 과정에서 김만배가 "그(천화동인 1호 배당금) 절반은 '그분' 것이다."라고 말했다고 보도했다. 동아일보는 "김 씨가 녹취록에서 천화동인 1호 실소유주의 이름까지 거명한 건 아니었다. 하지만 김 씨가 유동

東亞日報

김만배 "천화동인 1호 배당금 절반은 그분 것"

(1208억 원)

남욱-정영학과 대화 녹취록에
쇼 '내 것 아닌거 잘 알지 않나'
'유동규 윗선 연루' 시사 발언 담겨
경찰, '퇴직금 50억' 곽상도아들 조사

이름까지 거명한 건 아니었다고 한다. 하지만 김
씨가 유 전 사장 직무대리보다 네 살 위라서 김 씨
가 언급한 '그분'은 최소한 유 전 사장 직무대리보
다 '윗선'이라는 것이 당시 사정을 아는 관계자들
의 설명이다. 유 전 사장 직무대리는 2015년 화천
대유 측 컨소시엄을 대장동 민간사업자로 선정해
주는 대가로 개발 수익의 25%를 받기로 약정한

동아일보 2021년 10월 9일자.

규 전 사장 직무대리보다 네 살 위니 김 씨가 언급한 '그분'은 최소한
유 전 사장보다 '윗선'이라는 것이 당시 사정을 아는 관계자들의 설명"
이라고 전했다.

이 기사는 정영학이 녹취록을 검찰에 제공한 직후 나온 것으로 보이
는데, 이후에 공개된 정영학 녹취록엔 이른바 '그분'이라는 게 전혀 없
다. 녹취록에 나오지도 않는 걸 동아일보가 가공해서 만든 것이거나,
검찰에서 가짜 정보를 동아일보에 제공해서 나오게 된 오보라고 할 수
있다.

이때까지만 해도 이재명은 타 경쟁자보다 모든 여론조사의 지지율이
앞서고 있었다. 동아일보의 이 기사를 시작으로 이재명은 대선 기간 내
내, 그리고 지금까지도 송사에 시달리고 있다.

동아일보의 이 기사를 시작으로 수백만 건의 관련 기사들이 쏟아졌
으며 윤석열과 이재명의 지지율도 역전되었다.

대선 이후 조사된 데일리리서치 여론조사에 의하면 '대장동의 그분'
기사로 인해서 무려 23·1%가 지지 후보를 바꿨다고 한다. 동아일보
의 '대장동 그분'이라는 기사로 인해서 대통령 선거의 결과를 뒤바꿨
다고 볼 수 있다.

Q1. 대장동 그분 언론보도 인지도

-들어본 적 있다 85.3%, 없다 11.6%

Q2A. 지지 후보 결정에 영향을 미쳤나?

-미쳤다 45.7%, 안 미쳤다 50.9%

Q2B. 언론 보도 이후 지지 후보 변경

-바뀄다 23 · 1%, 안 바뀄다 71.8%

대장동 관련 재판이 끝나고 나면 동아일보는 허위 사실에 의한 대선 개입에 대해서 마땅히 책임져야 할 것이다.

문파라고 스스로 네이밍한 가짜 뉴스의 생산자들

스스로 '문파'라고 부르는 이들과 이재명의 악연은 2017년 민주당 경선 때부터이다. 이재명은 당시 성남시장으로 지자체 단체장으로선 처음으로 대선 경선에 뛰어들었다. 문재인 후보의 일방적인 승리가 예상된 경선에서 흥행을 위해 문재인 후보가 직접 후보로 나와달라고 부탁했다는 얘기도 있다.

이때 경선에서 이재명은 '사이다' 문재인은 '고구마'라는 별명을 얻었다. 누구나가 문재인의 승리를 예측할 수 있었던 약속 대련 같았던 경선은 예상외로 과열되었으며, 이재명 후보는 문재인 후보에게 다소 난처한 질문들을 쏟아내었다. 이때부터 문재인 지지자들 소위 문파들에게 비판을 받았으며, 그 이후 문재인이 대통령이 되고 퇴임한 이후까지 앙금으로 남아 있다. 물론 대부분의 문재인 지지자들은 이재명 지지자로 흡수되었지만, 그들 중 일부는 여전히 안티 이재명 노선을 고수하고 있다. 그들은 지난 대선에서 민주당 당원임에도 불구하고 윤석열을 지지하는 해당 행위도 서슴지 않았다.

지금 이재명 대표는 온갖 루머와 송사에 시달리고 있는데 그 빌미를 제공한 자들이 바로 이들이다. 이들이 이재명을 제거하기 위하여 만들어낸 악의적인 루머를 살펴보면 다음과 같다.

1) 김부선과의 스캔들을 퍼뜨려서 이재명의 제거를 시도했다. 공지영과 김부선과의 전화 통화에서 이른바 거기에 '점'이 있다고 해서 아주대 병원에서 신체검사까지 하는 수모를 견디어야 했다. 이후 이들은 이재명을 '점지사' 또는 '낙지사'라는 멸칭을 지금까지 사용하고 있다.

2) 형수 욕설에 대해 조작을 해서 이재명을 제거하려고 했다. 해당 욕설은 형이 어머니께 한 욕설을 형수에게 들려주며 항의하는 과정에서 나온 것이다. 이는 법원 판결에도 이미 나와 있는 것임에도 불구하고 이재명이 형수에게 욕설했다고 하며 지금까지 괴롭히고 있다. 이들은 이재명에게 여전히 '쌍지사' 또는 '쌍'이라는 멸칭을 사용하고 있다.

3) 형을 강제 입원시키려 했다며 이재명의 제거를 시도했다. 이 사건은 결국 송사로 이어져서 법원으로부터 무죄를 판결받았음에도 불구하고 여전히 이들은 자신의 정치적 이득을 위해 형을 강제 입원시키려 했다고 음해하고 있다.

4) 이재명 조폭 연루설로 이재명을 제거하려고 했다. 성남시장 시절 시장실을 개방했는데 성남 시민 한 명이 시장실에서 성남시장 의자에 앉아서 거만한 자세로 사진을 찍었는데 이 사람이 조폭이고 이재명에

게 영향력을 행사하고 있는 사람이라면서 이재명을 음해했다.

5) 이른바 '혜경궁김씨'로 부인 김혜경 여사를 끌어들여서 이재명과 문재인을 이간질해 이재명을 제거하려고 했다. '정의를위하여08_hkkim'라는 트위터 계정은 오랫동안 사용하지 않았던 계정이었는데, 이 계정을 김혜경 여사가 사용했다며 이재명과 김혜경을 음해했다.

6) 대장동, 백현동, 정자동으로 이재명의 제거를 시도했다. 지금 현재 대장동 사건은 이재명을 가장 곤란하게 하는 것 중의 하나이다. 대장동 사건에 이재명이 연관되어 있다는 루머는 지난 2021년 민주당 대선후보 경선 기간에 이낙연이 직접 들고나온 것이다.

지금도 이들은 트위터, 페이스북, 유튜브를 통하여 여전히 이재명에 대한 음해를 멈추지 않고 있다.

이낙연 선대위원장

지난 민주당 경선에서 이재명 후보는 가까스로 50%를 넘었다. 당시 민주당 경선 룰은 '유효투표의 과반수 이상 득표자를 승자로 한다'는 것이었다. 이 룰은 노무현 후보, 문재인 후보 때도 적용된 것이었다. 중도에 사퇴한 후보의 득표는 무효표 처리하게 되는데 무효표는 유효표에 포함되지 않는다. 이낙연 후보 측은 이 룰을 무시하고 무효표를 유효표로 계산해서 과반 득표가 안 되니 결선투표를 해야 한다면서 결과에 승복하지 않았다. 이낙연 후보는 경선 마지막 날 승복 연설을 하지 않았다. 이낙연 지지자들은 경선 결과를 '사사오입'이라며 네이밍조차 터무니없는 것으로 여전히 음해하고 있다. 경선 결과에 대한 즉각적인

승복을 하지 않은 것은 이낙연의
최대 실책이었다.

정운현 페이스북

두 번째 실책은 측근이거나 그
의 지지들이 경선 결과에 불복하
는 것을 넘어 윤석열의 품 안으
로 들어가는 것을 방치한 것이
다. 대표적인 인물이 정운현이다.
정운현은 오마이뉴스 편집국장
출신으로 이낙연이 국무총리를
할 때 비서실장을 역임한 인물이
다. 정운현이 윤석열을 지지했을 때 이낙연은 저지했어야 했다. 대통령
선거 기간 동안 민주당 선대본부장을 이낙연이 맡았지만, 약발이 제대
로 서지 않았다.

정운현의 투항을 필두
로 이낙연을 지지하는
민주당 당원들이 집단적
으로 윤석열을 지지하는
기자회견을 열기도 했
다. 민주당의 핵심 SNS
조직 '디지털전략팀'이
라고 밝힌 자들이 윤석
열을 지지했으며, 이낙

연이 더불어민주당 총괄선거대책위원장을 하고 있음에도 불구하고, 스스로 문재인 대통령과 이낙연을 지지한다고 밝힌 '2022대선에 임하는 오소리모임'이라고 밝힌 자들이 "이번엔 2번! 전략적 지지선언"을 한다며 문파 16,175명이 윤석열을 지지한다는 기자회견을 했다.

이낙연은 자신의 측근, 지지자들이 윤석열을 지지하는 상황에서도 단 한마디도 제지하지 않았다. 이낙연은 총괄선대위원장을 하면서도 법카 카드로 논란이 되었던 김혜경 여사의 사과를 강요해서 오히려 민주당의 악재를 만들었다.

이낙연은 2025년 2월 22일 자신의 페이스북에서 "내가 윤석열 이재명 정치의 동반청산을 호소드리는 이유는 분명하다. 그것이 많은 국민의 뜻이기 때문"이라고 했다. 그러면서 대선에 출마해서 이재명이 대권을 못 잡는 데 역할을 하겠다는 뉘앙스를 비쳤다. 이런 자가 바로 지난 대통령 선거에서 이재명 후보의 선대본부장이었다. 기가 막힐 따름이다. 그는 더 이상 민주당이 품어야 할 자가 아니다.

민주당의 국회의원

지난 대통령 선거 과정에서 보여준 민주당 국회의원들의 행태를 보면 열불이 난다. 국회의원들은 전투력을 전혀 보여주지 않았다. 하다못해 현수막마저 제대로 걸지 않았다. 180명이나 되는 국회의원들이 보여준 태도에 항의하는 민주당 지지자들이 엄청났다. 그나마 선거 결과가 박빙으로 끝난 것은 이재명을 대통령으로 만들어보겠다고 발 벗고 뛰어다닌 권리당원과 일반 당원 그리고 지지자들의 노고였다.

이재명 본인

대장동과 이재명의 연루설을 끝없이 쏟아내며 윤석열의 선거운동원으로 활동한 언론, 이낙연 지지자들의 비협조를 넘은 윤석열 진영으로의 투항, 민주당 의원들의 비협조 등 악재가 결정적인 패인임은 분명하겠지만, 이재명 후보 스스로 말했듯이 제일 큰 책임은 이재명 본인이다.

이재명은 민주당 역사상 최고의 후보였다. 그런 후보를 가졌음에도 불구하고 민주당은 선거에서 패배했다.

이재명 후보의 실책 중 가장 큰 것은 선거 초반에 '이재명다움'을 잊은 것이었다. 이재명은 기본소득, 기본주택, 기본금융으로 상징되는 인물이었다. 그러나 경선이 끝나고 민주당의 후보가 되고 나서는 기본소득의 논쟁은 사라지고 말았다. 득보다는 실이 크다는 민주당 내부의 의견을 반영한 것이겠지만, 기본소득 논쟁의 회피는 오히려 득보다는 실이 많았다.

두 번째는 이낙연을 선대위원장으로 추대한 것이다. 이낙연 지지자들이 속속 윤석열을 지지하면서 해당 행위를 하는 상황에서 이낙연 선대위원장 카드 역시 득보다는 실이 컸다.

그나마 선거 후반에는 잃었던 '이재명다움'을 찾았다. 이낙연의 역할을 최소화하고 다시 싸울 줄 아는 이재명으로 돌아왔다. 하루라도 더 있었다면, 하루라도 더 빨리 이재명다움을 찾았다면 어땠을까 두고두고 아쉬움이 남는다.

대선 패배 이후 민주당에 입당한 이들

지난 2022년 대선이 득표율 0.7%, 247,077표 차이 패배라는 결과를 받아 든 이재명 후보를 향한 아쉬움과 미안한 마음으로 이른바 '개딸'로 불리는 2030 여성들이 대거 민주당에 입당했다. 민주당은 그 숫자가 대략 30만에 달한다고 했다.

민주당은 당비를 매월 1천 원씩 6개월 이상 납부한 당원에게 권리당원이라는 자격을 주며, 권리당원에게는 각종 당내 선거에서 선거권을 준다. 대선 이후 입당하고 당비를 낸 당원들에겐 아쉽게도 2022년 8월에 있은 민주당 당대표 선거에서는 투표권이 없었다. 당원 가입 기간 6개월을 채우지 못했기 때문이다. 이로 인해 권리당원에 대한 과도한 자격 규제라는 비판을 당내에서 받기도 했다.

보통 대선이나 총선 등에서 패배하면 당원들이 가입하기는커녕 실망감에 기존에 있던 당원들도 탈당하는 경우가 대부분이다. 하지만 지난 대선에서는 패배했음에도 불구하고, 매우 능력 있는 후보가 선택되지 못하고 무능함이 증명된 형편없는 후보에게 진 결과에 분노한 젊은 유권자들이 패배한 이재명 후보를 응원하기 위하여 민주당에 입당했다.

이재명 역시 대선 이후 곧 치러진 지방선거와 국회의원 보궐선거를 통해서 당원 가입을 독려했다. 당원 가입뿐만 아니라 최소 1천 원을 내서 6개월 뒤에 권리당원 자격을 취득해서 민주당의 변화를 주도해달라고 주문했다.

당대표 경선을 앞둔 2022년 7월 13일 트위터를 통해 김모 씨가 "뉴스에 나오는 이재명 선생님의 모습을 보며 너무 마음이 아프다. 자그마

한 힘이지만 저희 힘이라도 보탬이 됐으면 한다. 방법을 알려주면 미력하나마 선생님을 위해 저의 최선을 다할 것"이라는 의견을 밝혔을 때 이재명 의원은 "민주당의 권리당원으로 입당해 달라"며 "월 1,000원 당비를 내면 민주당의 모든 의사결정에 참여할 수 있다. 민주당 홈페이지에서 아무 때나 가입할 수 있다."라고 독려했다.

이에 트위터에는 당원 가입 인증글이 쏟아졌다. "이제 대학생이 된 대학교 1학년인 만큼 지금 바로 생애 처음으로 입당하겠다", "어제 엄마 꼬셔서 입당시키기 성공, 칭찬해주세요", "오늘 친언니 당원 가입했어요", "당원 가입했어요. 진작 할 걸 후회되네요", "권리당원 2,000원, 추천인 이재명 입당했습니다" 등의 트윗글이 올라왔다.

이에 이재명은 "감사합니다. 민주당의 힘은 당원에서 나옵니다."라며 권리당원은 지역구 국회의원 등 공직 후보 경선, 당 지도부 선거 등에 막강한 권한이 있다며, 당이 변하라고 요구하는 것도 중요하지만 여러분 같은 당원이 많아지면 당은 자동으로 바뀐다고 밝혔다.

이때 가입한 당원들도 당대표 선거에서 이재명에게 소중한 한 표를 행사하고 싶었을 것이다. 하지만 국민의힘에서는 가능했지만, 민주당에서는 불가능했다. 새로 가입한 당원들에게 투표권을 주지 않자 일부 당원들은 당사 앞에서 시위도 하고, 탈당 협박(?)을 하기도 했지만 받아들여지지 않았다.

탈당을 시사하는 사람들을 향해서 이재명은 민주당을 사랑한다면 탈당해서는 안 된다고 설득했다. 만일 탈당하고 싶을 만큼 당에 실망했다면 탈당보다는 당비를 끊으라고 요령을 알려줬다. 그리고 다시 희망이 보이면 당비를 다시 납부해 달라고 했다. 민주당은 입당할 때나 탈당할 때는 심사를 거의 하지 않지만, 재입당할 때는 최소 1년 이상의 공백기를 가져야 하기 때문이다.

250만 권리당원의 의미

지금 현재 민주당 당원은 550만 명 이상이며 3개월 이상 매월 1,000원 이상 당비를 낸 권리당원의 숫자는 대략 250만 명이라고 한다. 2021년 130만 명이 채 안 되었는데 그 사이 2배 가까이 늘어난 셈이다. 이들의 대부분은 이재명을 응원하기 위하여 가입한 당원들로 추정된다.

지금 현재 민주당은 지역구별 평균 5천 명의 권리당원을 확보 중이다. 5천 명의 권리당원의 맘을 얻지 못한다면 차기 총선에서 공천받는 것은 불가능할 것이다. 5천 명의 권리당원이 선택하는 후보가 경선에서 이길 수 있는 것은 당연하다.

지난 2022년 대선에서 전체 유권자는 4,420만 명이었다. 250만 명의 권리당원이라면 전체 유권자의 5.9%에 해당한다. 5.9%가 뭐 그리 대단하냐고 폄하할 수도 있을 것이다. 하지만 전혀 그렇지가 않다. 일반적으로 바닷물 1Kg에는 35g의 염류 물질이 존재하고 있다. 다시 말해 바닷물의 염분 농도는 35‰ 즉 3.5%에 불과하다. 3.5%의 소금이 바다를 바다답게 만들 수 있는 것이다. 전체 유권자의 5.9%라면 소금과 같은 역할을 해서 대한민국을 바꿀 수 있다.

민주당의 250만 권리당원은 민주당의 집권뿐만 아니라, 분단된 조국의 통일이라는 염원을 함께 하고 있다. 대한민국에서의 민주주의를 완성하고 새로운 변화에 슬기롭게 대처해서 더욱 부강한 복지국가를 완성하게 될 것이다.

야당 역사상 가장 강력한 민주당의 대표

구조적 소수를 극복하고 이기는 민주당을 만들겠다.

초선 국회의원 이재명

대통령 선거에서 패배한 민주당 후보들은 대체로 정계를 은퇴하거나 잠행에 들어갔다. 김대중 대통령은 1987년 선거에서 노태우에게 패배한 이후 정계 은퇴를 선언했다. 이후 국민의 부름을 받아 정계 복귀를 선언하고 대통령에 당선되었다. 문재인 대통령도 2012년 박근혜에게 패배한 이후 잠행에 들어갔다가 복귀해서 대통령이 되었다. 그런데 이재명은 달랐다. 이재명은 대통령 선거에서 윤석열에게 패배한 이후 정계 은퇴나 잠행을 선택하지 않았다. 사실 어느 누구도 이재명이 정계 은퇴를 선언할 것이라고 기대하지 않았다.

이재명은 정계 은퇴를 하거나 잠행 기간을 이어가다가 국민이 부르면 마지못해 복귀하는 시나리오는 국민을 우롱하는 것이라고 생각했는지 모른다. 이재명은 김대중, 문재인의 길을 가지 않고 빠르게 당을 수습하는 것으로 방향을 잡았다. 그것이 비록 대선에서 패배한 후보지만 당원에 대한 도리라고 봤다.

이재명은 지방선거와 함께 치러진 국회의원 보궐선거 인천 계양을에 출마했다. 이 지역구는 송영길의 지역구로 송영길은 당의 결정에 따라 국회의원직을 사퇴하고 서울시장에 출마했다. 대통령 선거를 치르고 불과 3개월 뒤에 치러진 선거라 민주당에는 매우 불리한 선거였다.

지방선거에서 민주당은 경기도를 제외한 대부분 지역에서 참패했다. 예상된 결과였다. 그나마 소득이 있었다면 이재명이 계양을에서 국회의원에 당선되었다는 것이다.

민주당의 대통령 후보까지 했지만, 이재명의 가장 큰 약점으로 지적된 것은 여의도 정치 즉 국회의원 경험이 없다는 것이었다. 송영길 의원의 결단으로 이재명은 국회의원이 될 수 있었다. 당선 이후 국회 의원회관의 사무실도 송영길 전 의원이 사용하던 사무실을 인계받았다.

보궐선거에서의 승리로 민주당 역사상 가장 영향력 있는 중진 같은 초선의원이 탄생했다.

가장 강력한 당대표 탄생

이재명은 선거 패배 이후 실망할 시간도 없이 정치 일정을 소화했다. 3개월만에 국회의원에 당선되고 불과 5개월 만인 2022년 8월 28일 치러진 민주당 당대표 선거에 출마했다.

이재명을 싫어하는 많은 사람들이 뻔뻔하다고 비난했다. 하지만 민주당 당원들과 민주당 지지자들은 이재명을 77.77%라는 잭팟 포인트로 선택했다.

이날 전당대회에서는 이재명 의원을 당대표로 선출하고, 최고위원

에 득표 순서대로 정청래, 고민정, 박찬대, 서영교, 장경태 의원을 선출했다.

그때까지만 해도 이날 선출된 민주당 지도부가 민주당 역사상 가장 선명하다고 평가되었다.

이재명 대표는 당대표 수락 연설을 통하여 "구조적 소수를 극복하고 이기는 민주당을 만들겠다."고 약속했다.

이재명의 화려한 복귀로 대통령 선거 패배 후 의기소침해 있던 민주당에 다시 활력을 집어넣었다.

이재명은 이렇게 해서 대통령 선거 패배 이후 정계 은퇴나 잠행을 거부하고 국회의원이 되고, 당대표가 되어 더욱더 깊이 한국 정치의 중심으로 들어왔다. 이때부터 '이재명의 일극 체제'라는 비판을 받아왔지만, 그만큼 이재명은 민주당의 상징으로 자리 잡은 것이다. 그들이 말하는 일극 체제는 민주당 당원들이 만든 것이다. 이재명의 일극 체제를 비판하려면 자신이 민주당 당원들의 마음을 얻어 의미 있는 지지율을 만들면 되는 것이다. 스스로 이재명의 대안임을 증명하면 될 것이다.

당원의 폭발적 증가

민주당 내에서 이재명의 가장 큰 성과는 폭발적인 당원의 증가라고 할 수 있다. 2008년 노무현 정부 때에 비해서 108배 가량 증가했다. 민주당을 호남당이라고 하는데 이제 옛말이 되었다. 민주당 당원의 42.1%는 수도권이다. 호남은 33.3%로 여전히 높은 비중을 차지하지만 2위로 물러났다. 전국 전당을 목표로 하는 민주당 입장에서 바람직한 현상이라고 할 수 있다.

2023년 6월 30일 기준 더불어민주당은 일반 당원 500만 명, 권리 당원 250만 명에 달하는 거대 정당이다. 이재명 민주당 대표는 "민주당은 중국 공산당, 북한 조선노동당을 제외하고 민주주의 국가에서 가장 당원이 많은 정당"이라고 했다.

민주당의 당원은 이재명이 지난 대선에서 패배한 이후 오히려 급격하게 증가했다. 과반수에 해당하는 당원들이 대통령 선거와 패배 그리고 당이 정비되는 2022년부터 2023년 사이에 입당했다. 이른바 개딸로 불리는 젊은 당원들도 이때 유입되었다. 이재명 대표를 응원하기 위해 몰려든 당원들이지만 이들은 지금까지 한국 정당사에서 독특한 특성을 갖고 있다. 팬덤에 머물지 않고 스스로 당의 주인이라고 생각하고 있다. 당의 결정에 따르는 수동적인 태도에서 벗어나 '지배하는 당원'이다. 민주당 역시 이들이 적극적으로 의사결정에 참여할 수 있도록 당

대표 경선, 국회의원 경선에서 권리당원의 비중을 높이고 있다.

민주당의 권리당원들은 시민사회 운동을 하듯 당원 활동을 하고 있다. 과거에는 정당이 아닌 시민사회에서 사회운동을 하던 세력들이 이제는 제도권 정당인 민주당 안에서 사회변혁의 과제를 풀어가고 있다. 그렇다 보니 민주당의 몸집이 커질수록 시민사회 조직이 과거만큼 위력을 발휘하지 못하고 있는 것이 현실이다.

공천 혁명을 통한 야당 역사상 최대 승리

이재명을 아끼는 많은 사람 중의 일부는 이재명이 당대표를 맡는 것은 정치적 자살 행위라며 말렸다. 당대표는 책임을 지는 자리이다. 그 첫 번째 책임을 지는 선거가 22대 국회의원 선거였다. 만일 국회의원 선거에서 1당을 내주는 최악의 결과가 나온다면 당대표로서의 입지는 물론 차기 대권 주자로서의 입지도 흔들리기 때문이다. 그렇기 때문에 당대표에 출마하는 것이 결코 이재명에게 유리하게 보이지 않았다. 하지만 이재명은 돌아가지 않고 정면 돌파를 선택했다.

제일 먼저 해결해야 할 것은 22대 국회의원 선거에 나갈 민주당 후보를 결정하는 일이었다.

2021년 1월 11일 이재명과 함께 지난 대선에서 경쟁했던 이낙연이 탈당했다. 조응천이 탈당해서 이준석의 개혁신당으로 갔으며 김종민, 이원욱은 이낙연의 '새로운미래'로 갔다.

또한 경선 과정에서 원내대표를 지낸 홍영표를 비롯해 김영주, 이수진(동작을), 박영순, 설훈, 이상헌, 이상민이 탈당했으며, 김영주와 이상민은 국민의힘으로 들어가 옷을 갈아입고 그들의 후보가 되었다.

2024년 3월 8일 더불어민주당 임현백 공천관리위원장은 "현역 의원 기득권 타파를 위한 경선 원칙, 양자 경선 및 결선 제도 도입 등으로 시스템 혁신공천이 이뤄졌다"고 말했다. 그러면서 "현역 의원 교체에 대한 국민의 열망을 시스템 혁신공천으로 실현했다"고 강조했다.

임 위원장은 "민주당은 국민적 열망을 시스템 혁신공천으로 실현해 공천 혁명 이뤄내고 있다"면서 "외부의 왜곡과 악의적 비판에도 불구하고 혁신공천을 지켜준 덕분"이라고 말했다.

공천 과정에서 민주당의 권리당원들은 뜻하는 바를 거의 이루었다. 이를 통해 권리당원은 당의 주인은 당원이라는 것을 확인했다. 이재명 대표에 대한 구속영장 청구에 대한 체포동의안에 찬성했을 것으로 예상되던 30여 명의 의원들 대부분이 경선을 통과하지 못했다. 야권과 언론 심지어 스스로 비명계라고 주장하는 일부 민주당 당원들은 비명 횡사라고 주장했지만, 권리당원들의 선택 기준은 명확했다. 당대표를 검찰에게 넘겨준 행위는 해당 행위라고 판단하고 철저하게 응징한 것이다.

민주당은 공천 혁명을 통하여 야당 역사상 가장 큰 승리를 거두었다. 지역구에서 161석, 더불어민주연합이 비례에서 14석으로 모두 175석 이라는 엄청난 승리를 했다. 여기에 더불어민주당의 형제당이라 할 수 있는 조국혁신당 12석 역시 소중한 성과였다.

단순한 민주당의 대승이 아니었다. 21대 민주당에 비해 훨씬 젊어졌으며, 훨씬 개혁적으로 변했다. 이렇게 변화된 민주당 국회의원의 성향

변화는 윤석열의 계엄 사태에서 진가를 발휘했다.

국회의원 선거를 끝으로 당대표 이재명의 위상은 더욱 굳건해졌다. 적어도 당내에서 이재명을 흔드는 정치인은 거의 다 사라졌다.

제1차 정기전국당원대회

전국대의원대회가 전국당원대회로 이름을 바꾸고 2024년 8월 18일 올림픽체조경기장에서 '2024년 더불어민주당 제1차 정기전국당원대회'가 열렸다.

이재명은 모두의 예상대로 당대표에 출마했다. 이재명이 당대표 연임에 성공한다는 것은 기정사실이었다. 사람들의 관심은 오히려 최고위원으로 누가 당선되느냐에 관심이 있었다. 특히 수석 최고위원을 누가 하느냐가 초미의 관심사였다.

초반만 해도 정봉주의 돌풍이 예사롭지 않았다. 정봉주는 지난 국회의원 후보 경선에서 공공의 적이 되어 버린 박용진 의원과 대결해서 승리했으나, 또다시 과거의 발언이 문제가 되어 낙마하고 말았다. 그래서 그런지 동정표가 몰리면서 한때 1위를 달렸다. 하지만 또다시 이재명 대표에 대한 막말 논란이 일면서 위기에 몰렸지만 5등 순위 안에 드는 것에는 무리가 없어 보였다. 하지만 권리당원의 생각은 달랐다. 권리당원들은 정봉주가 최고위원에 들어가서는 안 되겠다고 판단했다.

1위, 2위를 달리던 정봉주는 마지막 서울 경선과 여론조사 결과를 통해 6위로 밀려나고 말았다. 민주당의 권리당원들은 어떻게 하면 정봉주를 탈락시킬 수 있을지 고민하고 또 고민했다. 그리고 결과는 위대

했다.

전당대회를 통해 당대표에는 이재명 의원이 최고위원에는 김민석, 전현희, 한준호, 김병주, 이언주 의원이 당선되었다. 특히 이언주 의원의 당선이 놀라웠다. 정봉주 탈락을 위한 권리당원의 전략적 투표의 최대 수혜자는 이언주 의원이 되었다. 민주당의 권리당원들은 윤석열과 가장 잘 싸울만한 후보를 당선시켰다.

이로써 이재명 의원은 전당대회를 통해 최초로 연임에 성공한 민주당의 대표가 되었다. 2024년 전당대회는 이재명의 승리이자 권리당원의 승리였다.

체포동의안에 찬성한 38명의 내부 반란

> 주장하지 못하는 소신은 소신이 아니며 만일 집단적 의
> 논을 거쳤다면 당당하지 못한 사술입니다.

2023년 2월 27일 오후 2시 30분. 임시국회 본회에서 '대장동 배임 및 성남FC 제3자 뇌물죄'로 인한 구속영장 청구에 따른 국회 체포동의안 가부 투표가 진행되었다. 한동훈 법무부 장관의 범죄행위 설명은 그동안 언론으로부터 나온 거 외에 새로운 증거 사실은 없었다. 이재명 대표의 입장 발표 역시 예상을 크게 벗어나지 않았다.

민주당에서 반란표 최소 32표

2022년 뇌물수수 및 정치자금법 위반 혐의를 받는 노웅래 더불어민주당 의원에 대한 체포동의안이 2022년 12월 28일 국회 본회의에서 출석 271명 중 찬성 101표, 반대 161표 기권 9표로 부결되었다. 이를 바탕으로 이재명 대표에 대한 체포동의안은 최소 161표는 나올 것으로 예상했다. 하지만 이재명 대표에 대한 체포동의안 표결은 예상을 완전히 빗나갔다.

국민의힘은 국무위원들까지 총동원해서 표결에 참석했다. 총투표

297표 중 찬성 139표, 반대 138표, 기권 9표, 무효 11표로 부결되었다. 만일 법률안이었다면 통과된 거나 마찬가지로 충격적이었다. 체포동의 안은 재적 의원 과반수 이상 표결로 과반수 이상의 찬성으로 동의 절 차가 마무리된다. 가결에 필요한 표결 수는 149표였다. 가결표 10표가 모자라서 부결된 것이다.

당시 21대 국회의 의석수는 국민의힘 115명, 민주당 169명, 정의당 6명, 기본소득당 1명, 시대전환 1명, 무소속 7명이다. 민주당 169에 기 본소득당 1명, 무소속 5명 등 175명으로 반대표 175표 정도 나올 것으 로 기대했다. 이렇게 본다면 38표가 이탈했으며, 이중 11표는 심지어 기권과 무효도 아닌 찬성으로 넘어간 것이다. 민주당 의원 중 10여 명 이 정치검찰의 아가리에 당대표의 머리를 밀어 넣은 것이다. 당연히 체 포동의안은 부결되었지만, 그 후폭풍은 매우 컸다.

부결될 거 알면서도 체포동의안 보낸 검찰

법원이 검찰의 주장을 받아들여 구속수사를 허가할 경우 다음과 같 은 것을 충족시켜야 한다.

피의자가 죄를 범하였다고 의심할 만한 상당한 이유가 있고, 일정한 주거가 없거나 증거인멸의 염려나, 도망 또는 도망의 염려가 있는 경우 이다.

이재명 대표에 대한 혐의는 유무죄에 대한 논쟁이 치열하며, 주거 역 시 일정하고, 제1당의 당대표로서 도주의 우려도 없으며, 관련 피의자 들이 모두 구속되어 있어서 증거를 조작할 수도 없으며, 300회가 넘는 압수수색으로 인해 검찰이 필요로 하는 관련 증거들도 이미 확보하고 있는 상태이다. 이재명 대표가 국회의원이 아니라면 영장 심사에서 구속영장이 기각될 가능성이 매우 크다. 만일 법원에서 구속영장이 기각된다면 검찰로서는 기소를 유지하는 것조차 버거울 수 있는 것이다. 검찰은 분명 이 정도의 구속영장으로는 발부되지 않을 거라는 것을 알고 있었을 것이다. 그런데도 검찰은 엉터리 구속영장을 청구해서 국회의 동의를 물었다. 검찰은 자신들이 만들어낸 구속영장이 엉터리였다는 것을 알고 있었지만, 어차피 국회에서 기각될 것이 자명했기에 구속영장 청구 쇼를 펼쳤다고 의심된다.

체포동의안 처리 결과에서 가장 충격을 받은 쪽은 민주당이겠지만, 검찰 역시 마냥 즐거운 결과는 아니었을 것이다. 계속해서 쪼개기 영장을 청구하다가 이재명의 낙마를 바라는 민주당 일부 국회의원들의 반란으로 덜컥 통과된다면 검찰 쪽에 날벼락이 될 수 있었다. 국회에서 통과된 엉터리 구속영장이 판사에게서 기각되는 것은 검찰 입장에서 보면 최악의 결과이기 때문이다. 그래서 다음 체포동의안을 국회에 보내는 것에 대해 검찰 쪽에서도 부담을 가질 수밖에 없을 것이다. 이렇게 많은 반란으로 부결되는 것은 검찰 쪽에서도 예상하지 못한 결과이다.

무기명이라는 방탄

체포동의안이 본회에서 표결되기 전에 더불어민주당은 의원총회를 열어서 정치검찰의 행태를 비판하고 압도적인 표 차이로 부결시킬 것을 결의했다. 다만 당론으로 결정하지는 않고 자유투표로 임하기로 했다. 특히 설훈, 이상민 등 반이재명 노선에 선두에 섰던 의원들도 당연히 부결시켜야 한다고 목소리를 높였다.

언론 인터뷰를 통해 조응천 의원은 이번에는 부결시킬 것이다. 그러면 당대표가 무엇인가 결심하지 않을까 기대한다고 했다. 무엇을 기대한다는 것일까? 이들이 가장 바라는 것은 당대표 사퇴일 것이다. 당대표 사퇴가 아니더라도 다음 공천에서 무엇인가 양보해 주길 바랐을 것이다.

충격적인 반란표의 숫자에 놀라서 민주당 당원들은 국회의원들에게 일일이 전화해서 어떻게 투표했는지 물어보았다. 물론 가결에 표를 던졌다고 하는 의원은 단 한 명도 없었다. 적어도 38명이 반란에 참여했지만 무기명 투표라는 그늘 속에서 자신의 투표 행위를 부정하고 있다.

체포동의안에 반대하지 않고 찬성 또는 기권이나 무효표를 던진 의원들은 이재명 대표에게 경고를 보낸 것이다. 기권표는 아무 표시도 않고 백지를 넣은 경우이다. 무효표는 투표지에 가부가 아닌 낙서를 한 경우이다. 무효표와 기권표는 소극적인 반대로 해석하는 게 합당할 것이다. 물론 소극전인 찬성으로 볼 수도 있다.

국회의 모든 표결은 기명식 전자투표로 하고 있다. 하지만 인사에 대한 표결은 무기명으로 하도록 했다. 국회의원을 국회에 보낸 유권자들은 자신이 뽑아준 국회의원이 어떤 표결을 했는지 물어볼 수 있으며, 마땅히 그 물음에 답해야 한다. 이재명 대표 보고 방탄 국회에 숨지 말고 당당히 수사받으라고 체포동의안에 찬성해 놓고는, 자신의 투표 행위에 대해서 숨기려 하는 것 역시 무기명 투표라는 방탄에 스스로 숨어버린 것이다.

38명이 처음부터 작정하고 찬성, 기권, 무효표를 배분했다는 의심을 받기도 하지만, 이심전심으로 뜻을 모았을 수도 있다. 175명의 20%면 35명이다. 이재명 당대표의 당대표 득표율이 77.77%였다. 반명 또는 비명이 22% 정도 되는데 이번 이탈표로 다시 한번 확인하였다. 38표의 이탈이 충격적일 수는 있겠으나, 적극적으로 해석하면 70% 이상인 138명의 확실한 우군이 있다는 것이다. 38명은 이번 기회에 자신들의 존재감을 이재명 대표에게 확실하게 시위했으나, 이후 체포동의안에서는 이들이 지금과 같은 선택을 안 할 것이라는 것이다.

당시 당원들은 38명 안에 포함된 것으로 의심되는 의원들에게 어떤 투표를 했는지 답할 것을 요구했다. 무기명 투표라는 방탄 뒤에 숨어서 자신은 반대표 던졌다고 항변할 수 있겠으나, 다음 체포동의안에서는 통하지 않을 수 있다. 자신은 반대표 던졌다는 것을 증명하기 위하여 핸드폰으로 자신의 투표 결과에 대해서 사진을 찍어 남겨서라도 누명을 벗고자 할 것이기 때문이다. 또다시 이런 분란을 만든다면 오히려 자신들의 입지가 더 흔들릴 것이기에 이탈할 수밖에 없다고 본다.

체포동의안이 부결되고 나서 김민석 의원은 페이스북에 다음과 같은 글을 남기며 이들을 비판했다. 그 글의 일부를 보면 다음과 같다.

이번 표결에 찬성표나 기권표를 던지는 방식으로 단일대오에서 이탈한 정치행태는 실망을 넘어 비판을 피할 수 없습니다. 찬성이

나 기권은 자유지만, 그간의 당내 토론과정에서 한 번도 공개적으로 주장하거나 토론하지 않고 은밀하게 투표한 방식은 아무리 생각해도 옳지 않습니다. 차라리 "찬성 투표하고 영장 심사를 받는 게 낫다"고 주장했던 일부 의견이 정직합니다. 이번 찬반투표는 사실상 검찰수사와 영장 청구의 정당성 여부에 대한 정치적 의사 표명이기 때문에 형식이 비공개투표일뿐 본질적으로는 국민 앞에 자신의 입장을 명료히 드러내는 것이 옳은 사안입니다. 주장하지 못하는 소신은 소신이 아니며 만일 집단적 의논을 거쳤다면 당당하지 못한 사술입니다. 앞으로는 이 사안에 대해 당당히 스스로의 의견을 밝히기 바랍니다. 정치는 주장하고 평가받는 것입니다.

이재명 대표에게 책임정치를 요구한다면 본인들도 책임정치를 해야 합니다.

민주주의에서 침묵이나 익명, 기권도 분명히 존중받아야 할 권리이지만, 적어도 국회의원이라면 이 정도 사안에서 당 일반의 흐름과 다른 자신의 의견에 대해서는 공개적으로 천명하고 행동하는 것이 바람직합니다. 앞으로 그리해주시는 것이 정당민주주의에 기여할 것이라 믿습니다.

이재명 대표의 불체포특권 사용하지 않겠다는 선언

이 글은 2023년 2월 말경에 썼다. 그리고 시간이 지나서 무더운 여름이 되었다. 2023년 6월 19일 국회에서는 이재명 대표의 교섭단체 대표 연설이 있었다. 이날 이재명 대표는 자신을 향한 검찰의 체포동의안에 대해서 다음과 같이 밝혔다.

저를 겨냥해서 300번도 넘게 압수수색 해 온 검찰이 성남시와 경기도에 전현직 공직자들을 투망식으로 전수조사하고 강도 높은 추가 압수수색을 계속하고 있습니다. 이재명을 다시 포토 라인에 세우고, 체포동의안으로 민주당의 갈등과 균열을 노리는 것인가 그렇게 생각합니다.

이제 그 빌미마저 주지 않겠습니다. 저를 향한 저들의 시도를 용인하지 않겠습니다. 저에 대한 정치 수사에 대해서 '불체포 권리'를 포기하겠습니다.

지금까지 그랬던 것처럼 소환한다면 열 번 아니라 백 번이라도 응하겠습니다. 구속영장을 청구하면 제 발로 출석해서 영장실질심사를 받고 검찰의 무도함을 밝히겠습니다. 압수수색, 구속기소, 정쟁만 일삼는 무도한 압구정 정권의 그 실상을 국민들께 드러내겠습니다.

이재명 대표의 불체포 권리를 사용하지 않겠다는 선언으로 다시 청구되는 검찰의 엉터리 체포영장으로 인해 당내에서 분란이 이는 것을 차단하고 싶었을 것이다.

목숨을 건 단식투쟁

이념보다 민생, 갈등보다 통합, 사익보다 국익을 추구하는 진정한 민주공화국, 자유롭고 정의로운 대한민국을 결코 포기하지 않고 반드시 민주주의를 회복하겠습니다.

2023년 8월 31일 이재명 대표는 단식투쟁을 선언하면서 페이스북에 〈무너지는 민주주의, 다시 세우겠습니다〉라는 글을 올렸다. 이재명 대표의 단식투쟁은 무려 24일간 지속되다가 9월 23일 중단되었다.

존경하는 국민 여러분,

사랑하는 당원 동지 여러분.

먼저, 죄송하다는 말씀부터 드립니다.

대한민국이, 국민의 삶이 이렇게 무너진 데는 저의 책임이 가장 큽니다. 퇴행적 집권을 막지 못했고, 정권의 무능과 폭주를 막지 못했습니다. 그 책임을 조금이나마 져야 한다고 생각했습니다.

대한민국은 민주공화국이고 이 나라의 주인은 국민입니다. 국가의 존재 이유는 오직 국민, 오직 민생입니다.

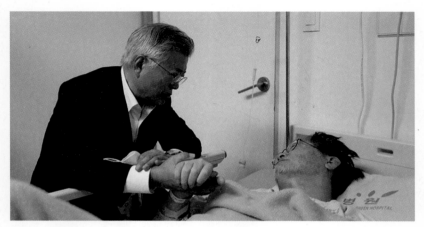
단식 19일째 문재인 전 대통령이 녹색병원에서 단식 중단을 요청하고 있다.

대통령은 나라를 다스리고 국민을 지배하는 왕이 아니라 주권자의 대리인, 충직한 일꾼이어야 합니다.

대통령과 정권은 국민과 싸울 것이 아니라 국민을 위해 싸워야 합니다.

"이게 나라냐"

국민들은 이렇게 묻습니다. 국민의 생명과 안전을 지키고 민생을 지켜야 할 정권이 안전을 걱정하는 국민의 목소리를 괴담이라 매도하고 겁박합니다.

심지어 국민과 싸우겠다고 대국민 선전포고까지 합니다.

2023년 오늘, 이 땅의 민주주의가 무너지고 있습니다.

민주공화국의 헌정질서가 파괴되고 있습니다.

정권은 국민의 안전과 재산을 위협하고 해양주권을 침해하는 일본의 핵 폐수 투기 테러에도 저항하기는커녕 맞장구치면서 공범이 되었습니다. 어민, 횟집, 수산 종사자들의 생업이 위협받고, 국민 먹거리 안전이 위협받는데, 대통령은 '1+1을 100이라 하는 선동세력'이라고 매도하면서 국민과 '싸우겠다'고 합니다. 먹고사는 것도 어려운데 이념전쟁으로 국민을 갈라치기합니다.

독립전쟁 영웅 홍범도 장군을 공산당으로 매도하며 흉상 철거를 공언했습니다. 그 자리에는 독립군을 때려잡던 간도 특설대 출신이 대신할 것이라는 말도 있습니다.

이제 역사 속으로 사라지려 했던 지역주의 부활도 걱정해야 될 판입니다. 심각한 권력 사유화, 그리고 국정농단으로 대한민국이 무너지고 있습니다.

국가의 부름에 응했다가 억울하게 생을 마감한 청년의 이 억울함을 풀어주고 사건의 진상을 밝히고 재발을 막아야 할 정권이 책임을 묻기는커녕 오히려 진실 은폐에 급급하고 있습니다. 은폐 이유가 대통령 때문이라는 의혹이 제기되자 은폐를 거부한 수사단장을 구속하겠다고 합니다.

서울 양평 고속도로 종점이 느닷없이 대통령 처가 땅 쪽으로 바뀌고 의혹이 제기되자 수조 원대 국책사업을 느닷없이 백지화합니다.

권력 사유화와 국정농단으로 나라가 무너지고 있습니다. 정권의 민생 포기에 대한민국이 무너지는 중입니다. 복합 위기로 소상공인·자영업자들마저 신빈곤층으로 전락하고, 비정규직 노동자들은 열심히 일해도 이자 갚기조차 벅찹니다.

고물가, 고환율, 고금리는 지속되고, 일자리 부족, 수출 부진에 내수 부진까지 겹쳐서 경제지표가 온통 빨간 불입니다.

번 돈을 모두 대출이자 갚는 데 쓰느라, 생활조차 어려운 국민들이 도처에서 신음하는데도 윤석열 정부는 국가가 져야 할 빚을 국민에게 떠넘기고 있습니다. 초부자감세로 나라 곳간을 거덜 내고도 그 책임을 전부 서민에게 떠넘기고 있습니다. 정권의 국민 포기에 대한민국이 무너지고 있습니다.

이태원 유가족들은 아직도 거리에 계십니다. 아무 잘못도 없는 국민들 159명이 백주대낮에 정부의 잘못으로 어이없이 목숨을 잃었습니다. 국민의 생명과 안전을 지키는 것이 국가의 제1책무인데 대체 국가는 어디로 갔습니까? 어떤 책임도 지지 않고 사과조차도 하지 않는 무능하고 뻔뻔한 정부로 인해 국민은 '무정부 상태'를 '각자도생'하면서 버티고 있습니다.

정권의 언론탄압에 대한민국이 무너지고 있습니다. 윤석열 정권은 이동관을 방통위원장에 선임해 MB식 언론탄압을 재개하고 있습니다.

언론의 입을 가리고 땡윤 뉴스를 만든다고 정부의 실정과 무능, 폭력이 감춰지지 않습니다. 괴벨스를 부활시키려는 독재적 사고는 곧 시민의 저항에 부딪힐 것입니다.

정권의 편 가르기에 대한민국이 무너지고 있습니다. 의견이 다른 국민을 반국가 세력으로 매도합니다. 이념을 앞세우며 한반도를 전쟁 위기로 몰아갑니다. 공산주의 사냥하던 철 지난 매카시가 대한민국에서 다시 부활하고 있습니다.

진영대결이 먹고 사는 문제를 해결하지 않습니다. 이념이 민생 위에 있지 않습니다. 실리외교, 평화외교의 길을 걷는 것, 전쟁이 아니라 평화를 지키는 것이 국민의 생명과 안전을 지키고 먹고사는 문제를 해결하는 방법입니다. 과거로 가지 말고 미래로 가야 합니다.

국민을 주인으로 대하지 않고 무시하고 적대시하는 나라. 헌법을 외면하고 국가의 의무를 회피하며 역사를 부정하고 국민을 갈라치기 하는 정권.

먹고 사는 문제를 팽개치고 각자도생 적자생존의 정글로 내모는 나라가 되고 말았습니다.

이게 나라입니까?

이게 민주주의입니까?

폭정 속에 무너지는 민생과 민주주의를 보며 국민의 한 사람으로서 분노합니다.

존경하는 국민 여러분.

우리가 애써 만들어온 민주주의는 정권이 함부로 훼손할 수 있는 것이 아닙니다.

일제의 탄압을 뚫고 군사독재정권의 만행에 맞서며 피로써 쟁취한 민주주의입니다. 무도한 정권을 촛불혁명으로 끌어내리며 세계가 감탄할 민주주의를 만들었습니다. 윤석열 정권은 헌정 질서와 민주주의를 파괴하고 국민을 향해 전쟁을 선포했습니다.

국민 여러분 앞에 말씀드립니다. 오늘부터, 이 순간부터 국민의 한 사람으로서 무능 폭력 정권을 향해 '국민항쟁'을 시작하겠습니다.

민주주의 파괴에 맞서 국민과 함께 민주주의를 회복하겠습니다. 그 맨 앞에 서겠습니다. 사즉생의 각오로 민주주의 파괴를 막아내 겠습니다.

마지막 수단으로 오늘부터 무기한 단식을 시작합니다.

윤석열 정권에 요구합니다.

첫째, 대통령은 민생파괴 민주주의 훼손에 대하여 국민께 사죄하고 국정 방향을 국민 중심으로 바꾸십시오.

둘째, 일본 핵 오염수 투기에 대해서 반대 입장을 천명하고 국제 해양법재판소에 제소하십시오.

셋째, 전면적 국정 쇄신과 개각을 단행하십시오.

사랑하는 국민 여러분.

도산 안창호 선생께서는 "참여하는 사람은 주인이요, 그렇지 않은 사람은 손님이다." 이렇게 말씀하셨습니다.

우리는 역사적으로 국가 위기 상황을 국민들의 힘으로 극복해 왔습니다. 민주공화국의 주인으로 참여하고 행동할 때 비로소 한 걸음씩 전진해 왔습니다.

우리에게는 위기 극복의 피가 흐릅니다. 두려움을 용기로 바꿔낸 다면 위기를 기회로 만들 수 있습니다.

국민 여러분과 함께 민주주의의 파괴를 막고 대전환의 역사, 새로운 미래를 만들어낼 수 있다고 확신합니다.

오늘은, 무도한 정권을 심판하고 민주주의를 바로 세우는 첫날이 될 것입니다. 이념보다 민생, 갈등보다 통합, 사익보다 국익을 추구하는 진정한 민주공화국, 자유롭고 정의로운 대한민국을 결코 포기하지 않고 반드시 민주주의를 회복하겠습니다.

고맙습니다.

체포동의안 가결과 구속영장 기각

> 상대를 죽여 없애는 전쟁이 아니라 국민과 국가를 위해
> 누가 더 많은 역할을 제대로 할 수 있는지를 경쟁하는
> 진정한 의미의 정치로 되돌아가길 바란다.

이재명 대표는 2023년 8월 31일 국회 앞 본청에서 천막을 치고 단식을 시작했다. 동료 정치인들과 시민들이 천막을 찾았다. 9월 13일부터는 건강이 빠르게 안 좋아져 본청 내 당대표실로 단식 현장을 옮겼다.

당내 인사는 물론 시민사회 원로 등이 잇달아 찾아 단식을 만류했으나, 이 대표는 곡기를 끊은 채 단식 의지를 꺾지 않았다. 이에 민주당은 9월 16일 의원총회를 열어 이재명 대표가 단식을 중단하도록 결의하기도 했다.

급기야 단식에 들어간 지 19일째인 9월 18일에 민주당 측이 부른 앰뷸런스에 실려 여의도성모병원으로 후송되었다. 당시 이 대표는 혈당이 떨어지며 거의 의식을 잃은 상황이었다. 이재명 대표를 지지하는 시민들은 가슴이 찢어지는 심정을 견디어야만 했다.

단식이 지속되는 사이 검찰은 이재명 대표에 대한 체포동의안을 국회에 제출했다. 국회는 9월 21일 본회의에서 체포동의안에 대한 표결

을 진행하기로 했다.

이재명 대표는 체포동의안에 대한 자신의 입장을 9월 20일 페이스북에 게시했다. 글은 〈검찰 독재의 폭주 기관차를 멈춰 세워 주십시오.〉였는데 전문은 다음과 같다.

검찰은 검사 약 60명 등 수사 인력 수백 명을 동원해 2년이 넘도록 제 주변을 300번 넘게 압수수색 하는 등 탈탈 털었습니다. 그러나 나온 것은 아무 것도 없습니다.

이번 영장 청구는 황당무계합니다.

검찰이 주장하는 백현동 배임죄는, 자유시장경제질서를 천명한 헌법에 반합니다.

검찰은 이재명 앞에 서면 갑자기 공산주의자가 됩니다.

'지자체는 인허가를 할때 이를 이용해 최대한 돈을 벌고 민간 이익을 최소화할 의무가 있다'면서, '제가 그 의무를 위반해서, 공사를 개발사업에 참여시켜 200억 원을 더 벌 수 있는데도, 토지 무상양여로 약 1천억밖에 못 벌었으니 200억 원만큼 배임죄'라는 공산당식 주장을 합니다.

만일 시 산하기관이 참여해 200억 원을 벌도록 했다면 제3자 뇌물이라 우겼을 것입니다. 실제로 검찰은 성남시가 인허가를 조건으로 시 산하인 성남FC에 광고하게 했다고 제3자 뇌물로 기소했습니다. 돈 벌면 제3자 뇌물죄, 돈 안 벌면 배임죄라니 정치 검찰에게 이재명은 무엇을 하든 범죄자입니다.

대북 송금은 자던 소가 웃을 일입니다.

법률가 출신의 유력 정치인이 해도 그만 안 해도 그만인 1회성 방북 이벤트와 인도적 대북지원 사업을 위해, 얼굴도 모르는 부패 기업가에게 뇌물 100억 원을 북한에 대납시키는 중범죄를 저질렀다는 것입니다. 3류 소설 스토리 라인도 못 되는 수준입니다.

더구나 이 스토리를 뒷받침할 증거라고는 그 흔한 통화 기록이나 녹취, 메모 하나 없습니다. 이화영 부지사의 진술이 유일한 증거입니다.

그런데 그는 기소되어 이미 재판 중인 것 외에도, 별건 수사와 추가 기소 압박으로 검찰의 손아귀에 잡혀 있고, 이미 수차례 진술을 번복하였습니다. 대법원 판례에 의하면 이는 증거가치를 인정할 수 없습니다.

이제 정치의 최일선에 선 검찰이 자신들이 조작한 상상의 세계에 꿰맞춰 저를 감옥에 가두겠다고 합니다. 명백한 정치보복이자 검찰권 남용입니다.

저는 이미 "저를 보호하기 위한 국회는 열리지 않을 것"이라고 거듭 말씀드렸습니다. 민주당도 표결이 필요 없는 비회기 중 영장 청구가 가능하도록 여러 차례 기회를 주었습니다.

그러나 검찰은 끝내 이를 거부하고 굳이 정기국회에 영장을 청구해 표결을 강요했습니다. 저를 감옥에 보낼 정도로 범죄의 증거가 분명하다면 표결이 필요 없는 비회기 중에 청구해야 맞습니다.

검찰은 지금 수사가 아니라 정치를 하고 있습니다. 가결하면 당

분열, 부결하면 방탄 프레임에 빠트리겠다는 꼼수입니다. 중립이 생명인 검찰권을 사적으로 남용해 비열한 '정치공작'을 하는 것입니다.

제가 가결을 요청해야 한다는 의견도, 당당하게 정면 돌파해야 한다는 의견도 들었습니다.

훗날 역사가 어떻게 평가할 것인지 생각해 보았습니다.

윤석열 정권의 부당한 국가권력 남용과 정치검찰의 정치공작에 제대로 맞서지 못하고, 저들의 꼼수에 놀아나 굴복해서는 안 됩니다.

표결 없이 실질 심사를 할 기회가 이미 있었고 앞으로도 얼마든지 가능하며, 저나 민주당이 이를 막지 않겠다고 분명히 밝혔습니다.

앞으로도 비회기에 영장을 청구하면 국회 표결 없이 얼마든지 실질 심사를 받을 수 있습니다.

그럼에도 윤석열 검찰이 정치공작을 위해 표결을 강요한다면 회피가 아니라 헌법과 양심에 따라 당당히 표결해야 합니다.

올가미가 잘못된 것이라면 피할 것이 아니라 부숴야 합니다. 검찰의 영장 청구가 정당하지 않다면 삼권분립의 헌법 질서를 지키기 위한 국회의 결단이 필요합니다. 그것이 검찰의 정치 개입과 헌정 파괴에 맞서는 길이라 확신합니다.

지금의 이 싸움은 단지 이재명과 검찰 간의 싸움이 아닙니다.

윤석열 정권은 검찰 독재와 폭력 통치로 정치를 전쟁으로 만들고 있습니다. 검찰을 앞세워 헌정질서를 뿌리째 뒤흔들고 입법부를 짓밟으며 3권분립을 파괴하고 있습니다.

공정이 생명인 검찰권을 국회 겁박과 야당 분열 도구로 악용하는 전례를 남겨선 안 됩니다. 명백히 불법 부당한 이번 체포동의안의 가결은 정치검찰의 공작 수사에 날개를 달아줄 것입니다.

검찰 독재의 폭주 기관차를 국회 앞에서 멈춰 세워주십시오. 위기에 처한 헌법 질서와 민주주의를 지켜주십시오.

고맙습니다.

체포동의안으로 협박하는 비명계

이재명 대표에 대한 체포동의안이 국회에 제출되어 단식 22일째인 9월 21일에 표결이 예정되어 있었다.

비명계 의원들은 이재명 대표가 이미 불체포특권을 포기한 만큼 체포동의안에 찬성하겠다는 뜻을 밝히면서 물밑으로는 이재명 대표에게 대표직을 물러나라고 요구했다. 대표직에서 물러난다면 체포동의안을 부결시키겠다는 협상을 걸어온 것이다.

다시 말해 비명계 의원들이 이재명 대표에게 공천권을 행사하지 말라는 요구였다. 비명계 의원들의 말도 안 되는 협박에 이재명 대표는 "내가 예전에 구속된 적도 있는데 뭐가 두렵겠는가? 가결하려면 하라." 라고 했다고 한다.

비명계의 요구를 이재명 대표가 거절하자 그들은 집단행동에 나섰다. 이재명 대표에 대한 체포동의안이 국회에서 재적의원 298명 중 재석 295, 가 149, 부 136, 기권 6, 무효 4로 통과되었다. 무효와 기권을 고려하면 민주당에서 최소 39표의 이탈표가 나온 것이다. 이로써 헌정 사상 첫 번째로 야당이자 제1당의 당대표에 대한 체포동의안이 가결되었다.

더탐사는 이재명 대표 체포동의안 표결 당시 가결표를 행사한 것으로 추정되는 '배신자' 29인의 명단을 발표했다. 더탐사 측에서 발표한 명단 속에 나온 그들의 이름과 지역구를 정리해 보면 다음과 같다.

홍영표(인천 부평구을), 김철민(경기 안산시 상록구을), 설훈(경기 부천시을), 윤영찬(경기 성남시 중원구), 양기대(경기 광명시을), 김종민(충남 논산시·계룡시·금산군), 이상민(대전 유성구을), 조응천(경기 남양주시갑), 이원욱(경기 화성시을), 고영인(경기 안산시 단원구갑), 신동근(인천 서구을), 오기형(서울 도봉구을), 강병원(서울 은평구을), 박용진(서울 강북구을), 송갑석(광주 서구갑), 홍기원(경기 평택시갑), 이용우(경기 고양시정), 전해철(경기 안산시 상록구갑), 박병석(대전 서구갑), 맹성규(인천 남동구갑), 오영환(경기 의정부시갑), 서삼석(전남 영암군·무안군·신안군), 서동용(전남 순천시·광양군·곡성군·구례군을) 등이다. 이들 외에도 익명의 투표 뒤에 숨어 있던 자들이 더 있었을 것이다.

체포동의안이 가결된 이후 분노한 당원들의 탈당이 이어졌다. 반대로 이재명 대표를 더욱더 지켜야 한다면서 새로 가입하는 시민들의 입당도 줄을 이었다. 김남국 의원은 체포동의안이 가결된 이유에 대해 페이스북에 다음과 같은 글을 올렸다.

이번 체포동의안 가결은 이재명 대표가 당대표직을 내려놓으라는 협박에 굴하지 않자, 일부 의원들이 실력 행사에 나선 결과입니다. 대표가 공천권을 완전히 내려놓고, 과거처럼 계파별로 지분을 인정해 주었다면 체포동의안은 부결되었을 것입니다. 어느 정도 힘 있는 현역 의원 공천은 확실히 보장해 주고, 복잡한 지역은 미리미리 경쟁자들을 교통 정리 해줬다면 당연히 부결되었을 것입니다.

그러나 이재명은 그럴 수 없었고, 그렇게 하지 않았습니다. 앞에서는 정의로운 척 온갖 명분을 가지고 떠들며, 뒤로는 모사를 꾸미는 협잡꾼과는 너무 다르기 때문입니다.

절대로 탈당하면 안 됩니다.

민주당을 더 사랑하는 당원들이 민주당을 지켜내야 합니다. 그리고 구태정치와 모사꾼들을 반드시 심판해야 합니다. 의석수가 한두 자리 줄어들더라도 없는 것이 나은 사람들은 이번에 반드시 정리해야 합니다.

큰 대의와 민주당은 안중에도 없고, 오로지 공천받아서 국회의원 한 번 더 하는 것이 목표인 사람들입니다. 없어도 전혀 티가 안 나지만, 있으면 민주당에 해가 되는 존재입니다. 이런 구태정치와 신의가 없는 모사꾼들은 다가오는 총선에서 반드시 심판해야 합니다.

체포동의안이 가결된 이후 이틀 뒤인 9월 23일 이재명 대표는 단식을 풀었다. 곧 있을 구속영장실질심사에 대비하려면 무엇보다 24일간의 단식으로 몸이 상당히 망가져 있는 건강 상태를 회복하는 것이 중요했다.

구속영장 기각

검찰은 9월 18일 이재명 대표에 대한 구속영장을 청구하면서 '쌍방울 불법 대북 송금' '백현동 아파트 특혜 개발' '위증 교사(敎唆)' 등 세 가지 혐의를 적용했다.

2023년 9월 26일 10시 서울중앙지법에서 이재명 대표에 대한 구속 전 피의자 심문이 열렸다. 이재명 대표는 민주당 의원들의 배웅을 받으며 오전 9시 45분경 중앙지법 서관 후문으로 출석했다.

그날은 오전부터 비가 억수처럼 내리고 있었다. 이재명 대표 지지자들은 영장 기각을 외치면서 경기도 의왕 서울구치소 정문 앞에서 천막을 치고 하루 종일 응원했다.

구속영장실질심사는 오후 7시 23분경에 종결되었다. 그때부터는 더 많은 지지자가 모여들었다. 일부는 천막 안에서, 대부분은 우산과 우비로 비를 피하면서 조마조마한 마음으로 결과를 기다렸다.

밤 12시가 넘도록 결과가 나오지 않았다. 이재명 지지자들에겐 가장 고통스럽고 힘든 시간이었을 것이다. 제대로 된 판사라면 당연히 기각시킬 것이라고 믿었지만 사법부의 판단이 워낙 들쑥날쑥이라 걱정이 되지 않을 수 없었다.

서울중앙지법 유창훈 영장 전담 부장판사는 다음 날 새벽 2시 23분경 "불구속 수사의 원칙을 배제할 정도로 구속의 사유와 필요성이 있다고 보기는 어렵다"면서 이 대표에 대한 구속영장을 기각했다. 다만 위증교사 혐의에 대해서는 "혐의가 소명되는 것으로 보인다"는 여지를 남겼다. 이후 위증교사 혐의는 1심에서 무죄를 받았다.

구속영장 기각 소식이 전해지자 서울구치소 앞은 '이재명!'을 외치며 열광의 도가니로 빠져들었다. 필자도 그 자리에 다른 시민들과 함께 있었다. 사당동에서 '소풍 가는 날'이라는 식당을 운영하고 있는 나의 친누나도 그곳에서 만났다. 얼마나 걱정이 되었으면 자영업을 하고 있는 누나마저 일을 멈추고 왔었겠는가?

그날 현장에서는 미처 보지 못했지만 이재명 대표가 휠체어에 타고 교도관 두 명이서 밀고 나오다가 정문이 가까이 오자 대표가 휠체어에서 내리면서 두 명의 교도관에게 정중하게 인사를 하고 교도관이 거수경례로 답하는 장면은 명장면이었다.

교도관과 인사를 마친 이재명 대표는 한 손에는 지팡이를 짚고 한 손

구치소 정문 앞에서 교도관 2명에게 인사하는 이재명. 김용민 의원 유튜브 캡처

에는 우산을 들고 천천히 걸어 나왔다. 정문을 지나서 무대가 마련된 장소까지 지지자들의 뜨거운 환영을 받으며 왔다. 그 장면을 현장에서 지켜보면서 필자는 눈물을 흘렸다.

건강이 회복되지 않아 경호원들과 민주당 관계자들은 이재명 대표가 간이 계단을 걸어 무대에 오르는 것을 만류했다. 할 수 없이 이재명 무대 밑에서 짤막하게 밤을 새워 응원한 지지자들과 국민에게 소감을 밝혔다.

이 대표는 구속영장 기각에 대한 소감을 묻는 물음에 "인권의 최후 보루를 증명해 준 사법부에 깊은 감사를 전한다"고 입을 뗐다. 그는 "늦은 시간에 함께해주신 많은 분들, 그리고 아직 잠 못 이루고 이 장면을 지켜보고 계실 국민 여러분 먼저 감사드린다. 역시 정치는 정치인들이 하는 것 같아도 국민이 하는 것"이라며 이처럼 말했다

그는 "정치란 언제나 국민의 삶을 챙기고 국가의 미래를 개척해 나가는 것이란 사실을 여야, 정부 모두 잊지 말고 이제는 상대를 죽여 없애는 전쟁이 아니라 국민과 국가를 위해 누가 더 많은 역할을 제대로 할 수 있는지를 경쟁하는 진정한 의미의 정치로 되돌아가길 바란다"고 했다.

이재명 대표는 끝으로 "이제 모레는 즐거워해 마땅한 추석이지만 우리 국민들의 삶은, 우리의 경제 민생의 현안은 참으로 어렵기 그지없다"며 "우리 정치가 국민들에게 희망을 주는, 이 나라 미래에 도움 되는 존재가 되기를 정부 여당에도, 정치권 모두에도 부탁드린다"고 했다.

구속영장 기각의 후폭풍
이재명 대표의 구속영장 기각으로 당 안팎으로 많은 이해관계가 엇

갈리게 되었다. 법원이 이재명 대표의 구속 사유와 필요성을 인정하지 않음에 따라 검찰은 야당 대표를 상대로 무리하게 구속영장을 청구했다는 지적을 피하기 힘들게 되었다.

가장 큰 변화는 당내에서는 그동안 이재명 대표를 노골적으로 비판하고 체포동의안 가결을 자랑스럽게 발언했던 인간들과 동조한 소위 수박들(비명계 국회의원들)의 처지가 곤혹스러운 상황에 빠지게 되었다. 이들은 이재명 대표의 사법 리스크를 들먹이면서 구속되면 당대표 사퇴와 비대위 구성 및 공천권 반납을 줄기차게 주장했던 자들이다. 이들에게 이제부터는 책임을 물을 시간이 온 것이다.

그리고 이들에 대한 민주당 당원들의 책임 묻기는 그들에게 있어서는 가혹했을 것이다. 민주당의 권리당원들은 당대표를 검찰에게 넘겨주려 한 이 시도를 당내 쿠데타로 받아들였다. 당대표를 제거하고 그들이 원하는대로 공천권을 행사하려는 시도로 인식한 것이다. 쿠데타에 실패하면 응분의 책임을 져야 한다. 그래서 이재명 대표를 흔들며 체포영장에 찬성표를 던진 대부분의 민주당 국회의원들은 다음 해에 있을 국회의원 후보 경선에서 탈락했다.

이재명 대표는 그들의 협상에 타협하지 않고 오히려 '야당 대표의 구속영장 청구'라는 검찰이 쳐놓은 그물에 그들 스스로가 들어가게 만들어서 민주당의 당원들과 민주당 지지자들이 그들을 솎아내게 했다. 승부사 이재명의 능력이 증명되는 순간이었다. 그의 말처럼 당대표 구속이라는 민주당의 위기를 선명하게 단결하는 민주당의 기회로 만들었다. 이 사건이 결국 22대 총선 승리의 원동력이 되었다.

이재명의 목을 직접 겨눈 칼날 테러

> 저승의 문턱까지 다녀온 이들의 공통된 스토리가 이어
> 줄 미래가 기대된다. 트럼프의 당선은 미국을 포함한
> 전 세계에 재앙이라는 것에는 동의 하나, 대한민국과
> 한반도의 미래에는 행운이 될 것이다.

생사를 넘나드는 찰나의 순간

필자는 이 글을 쓰는 지금 이 순간에도 그 순간을 생각하면 온몸에 소름이 돋고 가슴이 찢어진다. 독자들 또한 이 글을 읽으면서 그날 느꼈던 충격을 소환하면서 또 얼마나 놀랄까를 생각하면 마음이 아프다. 그리고 당사자인 이재명 대표는 또 어떤 생각을 할까? 그렇다 보니 필자는 이 책을 쓰면서 이 부분을 미루고 또 미뤘다. 어떻게 시작해야 할지 먹먹했다. 결국 피할 수 없는 때가 왔다. 이제 나는 그 가슴 아픈 이야기를 시작하려고 한다.

새해가 시작되고 불과 이틀째인 2024년 1월 2일 오전 10시 27분경 이재명 대표는 부산 가덕도 신공항 부지 방문 일정을 마치고 이동하던 중 기자들의 질의가 이어지는 중에 이재명 지지자인 척 행세하던 김진성이 카메라 기자가 있던 경호 사각지대로 난입해 테러를 자행했다.

사건의 재구성

순간 강한 충격으로 '픽' 소리가 났고, 이 대표는 그 자리에서 넘어졌다. 범인 김진성은 재차 공격을 시도했고, 당직자를 포함해 주변 사람들이 강하게 저지했다. 당시 현장은 경찰, 기자, 당직자, 시민 등이 뒤엉켜 매우 혼잡한 상황이었고, 당직자들이 경찰관에게 응급차 호출을 요청했다.

현장에 있던 시민과 천준호 당대표 비서실장이 빠르게 천, 수건 등으로 지혈에 나섰고, 경찰관에게 안전한 응급조치를 위해 공간을 확보해 달라고 했지만, 현장 통제가 제대로 이뤄지지 않았다. 그러는 사이 군중에 의해 이 대표의 다리가 밟히는 아찔한 상황이 연출됐다.

이 대표에게 대량 출혈이 보이는 징후가 포착됐고, 경찰관에게 의료 지식이 있는 응급 전문가와의 전화 연결을 요청했지만, 경찰은 이에 대해 묵묵부답이었다.

2024년 1월 2일 부산 가덕도(민주당 브리핑 자료)

구급대원의 상담을 받을 수 없는 상황이 상당 시간 이어져 재차 빠른 출동을 촉구하자 경찰 관계자는 '경찰차로 병원에 이송하겠다'고 답변했다. 하지만 전문가가 없는 상태에서의 이송은 자칫 환자 안전에 큰 위험을 초래할 수 있어 거절했다.

이후 상당 시간이 흐른 후 응급차가 도착해 구급대원의 응급조치 후 소방 구급 헬기를 탈 수 있는 명지공원으로 이동했다.

이 대표는 부산대병원 광역외상센터로 후송됐으며, 부산대병원의 신속한 대처로 지혈은 이루어졌으나 목 부분의 경정맥 손상으로 출혈이 크게 발생해 수술이 필요했다. 이런 긴박한 상황에서도 정보과 형사들이 나타나 환자의 사진을 찍고 영상을 촬영했으며, 환자의 상태를 지속적으로 문의했다.

보좌진과 의료진의 협의 과정이 있었다. 오랜 단식투쟁 후 회복기의 환자 상태, 병력, 정신적 지지, 간병 지원, 수술후유증, 개인 의료정보 보호 등 여러 가지 측면을 고려해 가족, 보좌진 논의를 종합해 의료진에게 전달했고 부산대 외상센터 의료진이 전원의뢰서를 작성하여 발급함에 따라 13시경 소방 닥터 헬기를 통한 서울대병원 이송이 결정됐다.

살인 미수범 김진성

김진성은 1957년생으로 충청남도 아산시 배방읍에서 부동산 중개업체를 운영하던 현직 공인중개사였다. 한때 그는 서울 영등포구청에서 근무했던 공무원 출신이기도 했다.

김진성은 국민의힘으로 이어지는 보수 정당의 열렬한 지지자였으며 오래전부터 지인들에게 민주당과 이재명 대표를 향해 '간첩'이라고 비난해 왔다고 한다. 그의 조카에 의하면 "삼촌이 태극기 집회에 나갔었다."라고 한겨레 신문에 밝혔는데, 그는 30년 이상 월간조선을 구독해온 것으로 밝혀졌다.

　김진성은 오랫동안 이재명 대표를 살해하기 위한 계획을 세웠던 것으로 보인다. 유튜버 '빨간아재'는 김진성의 부동산 사무실을 직접 방문했는데 충격적인 현장을 목격했다. 빨간아재가 밝힌 현장은 다음과 같았다.

　"이재명 대표를 테러한 김진성의 부동산 사무실 문이 열려 급히 다녀왔습니다. 김 씨의 가족이 짐을 빼기 위해 철거업체를 부른 건데, 사무실 한쪽 벽에 수백 개의 예리한 흉기 자국이 남아 있습니다. 옆에 서 보니 딱 사람 목 높이입니다. 범행 예행연습을 한 흔적입니다. 종이로 가려져 있어 결찰의 압수수색 당시에도 발견되지 않았던 흔적입니다. 소

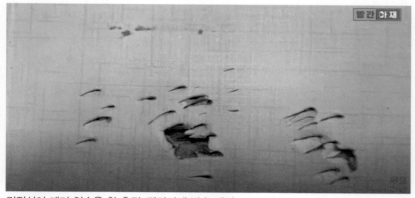

김진성이 테러 연습을 한 흔적. 빨간아재 방송 캡처

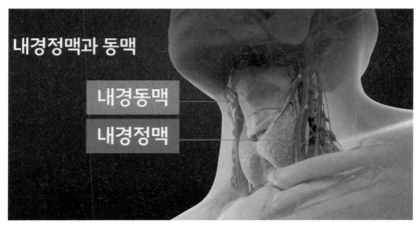

내경정맥과 동맥

내경동맥
내경정맥

경정맥과 경동맥은 불과 1mm를 사이에 두고 지나간다.

파 등받이 뒤에도 마찬가지고, 사무실 밖 화단의 나무 둥치에도 마찬
가지로 사람 목 높이에 목도리를 감고 흉기로 찌른 흔적이 남아 있습
니다. 이렇게 사무실 안팎에서 장기간에 걸쳐 모의 훈련을 거쳤던 것
입니다.”

김진성은 이재명 대표 동선을 확인해 다녔으며, 범행 당일에는 이 대
표가 부산 가덕도 신공항 부지를 방문했을 때 지지자 행세를 하며 접
근했다. 그는 머리에 '내가 이재명'이라는 문구가 적힌 파란색 종이 왕
관을 쓴 채 “사인 하나만 해달라”며 이 대표에게 접근하며 미리 준비해
간 18cm 길이의 칼을 상의 주머니에서 꺼내 들어 갑자기 이 대표의 목
을 찔렀다.

이 대표는 경동맥이 아닌 경정맥 일부가 손상돼 생명을 건졌는데, 경
동맥과 경정맥 사이는 불과 1mm에 불과한 것으로 치명상을 입을 수
있었다. 김진성의 칼이 이재명 대표의 와이셔츠 깃을 뚫고 가는 바람에

경정맥을 통과해서 경동맥을 손상시키는 것을 막을 수 있었다. 그야말로 천우신조라 할 수 있었다.

검찰의 사수 결과 발표

검찰은 2024년 1월 29일 이재명 대표에 대한 테러 사건 수사 결과를 발표했다.

검찰은 방조범 B외에 추가 공범이나 배후는 없다고 했다. 방조범 B와 김진성은 충남 아산에 거주했으면 방조범 B 역시 부동산 임대업을 했다고 밝혔다. 범행 모의는 2023년 5월부터 시작되었고, 범행에 사용할 목적으로 4월에 흉기(등산용 칼)를 인터넷에서 구매해 살해 목적에 맞게 양면을 날카롭게 갈았다. 또 손에서 미끄러지지 않게 손잡이를 헝겊으로 감싸는 등 치밀한 범죄 계획을 세웠다.

김진성은 2023년 4월부터 이재명 대표에 대한 암살 기회를 노렸다. 김진성은 2023년 6월에는 부산 서면, 7월에는 서울, 12월에는 부산과 서울에서 흉기를 소지한 채 이재명 대표가 참석한 집회 또는 행사에 참석해 범행 기회를 노렸다고 밝혔다.

검찰의 수사 결과를 보면 김진성은 지난 1년 동안 오직 이재명을 죽이기 위해 살았다고 봐야 한다.

그렇다면 김진성은 왜 이재명을 죽여야 한다는 그릇된 신념을 갖게 되었을까? 김진성 범행에 조직적인 협력이 있었다고 의심하지만, 필자는 그릇된 신념으로 인한 확신범이 아닐까 생각한다. 그가 그릇된 신념을 갖게 된 데에는 여러 요인이 있을 것으로 생각한다. 그에게 그릇된 신념을 만들어준 세력. 그들이 바로 테러범 김진성의 공범이자 배후이다.

김진성의 공범들

첫 번째 배후는 윤석열이다.

윤석열은 당선 이후 다른 대통령들과는 전혀 다른 행보를 보였다. 윤석열은 "범죄자와는 만나지 않겠다"며 원내 제1당이자 야당대표인 이재명을 만나지 않았다.

두 번째는 검찰이다.

법무부 장관 한동훈은 이재명 대표를 향해 잡범이라면서 각종 범죄행위를 뒤집어씌웠다. 검찰은 두 번씩이나 이재명 대표를 향해 구속영장을 청구했는데 한번은 국회에서 체포동의안이 부결되었고, 또 한번은 법원에서 구속영장이 기각되었다.

세 번째 배후는 언론이다.

대한민국의 모든 언론은 검찰이 쏟아내는 각종 혐의를 정확한 팩트체크 없이 받아쓰기에 바빴다. 악의적인 기사, 악의적인 칼럼을 통해 이재명 악마화에 앞장섰다.

네 번째는 극우 유튜버들이다.

극우일수록 신문이나 방송보다 유튜브를 통해 정보를 접한다고 한다. 이들은 지난 대선에서 이재명이 조폭이라는 등, 소년공 출신을 소년원 출신이라는 등 가짜 뉴스를 생산하고 유통했다. 이재명에 대해 각종 욕설을 퍼부으며 처단해야 한다는 선동을 해왔다. 심지어 이들은 이재명에 대한 암살 시도를 자작극이라며 종이칼로 쇼한다는 가짜 뉴스를 퍼트렸다. 최근 서울서부지방법원의 난동을 주도했던 것도 이들 유튜버들이다.

다섯 번째로 사이비 목사들이다.

극우 유튜버와 함께 그릇된 신념을 가스라이팅하는 이들이 일부 대형 교회의 목사들이다. 사랑제일교회의 전광훈은 태극기 집회를 이끌면서 각종 유언비어를 퍼뜨려왔다. 최근에는 세계로교회 손현보가 새롭게 떠오르고 있다. 특히 세계로교회는 이재명 대표가 피습된 가덕도 인근에 있다. 김진성을 모텔까지 태워준 벤츠 차주와 동승자 둘 다 세계로교회 교인이었다. 그래서 세계로교회가 이 사건에 연관이 있을 수 있다는 의심을 받고 있다.

트럼프와 이재명의 운명적 공통점

이재명 대표에 대한 테러가 있은 후 6개월 뒤인 2024년 7월 12일 펜실베이니아 버틀러 유세 현장에서 트럼프는 20대 백인으로부터 귀에 총을 맞는 테러를 당했다. 트럼프가 그 찰나의 순간 고개를 돌리지 않았다면 총알은 머리를 관통했을 것이다. 테러범은 그 자리에서 사살되었다.

한국과 미국에서 차기 대통령으로 유력한 정치인이 암살 테러를 당한 것이다. 테러의 순간 누구의 생명이 더 위험했는지 우열을 가리기 힘들 만큼 그들은 모두 기적적으로 생존했다. 그리고 그중에 한 명인 트럼프는 45대에 이어 47대 미국 대통령이 되었다. 그리고 한국의 이재명은 윤석열의 내란이 진압된 이후 치러질 대통령 보궐선거에서 21대 대통령으로 유력한 상황이다.

　저승의 문턱까지 다녀온 이들의 공통된 스토리가 이어줄 미래가 기대된다. 트럼프의 당선은 미국을 포함한 전 세계에 재앙이라는 것에는 동의 하나, 대한민국과 한반도의 미래에는 행운이 될 것이다.

Chapter 4

빛의 혁명 이후 다시 만날 세계

지난 촛불혁명으로 세상이 바뀌는 줄 알았지만, 권력은 바뀌었는데 왜 나의 삶은 바뀐 게 없느냐 왜 이 사회는 바뀌지 않느냐는 국민의 따가운 질책을 기억합니다. 사과의 말과 함께 다짐의 말을 드립니다. 정치는 정치인이 하는 것 같아도, 결국 국민이 하는 것입니다. 국민의 충직한 도구로서 국민의 명령을 충실하게 이행하는 머슴으로서, 국민의 주권 의지가 일상적으로 관철되는 진정한 민주국가, 민주공화국 대한민국을 함께 만들어 갑시다.

빛의 혁명으로 다시 대한민국

> 국민 여러분이 해내신 것입니다. 국민 여러분께서 새
> 로운 역사를 쓰고 계신 것입니다. 전 세계에 없는 '무혈
> 촛불혁명'을 이뤄냈던 것처럼, 다시 '빛의 혁명'을 만들
> 어내고 있습니다.

빛의 혁명이라고 국회 연설에서 못 박음

광장에서 촛불을 들고 박근혜 탄핵을 이끌고 새로운 민주정부를 수
립했던 대한민국만의 혁명 방식을 '촛불혁명'이라고 부른다. 그리고 지
금도 여전히 진행 중인 12.3 친위쿠데타이자 내란을 진압해 과정에서
촛불 대신 1230 여성들의 응원봉이 등장했다. 그리고 그들의 힘으로
여의도에서의 2번에 걸친 대규모 집회 끝에 국회에서 윤석열 탄핵을
끌어내고, 마침내 윤석열을 헌법재판소에서 국민의 이름으로 해임했
다. 이 일련의 과정에서 가장 큰 역할을 한 응원봉 시위를 '빛의 혁명'
이라고 이재명 대표가 국회 연설에서 못 박았다.

이 글을 본격적으로 시작하기 전에 박노해 시인의 '빛의 혁명'이란
시를 먼저 소개한다. 이 시는 남태령에서 있은 '빛의 혁명군'과 '전봉
준 투쟁단'의 역사적인 연대투쟁을 그린 시다. 사람들은 이날의 투쟁을

'남태령 대첩'이라고 한다.

빛의 혁명

박노해

어둠이 가장 길고 깊은 동짓날
달과 태양 사이로 샛별이 뜨고
먼 데서 바람이 바뀌어 분다

그래, 이제부터 빛이 길어지기 시작한다

아직은 얼어붙은 한겨울
아직은 어둠의 세력이 준동하지만
이미 봄은 마주 걸어오고 있다

절정에 달한 악은 빛을 위해 물러난다

우리가 우금치 동학군이다
우리가 3.1만세 유관순이다
우리가 광주의 시민군이다

우리는 그 모든 역사이자 미래이다

나라가 위기에 처한 지금,

우리는 가장 앞서 새벽별로 빛난다

우리는 나를 살라 사랑으로 빛난다

우린 지금 빛의 혁명을 써나가고 있다

우리는 선의 전위다

우리는 빛의 연대다

우린 이미 봄의 희망이다

빛의 혁명 의미

2014년 4월 16일 오전 8시 49분경 전라남도 진도군 조도면에서 단원고등학교 제주도로 수학여행을 떠나는 학생을 태우고 항해하던 세월호가 침몰당하였다. 이 사고로 무려 304명이 침몰하는 배에서 사망했다.

석연치 않은 이 사건은 여전히 의문을 남기고 있다. 세월호의 진상을 규명하던 참사 1주기 때 '어둠은 빛을 이길 수 없다'라는 노래가 나온다. 이 노래의 가사는 "어둠은 빛을 이길 수 없다. 거짓은 참을 이길 수 없다. 진실은 침몰하지 않는다. 우리는 포기하지 않는다." 겨우 네 줄로 된 노래로 윤민석이 작사 작곡을 했다.

첫 가사 '어둠은 빛을 이길 수 없다'는 2008년 천주교 정의구현 전국사제단의 시국 미사에서 인용하며 유명해진 요한의 복음서 1장 5절이다. "우리는 '어둠이 빛을 이겨 본 적이 없다'는 성경 말씀을 묵상하면 서 오늘까지 촛불을 지켰던 민심을 지지하고 격려합니다."라고 했다.

이 노래는 최근까지도 집회 현장에서 가장 많이 불리는 노래 중의 하나가 되었다. 이때 이 노래의 빛은 분명 촛불이었다.

인류 역사에서 빛은 불과 더불어 인간에게 생명과 광명을 제공했다. 그리스로마 신화에 나오는 프로메테우스는 인간에게 불을 제공해서 제우스로부터 많은 형벌을 받게 되는데, 아담이 사과를 먹은 사건 이후, 가장 큰 사건이라 할 수 있다.

프랑스 혁명을 다룬 예술품에 횃불을 들고 어둠을 밝히는 형상이 많은 것은 빛과 불이 저항과 자유를 상징하기 때문이다. 미국의 '자유의 여신상'도 횃불을 들고 있다.

임진왜란 때에는 한양을 버리고 몰래 도망간 선조에게 분노하여 백성이 횃불을 들고 경복궁으로 몰려가 궁을 태워버렸다. 궁을 불태운 조선의 이름 없는 백성들은 결국 의병이 되어 조선을 구했다.

우리 근현대사에서도 동학농민군은 한 손에는 죽창을 들고 한 손에는 횃불을 흔들며 고부 관아로 쳐들어갔다. 그때부터 횃불은 우리 민중의 저항 정신의 상징이 되었다.

비록 동학농민군의 투쟁은 우금치를 넘지 못하고 실패했지만, 그 정신은 살아 남아서 3.1 운동으로, 4.19로, 5.18로, 87년 6월 항쟁으로 이어져 왔다.

그 투쟁 정신의 상징인 횃불이 2002년 미선이 효순이 사건에서 촛불로 다시 살아나고, 이명박 정권의 미국산 소고기 수입 사건과 박근혜 퇴진 촛불혁명으로 다시 타올랐다.

이제 윤석열의 내란 시도로 인해 2024부터 2025년의 밤을 촛불보다 더 밝고 오래 가는 새로운 전자 촛불인 응원봉이 밤거리를 밝히고 있다.

과거에 우리는 민주주의를 지키기 위해 반민주와 싸우며 촛불을 들었다. 지금의 우리는 헌법을 수호하며 헌법을 무시하는 이들과 싸우고 있다. 그리고 이들은 싸우면서 연대하고 있다. 민주와 반민주를 넘어서 이들은 각기 다른 아이돌을 응원하는 것처럼 각기 다른 세상을 꿈꾸고 있다. 이들은 대한민국이 여전히 불평등하다고 생각하고 있다. 노동과 교육 분배뿐만 아니라 동성애 등 그동안 불편해하며 외면해 왔던 사회 문제를 공론의 장으로 들여오고 있다.

사회의 어두운 곳에 숨어서 몰래 숨죽이며 지내고 있었던 이들이 응원봉을 들고나온 것이다. 그들에게 응원봉은 혁명의 도구이다. 촛불보다 더 밝은 응원봉을 들고나왔기 때문에 빛의 혁명이라고 한다면 그것은 잘못된 생각이다.

자신이 가장 아끼는 물건인 응원봉을 들고나온 것은, 자신의 가장 아끼는 물건이 깨지거나 망가지더라도 민주주의가 망가지는 것을 지켜볼 수 없기 때문이며, 윤석열 정권이 물러나면 새로운 평등의 세상, 사회의 약자들이 더 이상 어둠 속에 숨어들지 않고 밝은 세상으로 나와 자신의 목소리를 내는 세상을 만들고 싶기 때문이다.

빛의 혁명 완수하겠다는 이재명

2024년 12월 14일 국회에서 윤석열에 대한 탄핵소추안이 가결된 직후 국회 앞에서 응원봉을 들고 시위하고 있던 200만 시민들 앞에 이재명 대표가 등장했다.

이재명 대표는 "국민 여러분이 해내신 것입니다. 국민 여러분께서 새로운 역사를 쓰고 계신 것입니다. 전 세계에 없는 '무혈 촛불혁명'을 이뤄냈던 것처럼, 다시 '빛의 혁명'을 만들어내고 있습니다. 우리 민주주의의 건강함을, 대한민국 국민이 얼마나 위대한가를 온 세상에 보여줍시다."라며 말을 이어갔다.

특히, 그는 "역사에서 언제나 우리 공동체를 위기에 빠뜨린 것은 기득권이었고, 위기에 빠진 나라를 구한 것은 언제나 흰옷을 입은 어려운 민(民)들 그리고 이 나라 서민과 국민이었다"라며 "오늘의 이 위기를 이겨나가는 것도 이 자리에 함께한 여러분과 이 장면을 지켜보며 노심초사하는 대한민국 국민 아니겠나"라고 강조했다.

그러면서도 "이제 또 큰 고개가 기다리고 있다"고 말했다. 이 대표는 "그들은 포기하지 않는다. 그들은 작은 이익을 위해 우리 5,200만 국민을 고통과 환란에 빠뜨리고 있다. 양심이 있다면 이 대명천지에 그 어처구니없는 계엄령을 선포하지는 않았을 것"이라고 일갈했다. 이어 "신속하고 엄정한 책임, 윤석열에 대한 파면 처분이 빠른 시간 내에 이뤄질 수 있도록 우리가 계속 함께 싸워야 한다"고 말했다.

끝으로 이 대표는 "지난 촛불혁명으로 세상이 바뀌는 줄 알았지만, 권력은 바뀌었는데 왜 나의 삶은 바뀐 게 없느냐 왜 이 사회는 바뀌지 않느냐는 국민의 따가운 질책을 기억한다"면서 "사과의 말과 함께 다짐의 말을 드린다"고 했다. 그는 "정치는 정치인이 하는 것 같아도, 결

국 국민이 하는 것"이라며 "국민의 충직한 도구로서 국민의 명령을 충실하게 이행하는 머슴으로서, 국민의 주권 의지가 일상적으로 관철되는 진정한 민주국가, 민주공화국 대한민국을 함께 만들어 가자"고 외쳤다.

이에 시민들은 환호성과 함께 '이재명' 이름을 연호하며 화답했다. 이재명 대표가 마이크를 들고 '촛불혁명'이 아닌 '빛의 혁명'으로 명명했다.

빛의 혁명을 위한 유용한 도구 되겠다

이재명 대표는 2024년 12월 27일 오전 국회에서 열린 '내란 사태 대국민 성명'을 통해 국민이 가리키는 희망의 길을 거침없이 열어나가겠다고 말했다.

이재명 대표의 대국민 성명은 이날 오후 국회 본회의에서 한덕수 대통령 권한대행 국무총리의 탄핵안 표결을 앞두고 마련됐다. 이 자리에서 이 대표는 "내란의 밤을 끝내고 희망의 아침을 열겠다"라면서 차기 집권을 시사하는 발언을 이어갔다. 다음은 그 전문이다.

존경하는 국민 여러분.

대한민국을 악몽 속으로 몰아넣은 12.3 내란은 아직 끝나지 않았습니다.

아침이 오지 않은 탓에 잠들지 못하는 '저항의 밤'은 계속되고 있습니다.

'내란 세력'은 반성과 사죄가 아니라 재반란을 선택했습니다. 총과 장갑차로 국민을 위협했던 12월 3일 밤 그날처럼, 국민으로부터 위임받은 권력을 국민과 싸우는데 남용하고 있습니다.

내란 수괴 윤석열은 성난 민심의 심판을 피해 용산 구중궁궐에 깊이 숨었습니다. 온 국민이 지켜본 명백한 내란을 부정하고 궤변과 망발로 자기 죄를 덮으려 합니다.

'권한대행'은 '내란대행'으로 변신했습니다.

내란 수괴를 배출한 국민의힘은 헌정 수호 책임을 저버린 채 내란수괴의 친위대를 자임하고 나섰습니다. 내란 수괴의 직무 복귀를 위한 도발도 서슴지 않습니다. 국가 유지를 위한 헌법기관 구성을 미루며 헌정 질서를 파괴하고, 또 다른 '국헌 문란' 행위를 이어가고 있습니다.

끝나지 않은 내란, 내란범들의 준동은 경제의 불확실성을 키워 안 그래도 어려운 국민의 삶을 나락으로 밀어 넣고 있습니다.

경제 상황을 나타내는 환율을 보면 분명합니다. 환율은 계엄선포로 요동쳤고, 탄핵 부결, 윤석열 추가 담화, 한덕수의 헌재 재판관 임명 거부 성명에 폭등했습니다.

경제 안정을 위해선 불확실성을 줄여야 하는데, 내란 세력 준동이 불확실성을 극대화하며 경제와 민생을 위협합니다.

내란 수괴 윤석열과 내란 잔당들이 대한민국의 가장 큰 위협입니다. 내란 세력의 신속한 발본색원만이 대한민국 정상화의 유일한 길입니다.

국민의 명령은 단호합니다.

'내란 수괴 윤석열을 즉각 구속하고 파면하라'

'반란 세력을 일망타진하라'

내란 진압이 국정안정이고, 민주 공화정 회복입니다.

내란 진압이 경제위기 극복, 민생 회복의 길입니다.

내란 진압만이 지금, 이 순간 대한민국의 지상과제입니다.

오늘 우리 민주당은 국민의 명령에 따라 한덕수 국무총리를 탄핵합니다. 체포, 구금, 실종을 각오하고 국회 담을 넘던 12월 3일 그날 밤의 무한 책임감으로 어떠한 반란과 역행도 제압하겠습니다.

윤석열을 파면하고 옹위 세력을 뿌리 뽑아 내란을 완전히 진압하는 그 순간까지, 역량을 총결집해 역사적 책임을 완수하겠습니다.

존경하는 국민 여러분, 대한민국의 운명이 풍전등화입니다.

국민의 손으로 몰아냈다고 생각한 반란 잔당들이 권토중래를 꿈꾸며 반격을 시도하고 있습니다. 민주주의, 헌정 질서, 민생경제, 국가신인도가 여전히 빨간불입니다.

그러나 국민 여러분, 굴곡진 역사의 굽이마다 국민은 승리했고, 위기의 이 현실 세계에서도 국민이 끝내 승리할 것입니다.

정치란 정치인들이 하는 것 같아도 결국 국민이 하는 것이고, 국민을 이기는 권력은 없습니다. 서슬 퍼런 군사독재정권에서도 국민은 목숨을 던져 민주주의를 쟁취했습니다.

가녀린 촛불로 오만한 권력을 권좌에서 몰아내며 대한민국 민주주의의 힘을 세계만방에 과시했습니다.

비상계엄으로 영구적 군정 독재를 꿈꾸던 반란 세력에 맞서 우리 국민은 오색의 빛을 무기로 꺼지지 않을 '빛의 혁명'을 수행 중입니다.

국민의 충직한 일꾼으로서, 국민과 역사의 명령에 따라 빛의 혁명을 위한 유용한 도구가 되겠습니다. 국민이 가리키는 희망의 길을 거침없이 열어나가겠습니다.

위기를 기회로 만들며 5천 년 유구한 역사를 이어온 나라, 식민지에서 해방된 나라 중 유일하게 산업화와 민주화에 성공하고 선진국에 진입한 자랑스러운 대한민국입니다.

우리 국민의 위대한 저력으로 저 국가 반란 세력의 흉측한 망상을 걷어내고 우리는 더 강한 모범적 민주국가로 거듭날 것입니다. 이번의 위기를 새로운 도약과 발전의 기회로 만들 것입니다 국민과 함께, 내란의 밤을 끝내고 희망의 아침을 열겠습니다.

고맙습니다.

빛의 혁명 그리고 회복과 성장

이재명 대표는 설 명절 앞둔 2025년 1월 23일 국회에서 신년 기자회견을 열고 현재의 정치 상황을 '빛의 혁명'으로 규정하고 '회복과 성장'이 이 시대의 가장 다급하고 중대한 과제라며 '성장 담론'을 제시했다.

이재명 대표는 현재의 정치 상황을 '빛의 혁명'으로 규정했다. 이 대표는 "단 한 방울의 피 흘림 없이, 세계사에 없던 평화로운 과정을 거쳐 주권을 거역한 권력자를 끌어내는 빛의 혁명을 수행 중"이라며 "지난 2년여간 윤석열 정권의 실정과 시대착오적 친위 군사 쿠데타 때문에 너무 많은 것이 파괴되고 상실됐다. 이제 '회복과 성장'이 이 시대의 가장 다급하고 중대한 과제"라고 강조했다.

또 "검든 희든 쥐만 잘 잡으면 좋은 고양이가 아니냐?"라며 "탈이념·탈진영의 현실적 실용주의가 위기 극복과 성장 발전의 동력이다. 새로운 성장이 '진정한 민주공화국' '함께 사는 세상'의 토대가 될 것"이라고 했다.

이재명 대표는 민생 현안 등을 언급하며 "정부가 모든 것을 결정하는 시대에서 '민간 주도 정부 지원'의 시대로 전환해야 한다"고 밝혔다.

이재명 대표는 "기업경쟁력이 곧 국가경쟁력인 시대, 일자리는 기업이 만들고, 기업의 성장 발전이 곧 국가 경제의 발전"이라며 "기업이 앞장서고 국가가 뒷받침해, 다시 성장의 길을 열어야 한다"고 주장했다.

또 "민간의 전문성과 창의성을 존중하고, 국제경쟁 최전선에서 분투하는 기업을 정부가 적극 지원해야 한다"면서 "첨단 분야에 대한 네거티브 규제 전환 등 기업활동 장애를 최소화해야 한다"고 덧붙였다.

이재명 대표는 "윤석열 정권에 대해 체포, 구속, 탄핵 심판이 순조롭게 이뤄지고 있다고 보는 국민이 우리 민주당에 대해 큰 책임과 역할을 요구하고 기대하는 것이 아닌가 생각한다"며 "더 낮은 자세로 겸허하게 책임감을 갖고 임하는 것이 민주당이 해야 할 일이라고 생각한다"고 말했다.

마지막으로 이재명 대표는 "회복과 성장으로, 다시 大한민국! 위대한 대한국민은 다시 시작할 것입니다. 위대한 대한민국은 다시 우뚝 설 것입니다."라고 마무리했다.

직접민주주의 강화로 빛의 혁명 완수

이재명 대표의 2025년 2월 10일 교섭단체 대표 연설은 많은 화제가 되었다. 마치 여당의 대통령이 연설하는 분위기였다. 이날 대표 연설을 통해 이재명 대표는 '직접민주주의' 강화를 통한 '빛의 혁명' 완수를 약속했다. 이재명 대표는 먼저 "우리 더불어민주당이 겹겹이 쌓인 국민의 실망과 분노를 희망과 열정으로 온전히 바꿔내지 못했다"며 "권력의 색깔만 바뀌었을 뿐 내 삶이나 사회는 변하지 않았다는 질책을 겸허하게 받아들인다"라고 했다.

이어 "맨몸으로 장갑차를 가로막고 총과 폭탄을 든 계엄군과 맞서 싸우며, 다음은 과연 더 나은 세상일 것이냐는 질문에 더 진지하게 응답

하겠다"라면서 "국민의 주권 의지가 일상적으로 국정에 반영되도록 직접민주주의를 강화하겠다"라고 말했다.

이재명 대표는 "그 첫 조치로 '국회의원 국민소환제'를 도입하도록 해보겠다"고 제시했다. 국회의원 국민소환제는 국회의원을 임기 중 국민 투표로 파면하는 제도로, 이 대표의 지난 대선 공약이기도 하다. 또 이 대표는 "다시는 군이 정치에 동원되면 안 된다"며 "불법 계엄 명령 거부권 명시, 불법 계엄 거부자와 저지 공로자에 대한 포상 등 시스템 마련에 나서겠다"고 했다. 이는 최근 내란 사태로 군의 사기가 많이 떨어지고 전역 희망자가 늘어난 것에 대한 대응으로 보인다.

이 대표는 "우리 국민은 환란 때마다 하나로 뭉쳐 위기를 기회로 만들어 왔다"며 "무자비한 독재에 맞서 민주주의를 쟁취했고, 아름다운 촛불혁명으로 국민 권력을 되찾았다. IMF 위기에도 굴복하지 않았고, 오히려 그 위기를 경제개혁 기회로 삼아 복지국가와 IT 강국의 초석을 다졌다"고 말했다. 이어 "이 모든 성취는 '더 나은 나라를 물려주겠다'는 우리 국민의 통합된 의지의 산물"이라며 "우리 국민은 내란조차 기회로 만들 만큼, 용감하고 지혜롭다"고 강조했다. 그러면서 "민주당은 더 낮은 자세로 정치의 사명인 '국민통합'의 책무를 다하겠다"라며 "공존과 소통의 가치를 복원하고, 대화와 타협의 문화를 되살리겠다"고 다짐했다. 그는 거듭 "국가와 국민만을 위한 탈이념·탈진영 실용 정치만이 국민통합과 미래로 나아가는 길이자, 회복과 정상화, 성장과 재도약의 동력이라 믿는다"고 강조했다.

이 대표는 끝으로 "굴곡진 우리 역사가 그랬듯이 더디고 끝난 것처럼 보여도, 무력감에 잠시 흔들려도, 역사는 전진해 왔고, 또 쉼 없이 전진해 갈 것"이라며 "오늘의 대한민국 국민은 '국민이 나라의 주인임을 선포하고 내란마저 극복한 大한국민'임을 마침내 증명할 것"이라고 외쳤다.

이재명 대표는 "연대와 상생, 배려의 광장'에서 펼쳐질 '국민 중심 직접민주주의'는 '제2의 민주화'로 자리 잡을 것"이라며 "지금부터 시작될 '회복과 성장'은 사라진 꿈과 희망을 복원하는 '제2의 산업화'가 될 것"이라고 말했다. 그러면서 "꺼지지 않는 오색의 빛으로 국민이 가리킨 곳을 향해 정진하겠다"며 "좌절과 절망을 딛고 대한국민과 함께 다시 일어나 다시 뛰는 대한민국 꼭 만들겠다"고 했다.

이재명의 탈이념, 탈진영 실용주의

> 진보 정책이든 보수 정책이든 유용한 처방이라면 총동
> 원합시다. 함께 잘사는 세상을 위해서 유용하다면 어떤
> 정책도 수용하겠습니다.

실용주의 이해

실용주의(pragmatism)는 19세기 후반 미국 동북부에서 시작된 미국 고유의 사상으로 "생각은 실천을 위한 수단에 불과하기 때문에, 어떤 철학적 생각이든지 간에, 그 가치는 그 생각을 행동으로 실천했을 때 나타나는 결과의 유용성으로 판단해야 된다"는 것이 핵심이다. 즉 실용주의의 핵심 개념을 두 가지 단어로 표현하자면, '진리의 상대성'과 '경험과 실험'이다.

실용주의는 '절대적 진리'보다는 '실용적 진리'에 중점을 둔다. 즉, 어떤 사상이나 개념이 실제 생활에서 유용하다면 그것이 진리라고 할 수 있다는 것이다. 또한 실용주의자들은 이론보다는 경험과 실험을 중요시한다. 즉, 생각이나 개념의 가치는 그것이 현실에서 어떤 결과를 가져오는지에 따라 평가된다는 점이다.

실용주의는 인간의 지적 활동이, 문제에 대한 의심에서 시작하여 이

문제를 해결하기 위해 가설을 생각해 내는 데 그치지 않고, 그 가설을 실제로 검증해 봄으로써 문제 해결에 도달할 수 있다고 생각한다. 이처럼 실천적인 과정을 거쳐서 문제가 해결되면 우리는 예전보다 더 나은 삶을 살아갈 수 있다는 것이 실용주의의 주장이다.

실용주의의 관점에서 이 세계는 끊임없이 변화하는 우연적인 세계이다. 그리고 인간은 다른 자연의 생물 종과 마찬가지로 변화하는 환경에 적응하기 위해 노력하는 유기체일 뿐이다. 우리의 지식은 그 세계에 적응해서 살아남는 데 필요한 일종의 생존 수단이며, 옛 철학자들이 주장하듯 '영원하며 변하지 않는 진리'란 존재하지 않는다.

실용주의라는 용어는 일상적인 언어생활에서 대체로 '이념과 명분보다는 실리를 추구한다'는 의미로 사용되고 있다.

실용주의는 개별 사람의 경험과 의견을 중시한다는 점에서 민주주의적 원칙과도 연결된다. 현대 민주주의 사회에서의 의사 결정 과정은 다양한 목소리를 듣고 그것이 공동체에 어떤 실질적 효과를 가져올지를 고려하는 것이 매우 중요한데, 실용주의는 이런 관점과도 잘 부합한다.

실용주의 정치

실용주의는 특정 정치철학이나 이념을 고수하는 것보다 문제에 대한 실질적인 해결책을 강조하는 정치 이념이다. 실용주의자들은 이론이나 이념의 순수성보다는 실증적 증거, 실천적 경험, 결과에 중점을 두고 정치에 대해 유연한 접근 방식을 취하므로 특정 정치 이데올로기와의 일치보다는 정책의 효율성이 되어야 한다고 믿는다.

정치적 이데올로기로서의 실용주의의 뿌리는 19세기 후반 미국에서 나타난 동명의 철학 운동으로 거슬러 올라간다. 찰스 샌더스 퍼스(Charles Sanders Peirce), 윌리엄 제임스(William James), 존 듀이(John Dewey)와 같은 사상가들이 포함된 이 철학 운동은 믿음과 이론의 실제적 결과를 그 의미와 진실의 열쇠로 강조했다.

20세기에 들어 실용주의는 미국과 기타 서구 민주주의 국가에서 영향력 있는 정치 이념이 되었다. 이는 급진적이거나 이데올로기적인 접근 방식보다는 실용적인 해결책과 점진적인 변화를 통해 사회문제를 해결하려는 진보적인 정치 및 개혁 운동과 종종 관련된다.

그러나 실용주의는 보수주의자부터 사회주의자까지 이념적 스펙트럼 전반에 걸쳐 정치인과 정치 운동에서도 채택되고 있는데, 최근 수십 년 동안 현대 세계의 복잡한 과제에는 이데올로기적 도그마에 대한 완고한 고수보다는 유연하고 증거에 기반한 해결책이 필요하다고 주장하는 정치 지도자들이 실용주의를 내세웠다.

그러나 정치적 이념으로서의 실용주의는 명확한 철학이나 원칙이 부족해서 기회주의적이거나 단기적인 사고로 이어질 수 있으며 윤리적 또는 이념적 의미와 관계없이 광범위한 정책을 정당화하는 데 사용될 수도 있다.

이런 우려에도 불구하고 실용주의의 유연성과 결과에 대한 집중이 정치적 문제에 대한 혁신적이고 효과적인 해결책을 가능하게 하는 가장 큰 강점이라고 할 수 있다.

역사 속 실용주의 지도자

역사 속에서 성공한 지도자는 대부분 실용주의자였다. 그들은 늘 원리원칙을 중시하는 깐깐한 기득권자들로부터 견제를 받았다.

대한민국 역사상 최고의 성군으로 추앙받는 세종은 백성에게 이익이 되고 쓸모가 있느냐는 '실용주의'를 국정 운영의 제1원칙으로 내세워 신분을 초월한 적재적소의 인사 철학과 작은 허물보다는 능력을 더 높이 사는 인재관을 펼쳤다. 대표적인 사례가 장영실로, 그는 태종 때부터 궁궐에서 공장일을 했지만, 동래현 관노 신분이었다. 그런 장영실을 세종은 자신이 실권을 갖자마자인 세종 5년(1423년) 종5품 별좌 자리에 앉혔다. 이후 장영실은 종3품 대호군 벼슬까지 올랐다.

황희는 지금으로 말하면 청추문에 아들과 사위가 저지른 뇌물 수수 등 많은 문제점을 갖고 있었다. 하지만 황희는 세종에게 '아니다'라고 직언할 수 있는 정치가였고, 국가 미래를 내다보는 정확한 식견과 판단력을 가지고 있었다. 그래서 세종은 여러 단점이 있음에도 불구하고 중용했다.

등소평은 문화혁명으로 인한 혼란과 빈곤에서 중국을 구하고자 개혁개방정책과 실용주의 노선을 과감히 채택했다. 그 당시 중국 내부의 반대와 저항도 심각했지만, 그의 시장경제에 대한 믿음과 실용주의 노선으로 중국경제는 놀라운 속도로 성장했다. 개혁개방을 시작한 1979년보다 2004년 중국의 국민소득은 무려 35배나 증가했다. 현재 중국은 미국을 견제할 수 있는 유일한 국가가 되었다.

등소평의 사상을 상징하는 '흑묘백묘론'은 검은 고양이든 흰 고양이든 쥐(경제)를 잘 잡는 고양이가 좋다는 실용주의다. 이 이론은 농촌을 먼저 변화시켰다. 20여 년간 지속되어 온 인민공사가 해체되고 농민 '청부생산 책임제'가 도입됐다. 농민이 국가 토지를 임대받아 경작한 뒤, 생산량의 일부를 국가에 납부하고, 나머지는 마음대로 시장에 내다 팔 수 있는 제도이다. 이후 중국 식량 생산은 비약적으로 증가, 1978년 3억 5백만t에서 1997년 말 5억t으로 늘었다.

연안 도시의 문도 활짝 열렸다. 1979년 광둥(광동)성, 선전(심수), 주하이(주해), 샨토우(산두) 등이 '경제특구'로 지정됐고, 1984년 상하이(상해), 톈진(천진) 등 14개 연해 도시가 추가 개방, 외국인 투자가 쏟아져 들어왔다. 이들 도시는 지금 중국 최고의 부촌들이다.

등소평은 '선 경제 건설, 후 군사 현대화'의 부국강병론도 폈다. 경제가 커지는 만큼 국방비도 따라간다는 논리다. 해방군은 경제 건설을 지원하면서도 본격적인 무기-장비의 현대화를 추진했다.

현재 중국의 눈부신 경제 성과는 등소평 이후 시진핑까지 철저하게 실용주의 노선을 채택한 결과이다.

이재명과 실용주의

이재명 대표는 요즘 틈만 나면 '실용주의'를 화두로 꺼낸다. 1월 22일 당대표 회의실엔 '회복과 성장, 다시 大한민국' 문구의 걸개가 새로 설치됐다. 윤석열 정부가 내건 '다시, 대한민국, 새로운 국민의 나라'와 겹친다는 지적이 일자, 이 대표는 "윤 대통령이 쓰던 구호면 어떤가. 제가 쓰자고 했다. 쥐만 잘 잡으면 된다"고 했다. '흑묘백묘론'이다. "이제

는 탈이념, 탈진영의 실용주의로 완전하게 전환해야 한다"고 했다.

이재명 대표는 2024년 2월 10일 국회 대표 연설에서 "경제를 살리는데 이념이 무슨 소용입니까, 민생 살리는데 색깔이 무슨 의미입니까. 진보 정책이든 보수 정책이든 유용한 처방이라면 총동원합시다. 함께 잘사는 세상을 위해서 유용하다면 어떤 정책도 수용하겠습니다."라며 실용주의 노선을 분명히 했다.

이 대표는 2025년 1월 22일 최고위원회의에서 도널드 트럼프 미국 대통령 취임 첫날부터 쏟아진 전방위 리스크와 관련해서도 "실용적인 전략이 무엇보다 중요하다"고 했다. 그러면서 수시로 '한미동맹'을 언급한다. 조셉 윤 주한미국대사 대리를 만나선 "한미동맹으로 한국이 성장 발전했고, 한미동맹을 더 강화 발전시키겠다"고 했다.

민주당 의원 82명이 제출한 '한반도 평화를 위한 한미동맹 지지 결의안'에도 참여했다. 2025년 1월 17일에는 "민주주의의 위기를 겪으며 한미동맹은 더욱 강화될 것"이라고 했고, 1월 20일에는 "굳건한 한미동맹을 바탕으로 외교·안보와 통상 전략을 마련해 대응해야 한다"고 했다. 지난해 말 이임을 앞둔 필립 골드버그 전 주한미국대사를 만나선 "한미동맹은 한미관계의 기본"이라더니 "한미일 간의 협력관계도 계속될 것"이라고도 했다. 골드버그 전 대사가 "감사드린다"고 했을 정도였다.

미즈시마 고이치 주한일본대사 접견 땐 자신이 "일본에 애정이 매우 깊은 사람"이라며 "적대감을 갖고 살았지만 변호사 시절 일본을 방문했다가 생각이 바뀌었다"고 했다. "정치세력 간의 담합으로는 해결되지 않는다"고 윤석열 정부 노선을 견제했지만, "양국 관계의 중요성은 변함없다. 한일, 한미일 협력관계가 더 발전하도록 노력하겠다"고 했다.

이재명 대표의 이 말을 윤석열의 대일 외교노선을 그대로 따르겠다는 말로 해석하는 것은 무리다. 이재명 대표는 실용주의적인 관점에서 일본과의 관계를 유지하겠다는 것이지, 일본의 과거사 부정을 덮어주겠다는 뜻은 아니다. 정치와 경제는 분리해서 대응할 수 있다는 수준으로 이해하면 좋을 거 같다. 그게 바로 실용주의 아니겠는가.

먹사니즘을 넘어 잘사니즘

> 성장해야 나눌 수 있습니다. 더 성장해야 격차도 더 줄
> 일 수 있습니다. 국민의 기본적 삶을 기본권으로 보장
> 하는 나라, 두툼한 사회안전망이 지켜주는 나라여야 혁
> 신의 용기도 새로운 성장도 가능할 것입니다.

먹사니즘

이재명 대표는 연임 도전 선언부터 당대표 선출 수락 연설, 취임 이후 첫 공개 일성까지 최근 주요 국면마다 '먹사니즘'을 강조하고 있다. '먹고사는 문제'를 뜻하는 먹사니즘은 이 대표가 경기 성남시장 시절부터 이어온 자신의 정치철학을 압축해 직접 준비한 비전이다. 2024년 8월 19일 출범한 이재명 2기 지도부에서는 물론 향후 대선까지 관통할 정책 패러다임의 핵심이다.

먹사니즘은 성장과 과실을 공정하게 나누고 중산층 끌어안는 방안이라 할 수 있다. 먹사니즘은 크게 ①성장 ②분배 ③중산층 3가지 축으로 압축된다.

그중에서도 최우선 과제는 성장이다. 다가올 미래를 대비하기 위해선 신재생에너지, 인공지능(AI)과 같은 신산업을 정부 차원에서 준비해

야 하지만, 윤석열 정부는 의도적인 RE100(재생에너지 100% 사용) 지우기, 연구개발(R&D) 예산 삭감 등으로 오히려 역주행하고 있다는 게 이 대표 판단이다. 이에 이 대표는 신재생에너지 공급망인 '에너지 고속도로'를 전국에 설치해 새로운 일자리를 창출하고, 신산업 인프라를 구축하겠다는 공약을 우선적으로 발표했다.

보수의 전통적 패러다임인 성장을 강조하는 이유에는 분배가 깔려있다. 성장 없는 분배는 어렵다는 전제하에 '분배를 위한 성장'을 추진한다는 설명이다. 이 대표의 대표적인 분배 정책인 '기본사회'도 그대로 가져가고, 특히 에너지는 국민 누구나 에너지 기본권을 보장받는 '기본에너지' 형태로 시범사업도 추진할 예정이다.

김대중 전 대통령이 벤처, IT(정보기술) 성장론을 얘기했던 것처럼 이 대표는 첨단기술로 인한 '혁신 성장'에 방점을 두고 있다. 성장의 과실을 일반 국민에게 분배하고, 그로 인해 발생한 수요로 성장하는 개념이라고 보면 된다.

중산층을 위한 세 부담 완화도 '먹사니즘의 일환'이라고 보면 된다. 전통적으로 민주당은 세제 완화에 부정적인 입장을 취해왔던 것이 사실이다. 이재명 대표는 금융투자소득세와 종합부동산세에 대한 완화가 필요하다는 소신을 밝혀왔다. 최근 상속세 개편 입장을 피력한 것도 같은 맥락이라고 볼 수 있다. 양극화 심화로 소멸 위기에 처한 중산층에 대한 보다 유연한 접근을 시도하고 있다.

지금 대한민국에는 소득격차가 그 어느 때보다 벌어지면서 중산층이 거의 없어진 상황이다. 일부 층에서 민주당의 세금 정책을 '징벌적 세금'이라고 반발하고 있는 것이 현실이다.

하지만 윤석열 정부에서 추진했던 부자 감세는 제자리에 돌려놓아야만 한다. 2023년 경기침체와 법인세 인하로 세수 펑크가 60조 원이나 되었음에도 근로소득세는 약 2조 원이 증가했다. 부자 감세의 효과로 인한 세수 손실을 근로소득자가 채우고 있다. 그렇다 보니 소비가 위축되고 경제 성장이 멈추는 악순환이 계속되고 있다.

이재명의 새로운 비전 잘사니즘

이재명 대표는 2025년 2월 10일 국회에서 비교적 자세하게 '잘사니즘'을 설명했다. '먹사니즘'을 얘기하면 무조건 나눠 주기라고 비난하는 사람들이 많았다. 이재명의 '잘사니즘'은 '먹사니즘'의 업그레이드 버전이라고 할 수 있다. 성장 없이는 먹사니즘은 실현될 수 없는 구호에 불과할 수 있다. 성장을 기반으로 한 먹사니즘이 잘사니즘이다. 겨우 입에 풀칠하며 먹고 사는 게 아니라, 자아를 실현하며 품격있게 먹고 사는 것이 바로 잘사니즘이다.

다음은 이재명 대표의 국회 대표 연설의 일부이다.

회복과 성장은 더 나은 내일을 위한 필요조건입니다. 새로운 성장동력을 만들고, 성장의 기회와 결과를 함께 나누는 '공정 성장'이 바로 더 나은 세상의 문을 열 것입니다.

새롭고 공정한 성장동력을 통해 양극화와 불평등을 완화해야만 '함께 잘 사는 세상'으로 들어갈 수 있습니다.

성장해야 나눌 수 있습니다. 더 성장해야 격차도 더 줄일 수 있습니다. 국민의 기본적 삶을 기본권으로 보장하는 나라, 두툼한 사회 안전망이 지켜주는 나라여야 혁신의 용기도 새로운 성장도 가능할 것입니다. 당력을 총동원해 '회복과 성장'을 주도하겠습니다.

'기본사회를 위한 회복과 성장 위원회'를 설치하겠습니다. 사랑하는, 그리고 존경하는 국민 여러분!

제가 이 자리에서 '먹사니즘'과 함께 모두가 함께 잘 사는 세상, '잘사니즘'의 비전을 제시하는 이유가 있습니다.

우리가 만들어 갈 변화는 너무 크고 막중하여 모두의 지혜를 모아야 합니다. 대립과 갈등을 넘어 힘을 모아야 합니다.

우리 국민의힘 의원님들도 함께해야 하지 않겠습니까.

우리 앞의 난제들을 피하지 맙시다. 쟁점과 논란에 정면으로 부딪쳐, 소통과 토론을 통해 해결책을 만들고, 그 성과로 삶과 미래를 바꿔나갑시다.

정치가 앞장서 합리적 균형점을 찾아내고 모두가 행복한 삶을 꿈꿀 수 있는 진정한 사회 대개혁의 완성, 그것이 바로 '잘사니즘'의 핵심입니다.

새로운 세상, 더 나은 사회를 위해서는 충돌하는 이해를 조정해야 합니다. 실제로 존재하는 갈등을 피하지 말고, 대화하고 조정하며 타협해야 합니다. 공론화를 통해 사회적 대타협을 한번 해봅시다.

이재명 대표는 "회복과 성장은 더 나은 내일을 위한 필요조건"이라며 새로운 비전으로 '잘사니즘'을 제시했다. 이 대표는 "함께 잘사는 세상을 위해 유용하다면 어떤 정책도 수용하겠다"라고 말했다.

이재명 대표는 이날 국회에서 열린 교섭단체 대표 연설에서 '공정 성장'을 강조하며 "경제 살리는데 이념이 무슨 소용이냐. 민생 살리는데 색깔이 무슨 의미이냐. 진보 정책이든 보수 정책이든 유용한 처방이라면 총동원 하자"고 말했다. 이는 '보수에 가까운 실용주의자'를 자처한 이 대표가 강조해 온 흑묘백묘론과 맥을 같이 한다.

이재명 대표는 잘사니즘의 핵심으로 '합리적 균형점'을 제시했다. 그는 주 52시간제·노동개혁과 연금개혁 등 난제와 관련해 '사회적 대타협'이 필요하다면서 "성장과 분배는 모순 아닌 상보 관계이듯, 기업 발전과 노동권 보호는 양자택일 관계가 아니다"고 말했다. 그러면서 "대화와 신뢰 축적을 통해 기업의 부담을 늘리고, 국가의 사회안전망을 확충하며, 노동유연성 확대로 안정적 고용을 확대하는 선순환을 이루자"

2024년 2월 10 국회 대표 연설 ⓒ연합뉴스

고 했다.

잘사니즘을 구현할 전략으로는 인공지능(AI)·바이오·문화·방위산업·에너지·제조업의 영 단어 첫 글자를 딴 'ABCDEF 정책'을 내놨다. 이 대표는 "포항, 울산, 광양, 여수 등을 '산업위기대응특별지역'으로 선포하자"고 제안했다.

하지만 언론은 이번에도 매우 비판적이었다. 이재명이 말하면 언제나 비판적이다. 성장 없는 잘사니즘은 존재할 수 없다. 있는 자들의 것을 빼앗아서 실현할 수 있는 잘사니즘은 없다. 새로운 성장동력을 개발해서 고용을 창출하고, 그것을 기반으로 한 공정한 분배가 잘사니즘이다.

지방 균형 발전의 해법 에너지 고속도로

재생에너지를 팔 수 있는 지능형 전력망, 즉 에너지 고속도로를 강원도부터 전국에 깔아야 한다. 그 길이 열리면 국토 균형발전과 인구 소멸을 다 해결할 수 있다.

지방은 수도권의 식민지인가?

필자는 오래전부터 대한민국은 하나의 공화국이 아니라고 생각하며 살고 있다. 서울 및 수도권 공화국과 지방 공화국 둘로 나뉘어져 있으며, 지방 공화국은 수도권 공화국에 예속되어 있다고 인식한다. 2019년 지역총소득을 보면 서울과 경기도는 각 500조 원 수준인 반면에 지방의 경우 가장 높은 경남이 겨우 100조 원 남짓에 불과하다.

대한민국 상위 10%의 순자산은 8억 3천만 원 정도인데 지방민들은 거의 해당하지 않는 자산이다. 반면, 서울에서는 아파트 한 채만 가져도 이 정도 되니 상위 10%의 부자 대부분은 서울 아파트 소유자들인 셈이다.

또 지방의 인구는 지속적으로 감소하면서 228개 자치단체 중 105곳이 지방 소멸의 위기를 맞고 있다. 특히, 청년들이 지방을 떠나가고 있는 반면에 대다수 대기업이 수도권에 몰려있으면서 우수 인력은 지방으로 내려오지 않는 것이 현실이다.

의료 부문 또한 어떠한가? 국내 Top 5 종합병원을 위시하여 유수한 병원들이 서울에 몰려있다. 그래서 지방민들은 하루 종일 시간을 들여야 서울 종합병원 의사 진료 1분을 받을 수 있는 실정이다. 자산과 인력 등 거의 모든 면에서 수도권과 지방의 격차는 돌이킬 수 없을 정도의 수준이 되었고, 병원이면 병원, 문화시설이면 문화시설 대부분이 수도권에 몰려있으니, 지방은 서울 및 수도권에 종속된 식민지나 다름없다고 말하는 것이다. 주요 대학들이 서울에 위치해 있는 것은 논외로 치더라도 말이다.

국토 균형발전의 걸림돌

대선과 총선 등 매번 선거 때마다 국토의 균형발전에 관한 공약이 등장한다. 실제로도 중앙정부와 지방정부는 매년 적지 않은 예산을 지역 균형발전 명목으로 편성하고 있다. 그렇지만 수도권과 비수도권 간의 격차는 해마다 더 벌어지고 있다.

수도권 면적은 전체 국토의 11.8%인데 수도권 인구는 전체 인구의 50.2%이다. 우리나라 인구의 절반 이상이 국토의 약 11%에 살고 있다. 우리나라 1,000대 기업의 70% 이상, 100대 기업의 90% 이상이 수도권에 집중되어 있다. 수도권 지역은 교통체증, 공기 오염, 과열 경쟁, 상대적 박탈감 등으로 인한 사회적 비용이 증가하고 삶이 질이 저하되고 있다.

지방이 발전하려면 그곳에 일자리가 있어야 한다. 일자리가 없으면 아무리 홍보해도 소용이 없다. 현대자동차가 입주해 있고 대규모 고용을 창출하고 있는 울산이 사실 대한민국에서 국민소득이 가장 높은 도시 중의 하나인 것만 봐도 알 수 있다.

지방 농촌에 젊은이들이 가려면 농업이 부를 일구는데 매우 유용한 업종이라는 희망을 주면 된다. 일자리가 있으면 사람이 정주하게 된다. 지방에 일자리를 만들기 위한 다양한 아이디어가 필요한 시점이다.

재생에너지 중심 사회로

이재명 대표가 재생에너지와 지역 발전에 대해 언급할 때마다 자주 언급하는 곳이 있는데 신안군이다.

이재명 대표는 2022년 9월 30일 오후 전남 신안군 지도읍에 위치한 태양광발전소를 방문했다. 이곳에서 "앞으로 재생에너지 중심 사회로

지도읍 신재생에너지 배당금 지급 현장에서 인사말 하는 박우령 군수 ⓒ신안군

전환해야 한다. 전환하지 않으면 경제가 도태되는 상황에 이른다"고 말했다.

신안군에서는 최초로 태양광발전소에서 생산한 전기를 외부에 판매해서 얻은 수익을 통해 안좌도와 자라도 주민에게 '햇빛 연금'을 지급하고 있다. 재생에너지 개발이익 공유 사례 중에 최고 모범으로 손꼽히고 있다.

'햇빛연금'은 안좌도와 자라도 주민 2,935명에게 1인당 분기별로 12만 원에서 51만 원까지 지급되었다. 이로 인해 2021년에는 251명이 전입하는 효과를 냈으며, 군은 30살 이하 청년이 전입하면 우대해 주는 등 전입 조건이 까다로워지고 있다. 신안군은 앞으로도 태양광발전 1.8GW와 해상풍력발전 8.2GW 개발을 추진해서 발전 이익 중 30%를 햇빛연금과 바람연금으로 제공하겠다고 한다.

이재명 대표는 2023년 6월 5일 최고위원회의에서 다음과 같이 말했다.

"최근에 보수 경제지 한 곳에서 이런 보도를 했다. 대한민국의 재생에너지 부족으로 전 세계적인 RE100에 대응 못 해 국내 기업이 수출 계약을 취소당하고 있다는 보도이다.

재생에너지 부족으로 수출 기업이 수출 못 하게 되면 장기적으로 전부 재생에너지 공급이 가능한 해외로 다 탈출하게 된다. 이건 아주 초보적 경제 지식만 갖춰도 얼마든지 예상할 수 있는 일인데, 재생에너지 목표를 줄이고 전 세계 아무도 동의하지 않는, 결코 전 세계 표준이 될 수 없는 탄소 프리 100%, 이런 정책으로 세계질서를 재편해보겠다, 이런 실현 불가능한 황당한 정책으로 이 위기 벗어날 수 없다.

신속하게 재생에너지 공급이 가능한 시스템으로 우리가 전환해가야 하고 이런 불황일수록 대대적인 재생에너지 생산 기반 시설을 구축해야 한다. 불경기엔 인력으로 댐을 만들지 않나. 이런 때야말로 대한민국의 미래 경제를 위해, 경제 활성화를 위해, 대대적인 재생에너지 인프라 구축에 관심을 갖고 노력할 때이다."

태양광 발전에 있어 한국은 풍부한 노하우를 갖고 있다. 일찌감치 원자력 발전을 포기하고 친환경 에너지로 전환한 대만에는 지금 친환경 에너지가 절실한 글로벌 기업들의 투자가 이어지고 있다. 친환경 에너지의 비중을 늘리는 길만이 대한민국 제조업이 사는 길이다.

에너지 고속도로

2024년 8월 18일 이재명은 당대표 후보 때 민주당 전당대회 강원 지역 합동연설회에서 "재생에너지를 팔 수 있는 지능형 전력망, 즉 에너지 고속도로를 강원도부터 전국에 깔아야 한다. 그 길이 열리면 국토 균형발전과 인구 소멸을 다 해결할 수 있다."고 밝혔다.

그는 "강원도는 관광 산업이 발달하고 있지만 인구는 계속 줄고 있다. 이제 새로운 길을 찾아봐야 하지 않겠느냐"며 "강원도에 햇빛과 바람이 얼마나 많냐. 그런데도 사람들이 강원도를 떠나고 있지 않으냐"라며 "골짜기마다 바람을 이용해서 풍력 발전하고 버려진 밭과 산등성이에 태양광 발전기를 설치해서 (에너지를) 언제든 쓰고 팔 수 있다면 '바람 농사', '햇빛 농사' 짓는 사람들이 되돌아올 것"이라고 했다.

이어 "대공황 시대에 댐을 건설한 것처럼 정부의 재정투자를 통해 대대적인 에너지 고속도로를 깔아서 전국 어디서나 전기를 생산해 팔 수 있게 하면 얼마나 많은 사람이 '바람 연금', '햇빛 연금'으로 노후 걱정 없이 살 수 있겠느냐"며 "지금 같이 어려운 시기가 바로 투자할 때이고 그 첫 길을 강원도부터 시작하면 좋지 않겠느냐"고 말했다.

이재명 대표는 2025년 2월 10일 국회 교섭단체 대표 연설에서 기후위기 대응과 에너지 전환의 중요성을 강조하며 재생에너지 확대와 에너지 고속도로 구축을 제안했다.

이 대표는 "2023년 기준 우리의 에너지믹스 현황은 원자력 29%, 재생에너지 9%, 천연가스 28%, 석탄 33%"라며 "석탄 비중은 최소화하고 LNG 비중도 줄여가되, 재생에너지를 신속히 늘려야 한다."며 '에너지 고속도로'를 건설해야 한다고 강조했다.

그는 "어디서나 재생에너지를 생산할 수 있도록 에너지 고속도로를 건설해야 한다"며 "전력 생산지의 전력 요금을 낮춰 바람과 태양이 풍부한 신안, 영광 등 서남해안 소멸 위기 지역을 에너지산업 중심으로 발전시켜야 한다"고 말했다.

또한 에너지 자립과 에너지 안보의 중요성도 강조했다. 이 대표는 "우리나라는 에너지원 대부분을 수입하고, 전력망이 고립된 사실상의 섬이어서, 에너지 자립과 에너지 안보가 무엇보다 중요하다"며 "기후

위기 대응과 지속 가능한 성장을 위해 재생에너지 확대와 안정적인 에너지 공급 체계를 구축해야 한다. 대한민국이 에너지 전환을 선도하는 국가로 도약해야 한다"고 말했다

전국에 지능형 송배전망, 즉 에너지 고속도로를 구축하여, 바람과 햇빛으로 전기를 생산하는 신규 농업인을 유치하고, 이로 인해 일자리를 창출함으로써 경제 회복에 기여할 수 있을 것이다.

이재명 대표의 구상에 따르면 지방 소멸과 공동화 문제를 신산업 및 신성장 기회로 전환할 수 있을 것이다. 대규모 투자에 따른 일자리 창출이 경기회복을 촉진하며, 이는 지방 경쟁력 회복과 국토 균형발전으로 이어질 수 있다. 또한, 에너지 고속도로 구축을 통해 지방에 저렴한 전기를 공급하고, 송전 거리 비례 요금제로 지방의 경쟁력을 회복할 수 있을 것이다.

에너지 고속도로가 구축된다면, 지방의 산골짜기와 해안가에 바람 농사와 햇빛 농사를 통해 다시 지역 경제를 활성화할 기회를 창출할 것이며, 대규모 투자에 따라 일자리 창출과 경기 활성화의 효과도 기대된다.

2030년까지 온실가스 40%를 감축하고 2050년까지 평균온도 상승 1.5℃ 이내 달성을 위한 탄소중립, RE100 실천을 강제하고 있는 세계적인 추세에서 이재명 대표가 제시한 에너지 고속도로는 최고의 해법이라고 할 수 있다.

지방 국공립대도 최소한 서울대 수준으로 지원해야

이재명은 언제나 사람들의 평균적인 생각 이상으로 앞서간다. 먹사니즘에서 잘사니즘으로, 촛불혁명에서 빛의 혁명으로 그리고 이제 균형발전에서 불균형 발전으로 생각을 바꾼다.

이재명 대표는 2024년 2월 15일 충북대학교 오창캠퍼스에서 열린 '서울대 10개 만들기' 정책 간담회에서 "이제는 국토 균형발전이 아니라 '국토 불균형 발전'을 시행해야 하는 상황이 됐다."고 말했다.

그는 "저출생이 시대적 화두가 돼 있는데, 전 세계에서 아마도 인류 역사가 시작된 이래 출생률이 가장 낮은 국가가 대한민국이지 않을까"라며 "그 중심적인 이유 중 하나가 교육 문제"라고 말했다.

이어 "특히 대학 간 차별이 심각하다. 특정 국립대와 지방대의 지원을 비교하면 거의 절반에 불과하다고 한다"며 "안 그래도 어려운 지방에 더 나쁜 악순환 불러오는 잘못된 정부 정책"이라고 비판했다.

이 대표는 "대한민국이 지금 지방 소멸 문제로, 수도권 폭발 문제로 몸살을 앓고 있는데, 그 중심에 대학 문제가 있다"며 "2040년엔 전체 지방대학 절반이 문을 닫을 거란 연구 결과도 있다. 복합적으로 작용해 지방 소멸, 수도권 일극화의 원인"이라고 설명했다.

이 대표는 "서울대 10개 만들기를 통해 지방 국공립대도 최소한 서울대 수준의 지원을 해줘야 한다. 저는 사실 더 해줘야 한다고 생각한다"며 "청년들이 서울로 수도권으로 가지 않고도 자기가 태어난 곳에서 희망 갖고 살 수 있는 세상, 원하는 만큼의 충분한 고등교육을 받을 수 있는 기회를 만들 대안을 찾아보겠다"고 말했다.

이 대표는 "지방에 대한 과하다 싶을 만한 불균형한, 집중적 지원이 필요하다는 뜻"이라며 "민주당은 국토 균형발전, 지방 균형발전이 매우 핵심적인 국가적 과제라는 생각을 갖고 있고, 지금까지 관련 정책들을 지속 추진해 왔다. 앞으로도 대한민국의 심각한 국가적 과제"라고 했다.

민주당이 이날 발표한 서울대 10개 만들기 정책은 거점 국립대 9곳(강원대·충북대·충남대·경북대·부산대·경상국립대·전남대·전북대·제주대)의 학생 1인당 교육비를 서울대의 70% 수준까지 끌어올리는 내용이 핵심이다. 현재 이들 대학의 학생 1인당 교육비가 서울대의 30% 수준에 그치는 만큼, 대학당 평균 약 3,000억 원을 투자해 우수 교원과 시설·기자재 등 기본 교육 여건을 총체적으로 끌어올린다는 계획이다.

RE100 실현이 지방에 기회

지금 한국의 대기업들은 RE100을 실현할 수 있는 재생에너지를 찾아 해외에 진출하고 있다. 한국의 경제 성장의 상당한 부분을 차지하고 있는 현대자동차, 삼성전자가 해외로 빠져나가고 있다. 현대자동차뿐만 아니라 현대자동차에 부품을 공급하는 협력사들도 함께 떠나고 있다.

재생에너지 생산은 수도권에서 거의 불가능하다. 재생에너지 생산은 지방에서 할 수밖에 없다. 지방자치단체는 재생에너지 생산시설을 확충해서 재생에너지가 필요한 기업들을 유치한다면 자연스럽게 고용도 창출되고 세수도 확보되면서 젊은이들이 정주할 수 있는 곳으로 발전하게 될 것이다.

　이재명 대표의 에너지 고속도로야말로 지방 균형발전의 핵심 키워드라고 할 수 있다.

평화가 경제다

경제적 의존성을 먼저 높여서 협력을 습관화하는 것이 국익에 도움이 된다는 확신을 가지게 한다면 대결 구도를 통해서 호전적으로 핵 개발에 매달리는 등의 적대적 행위를 줄여나갈 수 있을 것이다.

예방 안보와 평화외교

국가가 국민에게 기본적인 안보를 제공하는 데에 있어서 염두에 두어야 할 또 하나의 중요한 사항은 임박한 위협에 적절히 대처하고 극복하는 것도 중요하지만, 이러한 위협이 발생하지 않도록 근본적이고 선제적으로 대처하는 예방 안보가 더 중요하다.

중국 춘추전국시대의 병법가이자 전략가인 손자(孫子)도 싸우지 않고 이기는 것이 최선이라고 한 바 있다. 일단 어떤 형태의 재앙이든 발생한 이후에는 피해를 최소화할 수 있지만, 피해 자체를 없앨 수는 없다. 국가 권력의 입장에서야 때로는 위협의 발생을 기다렸다가 이기는 것이 더 이익이 될 수도 있겠지만, 국민의 입장에서는 위협의 예방이 위협의 극복보다 언제나 무조건 옳다.

갈등의 예방을 위해서 국가는 주변국들과 갈등을 극복하기 위한 노력도 기울여야 하겠지만, 주변국들로부터의 위협을 사전에 방지할 수 있는 평화의 외교정책을 구사하는 것이 필요하다. 다시 말해서 주적을 설정해 놓고 싸워서 이기는 것도 중요하지만, 그보다는 적이 생기지 않도록 관리하는 것이 더 중요하다는 것이다.

싸워서 지키는 평화는 결국 주권자인 국민의 희생을 전제로 한다. 전쟁에서 활약하고 희생당한 국민을 영웅으로 기리는 행위보다 국민이 희생되는 일이 없도록 예방하는 것이 더 값진 일이다. 평화야말로 현대 국가가 지켜야 할 외교의 최우선 목표이자 행동 수칙이 되어야 한다.

이재명 대표는 평소에 늘 "싸워서 이기는 게 중요하지만 싸우지 않고 이기는 게 더 유능한 안보이다. 평화가 곧 안보다."라고 말했다.

이재명의 평화경제 공동체

교류와 협력을 통해서 경제가 발전하게 되면 국가들은 평화롭게 공존하고 경제적 이해가 충돌하면 정치적으로도 대립하고 반목하는 경우가 대부분이다. 그러므로 평화로운 공존을 위해서는 경제적 교류가 매우 중요한 역할을 한다.

경제적 교류와 이익의 공유는 평화를 추동하고, 평화적 관계의 유지는 경제적 교류의 심화를 가능하게 한다. 경제적 교류의 확대는 다시 두 집단 간에 이익의 연대를 강화해서 평화적 공존의 토대를 강화한다. 이것을 평화와 경제의 선순환, 즉 '평화경제'라고 할 수 있다.

이재명은 2017년 11월 28일 자신의 페이스북에서 다음과 같이 밝혔다.

한반도에서 평화 체제를 수립하고자 하는 노력은 번번이 벽에 부딪혔다. 한국 사회에서 평화를 제도화한다는 것이 얼마나 어려운 일인지 역사가 증명해 주고 있다. 지금까지는 대개 안보 체제가 경제적 협력을 강화하는 전제라고만 생각했다. 그러나 이러한 노력이 성공하지 못했기 때문에 이제는 전면적인 패러다임의 전환을 추구해 보아야 한다. 경제적 의존성을 먼저 높여서 협력을 습관화하는 것이 국익에 도움이 된다는 확신을 가지게 한다면 대결 구도를 통해서 호전적으로 핵 개발에 매달리는 등의 적대적 행위를 줄여나갈 수 있을 것이다.

2019년 12월 2일에도 페이스북에 독일과 프랑스의 사례를 언급하며 평화경제의 효용성을 재차 강조했다.

유럽의 전통적 숙적이던 독일과 프랑스도 역사적으로 석탄과 철강을 둘러싸고 대립했지만 결국 하나의 경제공동체를 이룸으로써 경쟁력도 확보하고 평화도 정착시킬 수 있었다. 한반도와 동북아에서도 실질적인 교류와 협력을 바탕으로 평화를 통한 경제, 경제를 통한 평화를 만들어 갈 수 있다. 다시 말해서, 한반도에서 안보공동체와 경제공동체를 동시에 추구함으로써 평화공동체로 나아갈 수 있다는 것이다. 일방의 이익이 아닌 공동의 이익 추구, 북방경제라는 기회의 창을 통해 동북아 공동 발전과 북핵 문제를 근원적으로 해결할 수 있는 것이다. 이제 평화와 협력의 시대로 나아갈 것인가 분단과 대결의 시대에 머물러 있을 것인가를 결정할 때이다.

한국 주도의 한반도 평화

미국의 트럼프 대통령은 북한의 김정은 국무위원장과 다시 회담할 것으로 보인다.

트럼프의 목표는 2위 국가 중국을 봉쇄하는 것이다. 그 목표를 달성하기 위해서는 러시아와 북한의 협력이 필요하다. 그래서 트럼프는 푸틴과 만나서 우크라이나 전쟁을 종식하려고 한다. 우크라이나의 반발이 예상되지만, 미국의 지원 없인 우크라이나는 전쟁을 지속할 수 없다. 트럼프는 러시아가 점령한 우크라이나 영토를 러시아의 영토로 인

2024년 11월 29일 민주당 최고회의

정해 줄 것으로 예상되며 미국은 러시아와의 관계 개선을 통해 중국을 견제할 것으로 보인다.

미국은 북한에도 손길을 보낼 것으로 보인다. 중국과 국경선을 맞대고 있으며 중국에 경제적으로 많이 의존해 있는 북한을 떼어내어 중국을 고립시키겠다는 것이 미국의 전략이다. 트럼프는 다시 한번 김정은과의 직거래를 시도할 것으로 보인다. 하지만 하노이에서의 노딜을 경험한 김정은은 보다 확실한 요구조건을 내 걸 것이다. 그것은 바로 종전선언과 관계 개선이다. 여기서 우려되는 것은 북미 관계 개선에서 자칫 한국이 소외될 수 있다는 것이다.

이재명 대표는 2024년 11월 29일 민주당 최고회의에서 "정부는 급변하는 글로벌 상황에 발맞추고 코리아 패싱이 현실화 되지 않도록 정교한 전략을 마련해야 할 것"이라며 "남북 간에도 지금처럼 대결 일변도가 아니라 소통 창구를 마련하고 협력하고 우호적 분위기를 만들어가서 결국 대화에 이르도록 해 나가야 한다"고 말했다.

윤석열 정부가 들어서면서 남북 관계는 역사상 최악의 상태가 되었다. 12.3 내란 사태에서도 보았듯이 평양에 무인기를 보내 김정은 비방 전단을 뿌리고, 풍선을 보내면서 국지전까지 유도하려 했다. 매우 심각한 상태라고 할 수 있다.

미국의 적극적인 대북 관계 개선을 넋 잃고 쳐다볼 수 없다. 우리도 북한과의 관계 개선을 위해 적극적으로 대화에 나서야 할 때이다.

한반도에서 평화를 구축하는 모든 과정에서 동맹인 미국의 역할이 아무리 중요하다고 하더라도 한반도 문제의 근본적 해결을 위해서는 한국 정부가 주도권을 가지고 역할을 해야 한다.

한미동맹이 아무리 중요해도 우리의 뜻과 상관없이 마냥 끌려다닐 수 없다. 한미동맹을 굳건히 유지하면서도 우리의 이익을 극대화하는 방법을 모색해야만 한다. 한국은 미국과 북한 간의 종전선언이 이루어질 수 있도록 적극 지지하고 분위기를 조성해야 한다. 종전선언이 이루어진다면 전쟁상태를 기반으로 하는 현재의 정전 체제가 평화 체제로 대체되어 남북한이 주도하는 한반도 협력의 시대가 열리게 될 것으로 기대된다.

이재명 평화 경제의 꿈

이재명은 경기도지사 시절인 2021년 5월 21일 고양시 킨텍스에서 개막한 '2021 DMZ 포럼' 기조연설에서 생명 평화 지대로서의 DMZ를 토대로 한반도 평화 경제 시대에 대한 청사진을 내놨다.

이재명은 우선 한반도 평화경제 구상에 대해 "한반도에서 평화와 경제가 선순환하는 시대를 열어 남북 모두에게 평화와 일자리, 경제적 기회를 제공하는 상생의 정책"이라며 "남과 북이 신뢰를 회복하고 관계를 개선해 국제사회를 설득해 나간다면 얼마든지 가능한 일"이라고 강조했다.

특히 미·중 경쟁에 대응하는 우리의 전략으로 '국익 중심의 실용 외교'와 이를 바탕으로 한 '동북아 포용적 질서론'을 제시, 한반도 평화경제 시대를 앞당기기 위한 새로운 외교 안보 철학에 관해 설명했다.

이재명은 "한국은 경제·군사·소프트 파워 등 다방면에서 세계가 주목하는 국가로 부상한 만큼, 자주적 입장에서 국익을 중심으로 외교적 유연성을 발휘하고 실용적 접근으로 지역협력과 국제연대를 도모해야 한다"고 말했다.

그는 이어 "앞으로 동북아는 강대국 권력정치와 배타적 민족주의가 아닌, 공정하고 평화로운 협력과 포용의 질서를 향해 전진해야 한다"며 "특정 국가가 배제되고 선택이 강요되지 않는, 역내 모든 국가의 이해가 수렴되고 모든 국가가 참여하는 포용적 질서가 바람직하다"고 덧붙였다.

아울러 "차이를 인정하는 가운데 공존을 모색하는 구동존이(求同存異)의 지혜가 필요하다"며 "이념과 자국 우선주의를 뛰어넘는 다자간 연대 협력은 공정하고 평화로운 동북아 질서의 형성을 촉진할 것"이라고 말했다.

이재명은 이 같은 구상을 실현하기 위한 가장 중요한 전제조건으로 남과 북이 기존에 합의한 사항들을 철저히 지키고 약속된 협력사업을 충실히 시행하는 노력을 수반, 남북 관계 발전을 가속해야 한다고 강조했다.

그러면서 "개성공단 재개, 남북 철도·도로 연결, 인도적 협력을 비롯한 남북 합의 이행을 위해 유엔 안보리가 포괄적 상시적 제재 면제를 허용토록 관련국들에 대한 설득에 적극 나서야 한다"고 해법을 제시했다.

무엇보다 개성공단이 남북공영의 성공적 실험실이자, 평화의 증진이 경제협력을 낳고 경제협력이 평화를 촉진하는 선순환적 평화 경제 시대의 비전을 보였었다는 점을 강조하며 개성공단 재개의 필요성을 역설했다.

그러면서 남북 당국이 대결의 시대를 종식하기 위해 합의한 약속이자 접경지역 주민들의 생명과 안전을 보호하기 위한 조치인 '대북전단 살포 금지법'의 중요성에 대해서도 강조했다.

아무리 '더러운 평화'라도 '이기는 전쟁'보다 낫다

윤석열은 2023년 6월 28일 한국자유총연맹 행사에서 문재인 정부를 겨냥해 "반국가 세력이 북한 공산집단에 대해 종전 선언을 노래 부르고 다녔다"며 "북한이 다시 침략해 오면 유엔사와 그 전력이 자동으로 작동하는 것을 막기 위한 종전선언 합창이었다."고 말했다.

이로써 윤석열은 북한과 미국과의 종전선언을 반대한다는 뜻을 분명히 밝혔다. 종전선언은 한반도 평화를 위한 첫 번째 단추라고 할 수 있는데, 윤석열은 한반도의 평화를 원하지 않고, 북한을 오직 타도의 대상으로만 보고 있다는 것이다.

이에 대한 반박으로 이재명 대표는 2023년 7월 4일 국회에서 가진 763개 시민사회·종교단체가 참여한 '정전 70주년 한반도평화행동(평화행동)' 대표단과의 간담회에서 "대량 살상 후 승전하는 것이 지는 것보다 낫겠지만, 그게 그리 좋은 일인가"라며 "아무리 '더러운 평화'라도 '이기는 전쟁'보다 낫다"고 말했다.

이재명 대표는 "최근에 종전을 놓고 많은 논란이 생겼다"며 "강력한 국방력으로 이길 수 있는 동력을 키우는 일도 중요하지만, 이것보다 더 중요한 것은 싸우지 않고 이기는 것"이라고 말했다.

　그러면서 "이보다 더 중요한 것은 바로 싸울 필요가 없는 상태, 평화를 만드는 것"이라고 강조했다.

　이 대표는 또 "민생과 경제라는 입장에서 봐도 평화는 매우 중요하다"며 "한반도 정세가 불안하면 외국인 투자가 줄고, 외환 대출을 받더라도 이자를 많이 내야 하는 것이 현실"이라고 지적했다.

　윤석열 정권은 집권하는 내내 북한과의 갈등만을 조성했다. 선제적으로 풍선을 보내고, 선제적으로 무인기를 보내고, 선제적으로 휴전선 일대에서 대북방송을 하고, 선제적으로 원점 타격을 한다고 하고, 선제적으로 남북합의서를 무효화시키면서 대북 적대 정책을 고집해 왔다.

　그러면서도 12.3 내란 사태에서 발견된 노상원 데스노트에 따르면 북한의 협조를 구해서 이른바 수거 대상을 제거하려고 했다. 북한이 협조해 준다면 금전적 대가까지 지급하려 했던 정황도 밝혀졌다. 이것이 바로 북한과의 갈등을 조장하면서도 북한을 끌어들여 자신의 정권을 유지하려고 한 '국민의힘' 정당의 오래된 습관이다. 1997년 2월에 치러진 제15대 대통령 선거 직전 한나라당(국민의힘 전신) 후보 이회창 측에서 지지율을 높이기 위해 청와대 행정관 등 3명이 중국 베이징에서 아시아태평양평화위원회 조선민주주의인민공화국 측의 참사 박충을 만나 휴전선 인근에서 무력시위를 해달라고 요청했던 이른바 총풍 사건이 있었다. 윤석열 내란 일당은 이번에도 총풍 사건과 유사한 시도를 또 하려고 한 것이다.

　이재명 대표의 구상처럼 북한과의 경제협력을 통해 북한이 한국에 의존할 수밖에 없는 구조를 만드는 것이 한반도 평화의 가장 이상적인 방법이다. 남과 북에 모두 이익이 되는 경제 생태계 조성이 한반도의 영구적인 평화의 필요조건이라고 할 수 있다.

이재명이 꿈꾸는 함께 하는 세상

> 나는 그 청소를 하기 위해 빗자루를 들고 싶다. 머슴이 빗자루를 드는 것은 당연한 일이다. 내가 쓸고 간 자리에 국민이 웃으며 걸어온다면 그것으로 나는 행복할 수 있을 것이다.

함께 하는 세상

이재명 대표가 사인을 할 때 매우 자주 쓰는 글은 '함께 하는 세상'이다. 즉 대동세상이다. 대동(大同)이란 약간의 차이를 넘어 서로 협동하며 번영함으로써 평정한 상태를 대동사회, 대동세상이라 말할 수 있겠다.

노동이 존중받는 사회

대한민국 국민의 대부분은 노동자이다. 노동자의 아들딸도 미래의 노동자가 될 것이다.

이재명은 알다시피 소년 노동자 출신이다. 그러다 보니 누구보다도 친노동자 성향이다. 노동자 출신이라고 해서 누구나 다 친노동자 성향이 되는 것이 아니다.

김문수는 노조위원장 출신으로 전태일기념사업회 사무국장을 하고 민중당 노동위원회 위원장을 하기도 했던 인물이다. 그러다 변절해서 한나라당 소속으로 15대 국회의원을 하다가 윤석열 밑에서 노동부 장관을 하고 있다. 지금은 전광훈의 아스팔트 극우 우파와 함께하고 있다.

하지만 이재명은 자신이 성장했던 환경의 모순에 대해 깊이 통찰하고 있다. 이재명의 많은 정책에는 자신이 사법고시에 합격하고 변호사가 되기 전에 보내야 했던 어린 시절의 아픔을 다음 세대들이 똑같이 겪지 말아야 한다는 생각이 투영되어 있다.

2021년 5월 1일 노동절을 맞이하여 페이스북에 올린 〈땀의 실질 가치가 보장되는 세상을 열어갑시다〉라는 글은 자신의 소년 노동자 시절의 아픔과 노동이 존중되고, 그것이 다시 인간의 존엄이 존중되는 사회를 꿈꾸는 이재명의 정치철학이 투영된 글이다.

일하는 사람이 이 나라의 주인입니다.

청보리와 아카시아꽃으로 허기 달랬던 시절, 각성제를 삼켜가며 면직물과 가발을 만들어 경제발전의 초석을 닦았습니다. 이역만리서 흘린 땀으로 쇳물을 녹여 제조업 강국을 세우고, 세계 유례없는 근면함과 교육열로 고도성장의 첨탑을 올렸습니다. 그분들이 없었다면 세계 10위의 경제대국 대한민국은 없었습니다.

나라가 위기에 처했을 때도 일하는 사람들이 앞장서 지켰습니다. 일본 상인들의 횡포에 맞서 1892년 최초의 파업을 기록한 인천부

두 두량군(斗量軍) 노동조합으로부터, 박정희 유신의 종말을 앞당긴 YH 노조의 신민당사 점거, 87년 노동자 대투쟁으로부터 1,700만 촛불 항쟁에 이르기까지. 대한민국의 민주주의와 주권은 노동자들에게 큰 빚을 지고 있습니다.

그러나 지금 대한민국의 노동이 위기에 놓였습니다.

가속화되는 디지털 전환과 탈탄소 산업 전환에 따른 대량 실업 가능성, 플랫폼노동·특수고용 등 권리 사각지대에 놓인 미조직 노동자의 증가, 저성장시대로의 진입, 대·중소기업 노동자 간 소득격차 확대 등 구조적 난관들이 우리 앞에 있습니다.

더욱이 땀 흘려 일한 근로소득으로는 급격히 벌어지는 자산 격차를 따라갈 수 없어, 대한민국은 땀의 가치가 천대받는 사회로 전락해 가고 있습니다.

규칙을 지키지 않는 불로소득자들이 승승장구하는 그런 사회엔 희망이 자리하지 못합니다. 정당한 노동의 대가와 노동자의 권리가 보장받지 못하는 나라에는 더 풍요로운 미래는 없습니다.

경기도는 민선 7기 출범 이후 청소·경비노동자 휴게시설 정비, 건설노동자 임금체불 예방, 비정규직 공정수당 도입, 플랫폼 노동자 산재 지원, 취약 노동자 단체 조직화, 노동안전지킴이 확대 등 노동존중 사회 구현을 도정의 핵심 목표로 삼아 매진해 왔습니다.

그러나 아직도 턱없이 부족합니다. 일하는 사람들의 꿈이 더는 짓밟히지 않도록 불로소득자 우위의 사회를 타파하고, 땀의 공정 가치와 근로소득의 실질 가치가 보장되는 사회를 반드시 열어갈 것입니다.

노동의 존엄함이 곧 인간의 존엄함이기에, 노동이 존중받는 세상을 이루는 것이 공정하고 새로운 세상의 출발점이자 종착역입니다.

이재명 대동세상 꿈의 태동

이재명은 지치고 굳은 얼굴들을 볼 때마다 생뚱맞게 맹자(孟子)의 성선설(性善說)을 떠올리곤 한다고 했다. 이재명은 『함께 가는 길은 외롭지 않습니다』에서 다음과 같이 토로했다.

모든 사람은 맑고 선하게 태어나지만 사회에 적응해 갈수록 어릴 때의 해맑은 웃음을 잃게 된다는 그의 말을 결국 인정해야만 하는가. 국민 모두가 활짝 웃을 수 있는 나라를 만든다는 것이 이토록 힘든 일인가.

물론 어떤 사회적 환경 속에서도 본성을 잃지 않고 늘 환하게 미소 짓는 사람들도 있다.

어느 글에선가 도를 닦아 높은 경지에 이른 한 선사의 이야기를 접한 적이 있다. 그는 자신이 하는 모든 일들이 새롭고 신기해서 늘 감탄사를 연발한다.

"오, 놀라운지고! 내가 장작을 패네! 내가 샘물을 긷고 있네!"

선사에게는 이 세상 모든 일들이 신비로워서 매 순간순간이 그 자체로 즐겁다. 행복한 마음이 절로 샘솟는 것이다. 우리 곁에 잠시 머물렀던 몇몇 종교인들도 그랬다. 김수환 추기경의 선한 미소, 성철 스님의 편안한 웃음을 떠올리면 나도 모르게 절로 입꼬리가 올라간다.

하지만 나 같은 범인이 그런 경지에 이르기란 요원한 일이다. 세속의 모든 욕망을 초월하여 끝없이 마음을 수양해야 할 텐데 그게 가능하기나 할까. 내가 원하는 것은 국민 모두가 최소한 일 년의 절반 정도는 웃을 수 있는 그런 나라를 만드는 것이다. 그런 나라의 대통령은 어떤 사람일까? 국민을 웃게 만드는 대통령은 과연 어떤 인물일까?

우루과이의 '세상에서 가장 가난한 대통령' 호세 무히카와 핀란드의 여성 대통령 타르야 할로넨, 이 두 사람에게는 공통점이 있다. 둘 다 '정치'에 관한 확고한 철학을 가지고 있다는 점이다. 대통령은 국민의 행복을 위해 봉사하는 사람이라는 사실을 두 사람은 잘 알고 있었다. 두 사람의 얼굴에 늘 미소가 흐르는 것은 국민 모두에게 행복을 전파하려는 진심에서 비롯된 것이다. 웃음은 물결처럼 다른 사람들에게 전파되는 속성을 갖고 있다. 그래서 대통령의 진심 어린 웃음이 국민들의 얼굴로 번져나가는 것이다.

얼굴이 때 묻지 않은 순수한 미소로 가득한 사람은 얼마나 아름다운가. 그런 사람은 가진 것이 많지 않더라도 스스로 가난하다고 여기지 않는다. 마음이 부자이기 때문이다.

"한 사람이 쓸고 간 자리에 열 사람이 웃고 온다."

어린 시절 교실 벽에는 이런 표어가 붙어 있었다. 어쩌면 이 시대에 가장 필요한 말이 아닐까.

대한민국의 정치는 부패했고 사회는 불균형과 불평등으로 얼룩져 있다. 이런 정치, 이런 사회적 불합리를 빗자루로 청소하듯 깨끗이 쓸어버려야만 우울한 국민의 얼굴에 비로소 미소가 번질 것이다. 나는 그 청소를 하기 위해 빗자루를 들고 싶다. 머슴이 빗자루를 드는 것은 당연한 일이다. 내가 쓸고 간 자리에 국민이 웃으며 걸어온다면 그것으로 나는 행복할 수 있을 것이다.

예로부터 우리 민족은 신명이란 것이 있어 누군가 흥을 돋워주면 저절로 어깨춤이 나온다고 했다. '마당이 기울어졌어도 춤은 바로 추라'는 말이 있듯이 대한민국 사람은 신명이 나면 장소와 때를 가리지 않고 너와 내가 한마음으로 어깨동무하고 흥겹게 춤을 춘다.

대한민국의 케이팝(K-Pop)이 전 세계에 알려져 인기를 끌고 있다. 우리 민족의 유전자인 흥과 신명을 전 세계 사람들도 알아주기 시작했다는 증거다. 이제부터라도 정말 신명 나는 세상을 만들어가야 할 때다. 두레패처럼 꽹과리와 북을 들고 장구를 치고 상모를 돌리며 흥을 돋우어 국민 모두가 신명 나는 어깨춤을 출 수 있는 날이 오기를 간절히 바란다. 케이팝이 아니어도 정치만으로도 국민이 자부심을 더 가질 수 있는 대한민국을 소망한다.

대동세상 꿈의 진군

'대동세상'이라는 이재명의 꿈이 진군 중이다.

2019년 대한민국 기본소득 박람회 ⓒ일요신문

　대동세상은 유교문화권의 이상향이다. 예기에선 대동을 '경쟁과 쟁탈이 발생하지 않으며, 이익도 공평하게 나누는 공(公)의 상태'라고 했다. 이재명은 '모두가 자기 몫을 누리는 공정한 세상'으로 정의한다.

　이한주 전 경기연구원장은 한 인터뷰에서 이재명의 용어와 관련하여 "대동세상은 과거 신분제 사회에서 이상향을 뜻하는 용어였다. 지금도 보이지 않는 신분이 있다고 본다. 경제적 격차, 권력의 격차 같은 것들이다. 대동세상은 형식적이고 기계적인 대동이 아니라 실질적인 대동, 삶의 조건에서의 대동을 말하는 거다. 또 하나 실사구시란 말도 곧잘 쓴다. 이념이 아니라 삶에서의 가치를 지향하는 의미다. 이 세 말이 지향하고 상징하는 것이 공정으로 귀결된다."고 하였다.

　이재명은 경기 지사로 일할 때인 2021년 7월 15일 11월 월간중앙 인터뷰에서 기자의 질문에 다음과 같이 답했다.

가장 기본적인 궁금증이다. 왜 대통령이 되려고 하나?

"공정한 세상을 만들고 싶었다. 성장하지 않으면 행복할 수 없다. 역사적 경험상 공정한 나라는 흥하고, 불공정이 판치면 망했다. 우리 사회의 불공정 이슈의 근원적 이유는 성장이 정체됐기 때문이다. 경쟁이 격화되니 공정에 대한 열망이 커졌고, 자원이 불공정하게 배치되니 효율성이 떨어져 사회 전체의 성장 가능성이 훼손됐다. 공정을 통해 국민이 행복해지고 공동체의 성장을 가능하게 한다고 믿기에 그 목표를 실현하고 싶었던 거다."

이 지사가 공정을 통해 이루고자 하는 세상은 모든 사람이 함께 어울려 평등하게 살아가는 대동세상(大同世上)이다. 이를 실현하는 방법으로 억강부약, 즉 강자를 누르고 약자를 북돋는 정책을 펼쳐야 한다고 믿는다. 그의 이 같은 신념은 매우 강해서 가진 자에 대한 적개심이 발현된 것으로 비판받기도 한다. 이는 중도·중산층의 표심을 잡는 데 큰 장애물이 될 수 있다. 이 지사는 "저도 이미 강자이고 부자다. 내가 나를 부정하고 혐오할 수는 없는 것"이라고 했다.

그는 자신의 신념을 이렇게 설명했다.

"정확히는 강자와 부자들의 '폭력성'을 제어하자는 거다. 인간이 욕망을 추구하는 것은 비난받을 일이 아니다. 부자가 가진 부를 이용해 더 많이 성취하려는 것 자체도 비난할 수 없다. 다만, 그 과정에서 약자에 대한 폭력성이 나타나거나 힘을 이용해 부당하게 취한다면 사회의 공정한 시스템을 해치는 것이니 바로잡아야 한다.

강자의 폭력을 절제시키고 약자의 정당한 권리를 최대한 보장해
함께하는 세상을 만들자는 거다."

억강부약을 통해 이루려는 대동세상은 동학혁명군의 꿈이었다. 동학
혁명은 비록 우금치의 비극적인 결말로 끝났지만, 동학혁명의 정신은
4.19 혁명, 5.18 민주화투쟁, 87년 민주화항쟁, 촛불혁명, 그리고 빛의
혁명으로 이어졌다.

위기가 기회라고 했다. 지금 세계 각국은 새로운 산업혁명의 시대로
가고 있다. 이 시대에 살아남으려면 새로운 성장동력을 키워야 한다.
새로운 성장동력에 투자하면서 그 수익을 공정하게 나눠 가지며 만나
게 되는 세상이 바로 '함께 하는 세상' 즉 대동세상이다.

이재명의 중도 보수 빈집 털이

> 민주당은 사실 중도 보수 정도의 포지션이다. 보수는
> 건전한 질서와 가치를 지키는 집단인데 국민의힘은 헌
> 정 질서를 스스로 파괴하고 있다.

진보와 보수의 모호한 경계

고(故) 리영희 선생은 1994년 그의 일곱 번째 평론집『새는 좌우의 날개로 난다』라는 책에서 "'진실'은 균형 잡힌 감각과 시각으로만 인식될 수 있다. 균형은 새의 두 날개처럼 좌(左)와 우(右)의 날개가 같은 기능을 다할 때의 상태이다. 그것은 자연의 법칙에 맞고, 인간 사유의 가장 건전한 상태이다. 진보의 날개만으로 안정이 없고, 보수의 날개만으로는 앞으로 갈 수 없다. 좌와 우, 진보와 보수의 균형 잡힌 인식으로만 안정과 발전이 가능하다."라고 했다.

윤석열은 집권 이후 중도 좌파는 물론 중도 우파까지 종북세력, 또는 반자유민주주의자로 규정하고 극단적인 우파의 길을 갔다. 극단적인 우파를 우리는 극우라고 부른다. 모든 정책적인 면에서 극우의 포지션을 유지하면서 자신보다 좌측에 있는 중도 우파를 포함한 모든 세력을 종북 좌익 세력으로 규정지었다. 윤석열의 이런 인식이 결국 12.3 내란

사태로 폭발한 것이라고 할 수 있다.

　보통 우리는 좌익은 진보, 우익은 보수라고 인식한다. 세계 정당으로 보면 진보는 유럽의 노동당이나 사회당, 미국의 민주당 정도로 생각하고, 보수는 미국의 공화당이나 보수당 정도를 생각한다. 대한민국에서는 진보는 민주당, 보수는 국민의힘으로 굳어졌다. 하지만 지금 전 세계적으로 보수와 진보를 나누는 경계가 매우 모호해졌다. 이렇게 모호해진 원인은 사회가 20세기에는 비교할 수 없을 정도로 빠르게 변하기 때문이다.

　그렇다면 진보와 보수의 차이는 무엇인가? 진보는 끊임없이 새로운 소외된 자들을 제도권으로 끌어들여 사회 구성원의 일부로서 역할을 하게 한다. 20세기 초반까지만 하더라도 전 세계적으로 여성에게 투표권이 없었다. 여성에게 주권자로서의 권리를 주는 게 그 당시에는 진보의 아젠다였다. 당시 보수주의자들은 이것마저 반대했다. 새로운 질서의 도입을 거부하고 현재의 질서를 유지하려는 것이 보수의 습성이기 때문이다. 3월 8일 '여성의 날'도 진보 운동의 결과물이었다. 21세기에 더 이상 여성의 참정권 문제는 진보의 아젠다가 아니다. 진보 보수를 넘어 매우 당연한 민주주의 원칙이 되었다. 누군가 여성의 참정권을 제한한다고 하면 보수의 입장에서 봐도 용납할 수 없는 문제가 되었다.

　진보는 소외된 노동자, 장애인, 성적 소수자, 남녀 차별 등의 문제를 해결하려고 한다. 상대적으로 보수세력은 이런 논의가 기존의 합의된 질서에 반한다고 생각한다.

　진보는 분열로 망하고 보수는 부패로 망한다고 한다. 진보는 원하는 성과를 만들어내면 일부는 만족하며 더 이상 다른 주제로 넘어가지 않고 안주한다. 또 일부는 다른 주제로 넘어가서 또다시 기존 질서와 싸운다. 다시 말해 일부는 더 이상 진보가 아니라 보수가 된다는 것이다. 이렇게 진보는 성과를 만들면 단일대오를 유지하지 못하고 분열한다. 그게 바로 진보의 오래된 습성이자 인류의 역사이기도 하다. 그렇다 보니 전체적인 유권자 지형을 보면 늘 보수가 유리할 수밖에 없다.

대한민국만의 진보 보수의 경계

대한민국은 1950년부터 무려 3년 동안 수백만 명이 희생되는 한국전쟁을 겪었다. 그렇다 보니 전쟁을 일으킨 북한을 바라보는 시각으로 진보와 보수가 나뉘기도 한다. 경제정책에서의 진보와 보수는 복잡해서 생각하기 힘들고 북한을 어떻게 대할 것인가로 블록을 형성한다.

분단을 극복하기 위해서 북한과 평화로운 관계 개선을 시도하고, 북미 평화협정을 지지하면 진보라 하고, 북한과는 철천지원수이므로 굳건한 한미동맹을 통해 북한을 붕괴시켜서 흡수통일을 하자는 세력을 보수라고 칭하는 경향이 있다.

이재명 대표의 말처럼 아무리 나쁜 평화도 전쟁보다 낫다고 하면 종북 좌익 세력으로 공격받는다. 북한에는 쌀 한 톨 지원해서는 안 된다며 스스로 보수라고 생각하는 세력도 있다.

이렇듯 북한을 어떻게 바라보는가가 대한민국에서는 진보와 보수를 가르는 최대 척도가 된다. 그렇다 보니 정권이 바뀔 때마다 제일 큰 폭으로 바뀌는 게 남북 관계이다.

노무현 정부 때 이룬 남북 화해는 박근혜가 망치고, 문재인 정부 때 이룬 신뢰는 윤석열이 깨뜨렸다. 이런 현상이 정권이 바뀔 때마다 반복되었다.

남북문제가 진보와 보수를 가르는 분명한 선 역할을 하다 보니 대한민국에서는 북한 핑계를 대면서 가짜 보수가 판을 치고 있다.

윤석열 일당이 저지른 12.3 내란 사태에서도 민주당을 종북 좌익 세력이라고 규정짓고, 민주당이 장악한 국회에서 민주당 의원들을 잡아들여 자유민주주의를 지키겠다는 것이 계엄의 목표였다.

내란 사태로 본 대한민국 보수의 현주소

세상에 어떤 보수가 내란을 찬성하는 보수가 있을 수 있겠는가? 세상의 어느 보수가 헌법을 부정하는 보수가 있는가?

국민의힘은 12월 3일 윤석열이 내란을 일으키고, 국회에서 탄핵당하였음에도 윤석열의 강제 출당을 결정하지 못하고 있다. 강제 출당을 결정하기는커녕 여전히 대한민국의 대통령은 윤석열이라면서 스스로 여당이라고 말하고 있다. 이재명 대표는 내란 직후 더 이상 국민의힘은 여당이 아니라 제2 정당이라고 말한 바 있다.

국민의힘의 많은 의원은 전광훈이 주도하는 아스팔트 극우 집단의 탄핵 반대 집회에 가서 여전히 탄핵에 반대하며 윤석열을 지키겠다고 선동하고 있다. 명백한 내란이 분명한데도 "계엄은 반대하지만 탄핵도 반대한다."라는 이상한 헛소리를 지껄이고 있다. 심지어 계엄령이 아니라 '계몽령'이란 말까지 전광훈의 말을 따라 하고 있다.

2024년 12월 27일 한덕수 국무총리 탄핵소추안 의결 후 항의하는 국힘 의원들 뒤로 하고 퇴장하는 이재명

　대한민국을 대표하는 보수 정당이라고 자처하는 국민의힘이라면 헌법을 부정하고 친위쿠데타를 일으킨 윤석열과 결별하는 것은 물론 단죄해야 한다고 해야 정상이다. 세상에 어느 보수 정당이 헌법을 유린한 자를 옹호할 수 있는가? 보수의 최대 가치는 헌법을 수호하는 데 있는 것이 아닌가. 윤석열을 옹호하는 그 자체가 헌법을 부정하는 것이며 스스로 보수이기를 포기하는 일이다.

　국민의힘은 보수의 가치를 버리고 전광훈과 함께 더불어민주당을 총칼로 무너뜨리고 87년 민주헌법을 부정하는 극우의 길로 가고 있다. 그들이 합리적인 중도 우파의 길을 버리고 극우로 가다 보니 헌법의 가치를 수호하려는 중도우파를 대변하는 정당이 없어졌다.

이재명 대표 중도 보수 선언

이재명 대표는 2월 18일 유튜브 '새날'에 출연해 "민주당은 사실 중도 보수 정도의 포지션이다. 보수는 건전한 질서와 가치를 지키는 집단인데 국민의힘은 헌정 질서를 스스로 파괴하고 있다."고 비판했다.

이재명 대표는 또한 "우리가 원래 진보 정당이 아니다. 진보 정당은 정의당, 민주노동당 이런 쪽이 맡고 있는 것 아닌가?"라고 했다.

이재명 대표는 또 "헌정 질서를 파괴하고, 상식이 없고, 야당 발목 잡는 게 일인 국민의힘은 보수가 아니다. 앞으로 대한민국은 민주당이 중도 보수 정권으로 오른쪽을 맡아야 한다"고도 했다.

2월 19일에는 "민주당은 성장을 중시하는 중도 보수 정당"이라며 "국민의힘은 극우·보수 또는 거의 범죄 정당이 돼가고 있다"라고 말하기도 했다.

2월 19일 MBC '100분 토론'에서도 "보통은 민주당을 중도 진보라고 불렀는데, 유럽 기준이면 민주당이 소위 좌파나 진보라고 할 수 있겠나. 우리는 진보 역할도 제대로 못 하는 상황"이라고 말했다.

이재명 대표는 현재 진보 진영의 정당이 허물어진 상황에서 민주당이 진보 진영의 아젠다 역시 대변해 주는 역할을 포기해선 안 된다고 말했다. 장기적으로 민주당은 중도 진보와 중도 보수를 아우르는 보수당으로 발전하고 지금의 국민의힘은 극우 소수 정당으로 몰아내고, 새로운 진보 정당의 출현을 기대한다는 뜻을 여러 번 밝혔다.

민주당의 중도 보수 발언에 대한 반발

이재명 대표의 이 말이 알려지자, 국민의힘은 소금 뿌린 미꾸라지처럼 난리가 났다. 국민의힘 부산 수영구 국회의원 정연옥은 페이스북에

"이재명, 중도 보수 국민의힘 입당합니까?"라는 현수막을 내걸었다. 이재명 대표는 페이스북에 이에 대한 관련 보도를 공유하면서 "보수 참칭하는 가짜 보수당의 입당 권유, 사양한다."고 적었다.

이재명 대표의 이 같은 발언은 국민의힘이 전광훈 일당의 아스팔트 극우세력과 합세하여 내란을 옹호하고 윤석열의 탄핵을 반대하는 사이 윤석열의 내란에 반대하고 탄핵에 찬성하는 합리적인 중도 보수에게 기댈 곳을 민주당이 제공하겠다는 뜻이다.

민주당 내에서도 반발이 나왔다. 이인영 의원은 자신의 페이스북에 "내가 알고 겪은 민주당은 한순간도 보수를 지향한 적이 없는데 이재명 대표의 말은 충격이다. 실용을 넘어 보수라고 이야기하는 것은 백번을 되물어도 동의하기 어렵다."고 했다. 임종석은 2월 21일 SNS를 통해 "실용의 차원을 넘어서는 것이고 대표가 함부로 바꿀 수 없는 문제"라고 했다. 김부겸도 2월 19일 자신의 페이스북에 "민주당의 정체성을 혼자 규정하는 것은 월권"이라고 반발했다.

이들의 특징은 지난 대선에서 이재명 후보에게 줄기차게 우클릭하라고 주문했던 이들이라는 것이다. 그런데 막상 이재명 대표의 우클릭 발언이 나오자마자 반발하고 있다. 하지만 이들의 반발은 전혀 근거가 없는 것이다.

김대중도 문재인도 민주당은 중도 보수

김대중 대통령은 1997년 7월 18일 세계일보와의 인터뷰에서 "중도 보수로 변한 게 아니다. 우리 당(당시 국민회의)은 시작 때부터 중도 우

人인권 문제의식 여당보다 커

정부 공공부문 채용 늘려야

'고통 분담' 민노총 설득 가능

법인세 정상화하면 일자리 해결

"분당은 호남민심이 용납하지 않을 것"

2025년 8월 13일 ©동아일보

파를 표방했다. 정치적으로는 자유민주주의, 경제적으로는 시장경제를 일관되게 지지하고 있다."고 말했다.

그해 11월 방송 3사 대선후보 초청 토론회에서도 김대중 대통령은 "우리 당은 중도 우파 정당이다. 자유시장경제를 지지하기 때문에 우파이고 서민의 이익을 대변하기 때문에 중도다"라고 거듭 강조했다.

문재인 대통령도 지난 2015년 8월 3일 새정치민주연합 대표 시절 〈동아일보〉 인터뷰에서 "우리의 특수한 지형에서 새누리당과 대비해서 진보라는 소리를 약간 듣지만, 당의 정체성으로는 그냥 보수 정당"

이라고 말했다. 이재명 대표처럼 문재인 대통령 역시 "새정치연합은 사회민주주의 근처도 못 가는 보수 정당"이라고 못 박았다. 아울러 문재인 대통령은 "너무 오른쪽에서 보는 분들이 아직도 우리 사회 주류에 많이 있어서 그러는데, 우리 보고 왼쪽이라는 것은 새누리당이 자기 기준으로 보는 것이다"이라고 비판하기도 했다. 요즘 이재명 대표가 하는 말과 일맥상통한다.

이재명 대표는 2월 21일 최고위원회의에서 "명색이 국가 살림하는 정당이 '오로지 진보' '오로지 보수' 이렇게 해서 국정을 운영할 수 있느냐. 세상에 흑백만 있는 것이 아니다"라며 최근 자신을 향해 쏟아지고 있는 안팎의 비판에 견제구를 날렸다. "김대중·노무현 전 대통령도 우리 당 입장을 보수 또는 중도 보수라고 많이 말했다"며 "안보나 경제 영역은 보수적 인사가 보수적 정책을 하고 문화적 영역은 진보적 인사들이 진보적으로 하면 된다. 왜 둘 중 하나를 선택해야 하나"라고 반문했다.

이재명 대표는 "국민의힘의 무능과 내란 사태로 경제가 너무 심하게 악화했다"며 "진보적 정책을 기본적으로 깔고 보수 정책도 필요하면 하는 것"이라고 말했다. 그는 이어 "지금은 성장이 정말 중요하고 회복이 가장 시급한 과제"라고 거듭 강조했다.

이재명 대표는 2025년 2월 23일 자신의 페이스북에서 다시 한번 민주당은 중도정당이라고 밝혔다. 다음은 이재명 대표가 페이스북 게시한 〈민주당은 중도정당이다. 국힘이 극우 본색을 드러내며 형식적 보수 역할조차 포기한 현 상황에선 민주당의 중도 보수 역할이 더 중요하다〉 전문이다.

민주당은 본시 중도정당이다.

시대 상황이 진보성이 더 중요할 땐 진보적 중도 역할이, 보수성이 더 중요할 때는 중도 보수 역할이 더 컸다.

진보와 보수는 시대와 상황에 따라 상대적이다. 서구 선진국 기준에 의하면 김대중, 문재인, 이해찬 등의 지적처럼 민주당은 보수 정당이거나 그에 가깝다.

같은자리에 서 있어도 상황이 변하면 오른쪽이 왼쪽이 될 수도 있다.

지금 대한민국은 보수를 참칭하던 수구 정당 국민의힘이 윤석열 전광훈을 끌어안고 극우 본색을 드러내며, 겉치레 보수 역할마저 버리고 극우 범죄당의 길을 떠났다.

불법 계엄 때로 다시 돌아가도 계엄 해제에 반대하겠다는 게 국민의힘(대표)의 입장이다. 나라를 망치고 수천 명 국민을 살상해서라도 영구집권용 군정을 시도한 내란수괴의 탄핵을 반대하고 법원을 무력 침탈한 헌정 파괴 세력을 비호하는 게 '보수'일 수는 없다.

무너진 경제, 파괴된 헌정 질서를 회복하는 것이 민주당과 민주공화국 주권자의 최대 과제다.

좌든 우든, 진보든 보수든 정당은 국민의 삶과 국가 발전을 위해 존재한다.

실용적 대중정당으로서 좌우나 네 편 내 편 가릴 것 없이 국리민

복에 필요한 일을 잘 해내면 된다.

대내외적 요인으로 불안하고 위험하며 절망적인 이 상황에서는, 동맹강화와 국제협력에 기초한 안보, 공정한 법질서 유지, 민생과 경제의 회복이 가장 시급하다.

헌정 회복, 법치 수호, 성장 회복 같은 국힘이 버리고 떠난 보수의 책임을 민주당이 책임져야 한다. 민주당이 우클릭한 것이 아니라 세상이 변해 민주당과 이재명이 주력할 선 순위 과제가 바뀐 것뿐이다. 국힘의 '극우 클릭'으로 민주당의 책임과 역할이 커지고 바뀐 것뿐이다.

참칭 보수, 억지 진보의 정쟁에서 벗어나 진정한 보수와 합리적 진보성이 경쟁하는 새 시대가 열리기를 바란다.

그 첫출발로 헌정 파괴 저지와 민주공화 체제에 동의하는 모든 이들의 연대가 필요하다. 2024년 12월 3일 내란의 밤에 국민의 편에 섰던 모든 정치세력이 작은 차이를 넘고 연대하여 새로운 대한민국을 열어가자.

극우 범죄당 국민의힘이 극우의힘을 믿고 내팽개친 보수탈을 찾아 내란수괴 윤석열을 부정할 그 새벽이 다가온다. 구밀복검하며, 계엄 총칼로 위협하던 국민에게 큰 절로 사죄하고, 윤석열을 부정하며 당명을 또 바꿀 날은 과연 언제일까? 폴리마켓(Polymarket)에라도 올려봐야 하나?

이재명 대표의 중도 보수 발언은 합리적인 보수 중도에게서 국민의

힘을 극우 집단으로 몰아가겠다는 의도가 있다고 봐야 한다. 전략적으로 매우 바람직하다고 할 수 있다. 거칠게 표현하면 국민의힘이 아스팔트 극우세력과 한 몸이 되어가고 있는 이 때에 보수 중도 진영이라는 빈집을 털고 있는 것이다.

국민의힘이 윤석열 내란에 동조하는 사이 역설적으로 대한민국에서 건전한 보수가 자리 잡을 기회를 잡았다. 빨갱이 타령하면서 손쉽게 보수 역할을 했던 짝퉁 보수를 우측 저 끝으로 몰아낼 수 있게 된 것이다. 민주당이 그 역할을 하게 된다면 진보 세력이 안착해서 발전할 수 있게 되니 대한민국 정치 지형에 긍정적인 변화가 기대된다.

그 중심에 한다면 하는 이재명이 있다.

Epilogue

빛의 혁명, 이 땅에서 완성되는 그날을 꿈꾸며

광장은 모두를 포용하며 한 사람, 한 사람을 역사라는 무대의 주인공으로 만든다. 유럽은 광장에서 문화를 꽃피웠는데, 한국은 광장에서 민주주의를 꽃피웠다. 2016년 광장에서 촛불을 들었던 국민이 2024년 형형색색 응원봉을 들고 업그레이드되어 다시 나타난 것이다. 촛불이 엄숙하였다면 응원봉은 K팝과 함께 열정의 함성을 만들며, 촛불혁명이 빛의 혁명으로 승화된 것이다.

대한민국은 지금 파국이냐 회복이냐, 나라 공동체 명운을 건 혁명의 여정에 서 있다. 빛의 혁명은 다섯 관문을 통과해야 된다고 한다. 첫째, 국회 계엄 해제와 탄핵 가결, 둘째, 내란수괴 윤석열 체포와 구속, 셋째 헌법재판소의 대통령 파면, 넷째 조기 대선으로 민주적 정권 교체, 다섯째 내란척결·사회구조 개혁이 그것이다. 지금 우리는 세 번째 관문까지 통과하였다. 남은 두 관문만 통과하면 내란 종결과 함께 빛의 혁명을 완수하는 것이다.

전 세계가 주목하는 대한민국의 빛의 혁명, 그 여정의 중심에는 깨어 있는 국민을 하나로 결집시키며, "정치는 정치인이 하는 것 같아도 국민이 하는 것"이라는 것을 좌우명처럼 여기는 이재명이 있다.

나는 이재명을 운명처럼 만났다. 때는 2015년 10월 16일 아침이었다. 재직하고 있는 대학 내 사회과학분야 연구소에서 이재명 성남시장을 초청, 특별강연회가 준비되고 있었다. 한마디로 나에게는 호기심 천국이었다. 구체적으로 어떤 인물이기에 기초 지자체 단체장이 전국적인 관심을 받고 있는가 하는 마음에, 연구소 직전 소장 자격으로 강연 장소를 찾아갔다. 꽤 많은 학생이 앉아 있었고, 이재명 시장이 단상에서 강연을 시작하였다. 제목은 '성남시민만 챙겨서 죄송합니다'이었다.

강연이 진행되면서 쏟아내는 내용이 귀에 쏙쏙 들어왔다. 무엇보다 내 마음을 사로잡은 단어가 하나 있었는데 바로 '보도블록'이었다 성남시는 연말에 보도블록 교체를 하지 않으며, 대신 그러한 예산을 절약해서 시민 복지에 쓴다는 것이었다. 귀가 번쩍했다. 내가 찾던 바로 그 단체장의 모습 아닌가. 그날부터 소위 이재명을 향한 나의 외사랑은 시작되었다. 예전 차가 거의 없던 시절, 딱히 인도와 차도 구분이 없던 시절의 흙길에 경제 성장과 더불어 도로가 깔리고, 별도의 인도를 만들면서 보행자들이 걷기 편하도록 보도블록이 깔린 것이다. 어쩜 이재명은 국민이 편안하게 인도를 걸을 수 있게 보도블록 같은 역할, 달리 말하면 길바닥 같은 머슴을 자처해 온 지도자 아닌가.

시간을 거슬러 올라가 1980년대 중후반, 20대 시절 서울에서 생활할 때, 성남시는 서울 외곽의 가난한 지역으로 인식했는데, 분당 신도시가 조성되면서 달라졌고, 영화배우 출신 이대엽 씨가 시장을 하고 있어 제법 알려진 도시였다. 그런데 이재명이라는 새로운 시장이 취임하고서는 느닷없이 모라토리움을 선언했던 것, 그리고 얼마 지나지 않아 성남시 빚을 다 갚고, 시민들을 위한 다양한 복지정책으로 관심을 끌었고, 일개 기초 단체장이 당시 박근혜 대통령과 맞선 사건이 기억 속에 파편처럼 남아 있었던 정도이다.

2016년 가을에서 겨울로 넘어가던 때에 최순실 국정 농단이 터졌고, 이에 분개한 국민이 촛불을 들고 광장에 모여 대통령 탄핵을 외칠 때, 이재명 시장이 연단에 나와 사자후를 토하면서 열정적인 연설로 깊은 감명을 주었다. 본격적인 대중 정치인의 길에 들어섰고, 사이다 발언으로 답답한 국민의 마음을 시원하게 해주었다. 역사에 가정이 있을 수 없지만 지금도 촛불혁명과 박근혜 탄핵 이후 치러진 2017년 대선에서 이재명이 당내 경선에서 승리하여 민주당 주자로 나섰다면, 당시 정국 상황에서는 대통령이 되었을 것이고, 그랬다면 오늘의 내란은 없었을 것이라는 진한 회한이 남아 있다.

이제 20대 대선으로 시간을 돌려본다. 2021년 새해가 시작되었고, 평소에 언젠가 기회가 되면 이재명을 열심히 도우리라 생각한 그때가 지금이라 여겨, 가끔씩 텔레그램으로 이재명 지사에게 소식을 전하고 있었기에, 용기를 내어 개인 이력과 함께 무엇이든 돕고 싶다고 의사를 전하였다. 때마침 기본소득 국민운동본부가 전국적인 조직을 결성하고 있었던 터라, 경북 본부를 출범하는 데 앞장서는 역할을 맡게 되었다.

그리고 이어서 경선과 대선 정책을 준비하는 싱크탱크 그룹의 일원이 되어 활동하였다.

이전부터 관심을 갖고 있던 지방 소멸 문제를 집중 연구하면서, 지방 소멸 대응 TF팀을 꾸려나갔고, 그 외에도 지역에서 무슨 역할이든 다 했다. 그런데 대선 예비 후보로 경선을 치르고 본 후보가 되어 대선까지 가는 여정 속에 개인적으로 이재명을 만날 기회는 없었다. 혼자서 모든 시간을 쏟아부으면서 지독한 외사랑을 한 것이었다. 하지만 대통령만 된다면 더 바랄 것이 없었기에, 결전의 날이 되었고 기대감 속에 결과를 손에 땀을 쥐며 지켜보다가 새벽 1시를 넘기며 역전되고 결국 0.7% 차이로 석패하게 되었다. 수많은 지지자도 그러하였겠지만 그날 이후 한동안 폐인처럼 지내며 우울한 날들을 보내었다.

시간이 흘러 2024년 새해가 밝았고, 뜻밖에 이재명 대표로부터 콜을 받아 지방 소멸 대응 정책 전문가, 영남권 대표 인재 자격으로 민주당 영입 인재 19호로 발탁되었다. 22대 총선에 안동예천 민주당 후보로 나서 선전하였지만 낙선한 채, 지역위원장을 맡고 있다.

이재명이 성남시장으로 탁월한 역량을 발휘하고, 복지정책으로 관심을 받기 시작하면서부터 시작된 기득권 세력의 이재명 죽이기와 악마화 프레임이 지속되어 왔고, 특정 지역을 위시하여 적잖은 사람들이 이재명에 대해 제대로 알려고 하지 않은 채, 극우 유튜브 등을 통해 전해지는 악의적 내용과 가짜 뉴스에 호도되어 비호감 내지 나쁜 정치인으로 여전히 인식하고 있다. 안타까운 마음에 어떻게 하면 이재명을 제대로 알릴 것인가 고심하던 차, 같은 마음으로 책을 준비하고 있던 공저자인 매직하우스 백승대 대표를 만나 이 책을 함께 쓰게 된 것이다. 하지만 내가 이재명을 알면 얼마나 알까? 장님 코끼리 만지기식이 아닐까 하는 염려가 있었지만, 지금까지 내 생애를 통해 접한 인물 가운데 이렇게 확신을 가져본 리더가 처음이기에 용기를 낸 것이다. 내가 아는 이재명, 그의 국민을 향한 큰 꿈과 비전을 조금이라도 이 책에 담아 보려 애썼다.

어느 날, 유튜브를 통해 장인수 기자가 우리 역사 속의 위대한 지도자 세 인물을 꼽자면 세종, 정조, 이재명이라 하는 말에 무릎을 치면서 공감하였다. 그리고 이 책을 쓰기 전에 시중에 나와 있는 이재명에 관해 나온 저서들을 검색해 보니 무려 50여 권의 책이 나와 있었다. 그렇다면 어떻게 기존의 책과 다른 주제의 책을 쓸까 고심하던 차, 불법 계엄·내란과 빛의 혁명에 관한 내용이면 좋겠다 하여 이 책이 쓰여진 것이다.

책을 쓰면서 가능하면 객관적 사실을 바탕으로 내용을 전개하기 위해 다양한 언론들로부터 자료를 발췌하였고, 관련 서적들도 참고하였는데 지면을 통해 감사의 마음을 전한다.

끝으로 세계 어느 나라에도 없는 빛의 혁명, 이 땅에서 완성되는 그날을 꿈꾸며, 오늘도 나의 시선은 광장을 향한다.

2025년 3월 1일

김상우

초판 1쇄 인쇄 2025년 3월 5일
초판 1쇄 발행 2025년 3월 10일

지 은 이   김상우·백승대
디 자 인   김은정
펴 낸 이   백승대
펴 낸 곳   매직하우스

출판등록   2007년 9월 27일 제313-2007-000193
주   소   서울시 마포구 모래내로7길 38 605호(성산동, 서원빌딩)
전   화   010-2330-8921
팩   스   02) 323-8920
이 메 일   magicsina@naver.com
I S B N   979-11-90822-39-8

*책값은 표지 뒤쪽에 있습니다.
*파본은 본사와 구입하신 서점에서 교환해드립니다.